Die Partnerschaftsgesellschaft mit beschränkter Berufshaftung als Alternative zur britischen Limited Liability Partnership

Europäische Hochschulschriften

European University Studies

Publications Universitaires Européennes

Reihe II **Rechtswissenschaft**

Series II Law

Série II Droit

Band/Volume **5830**

Eva Hennen

Die Partnerschaftsgesellschaft mit beschränkter Berufshaftung als Alternative zur britischen Limited Liability Partnership

PL ACADEMIC RESEARCH

Bibliografische Information der Deutschen Nationalbibliothek
Die Deutsche Nationalbibliothek verzeichnet diese Publikation in der Deutschen Nationalbibliografie; detaillierte bibliografische Daten sind im Internet über http://dnb.d-nb.de abrufbar.

Zugl.: Münster (Westfalen), Univ., Diss., 2015

D 6
ISSN 0531-7312
ISBN 978-3-631-67183-2 (Print)
E-ISBN 978-3-653-06656-2 (E-Book)
DOI 10.3726/978-3-653-06656-2

PL Academic Research ist ein Imprint der Peter Lang GmbH.
Peter Lang – Frankfurt am Main · Bern · Bruxelles · New York · Oxford · Warszawa · Wien

Diese Publikation wurde begutachtet.

www.peterlang.com

Meinen Eltern

Vorwort

Die Arbeit ist im Sommersemester 2015 von der rechtswissenschaftlichen Fakultät der Westfälischen Wilhelms-Universität Münster als Dissertation angenommen worden. Rechtsprechung und Literatur sind bis Ende 2015 berücksichtigt.

Mein herzlicher Dank gilt an dieser Stelle all denen, die zum Gelingen der Arbeit beigetragen haben. Mein besonderer Dank gebührt dabei Herrn Prof. Dr. Kindl für die Betreuung der Arbeit, seine hilfreichen Anregungen und für die Überlassung des größtmöglichen Spielraums bei der Ausarbeitung. Mein weiterer Dank gilt Herrn Prof. Dr. Casper für die zeitnahe Erstellung des Zweitgutachtens.

Ganz besonders möchte ich mich auch bei meinen Eltern bedanken, die mir während des Studiums alle Möglichkeiten eröffnet haben und deren Motivation und Unterstützung wesentlich zum Entschluss zu promovieren sowie zum Gelingen der Arbeit beigetragen haben.

Düsseldorf, im Februar 2016 Eva Hennen

Inhaltsübersicht

Abkürzungsverzeichnis

a.A.	andere Ansicht
Abs.	Absatz
a.F.	alte Fassung
AG	Aktiengesellschaft
AG	Amtsgericht
AktG	Aktiengesetz
Alt.	Alternative
AnwBlatt	Anwaltsblatt
Art.	Artikel
AVB	Allgemeine Versicherungsbedingungen sowie Risikobeschreibungen
AVB-RSW	Allgemeine Versicherungsbedingungen sowie Risikobeschreibungen zur Vermögensschadens-Haftpflichtversicherung für Rechts- und Patentanwälte, Steuerberater, Wirtschaftsprüfer und vereidigte Buchprüfer
BÄO	Bundesärzteordnung
BayObLG	Bayrisches Oberlandesgericht
BB	Betriebsberater
Bearb.	Bearbeiter
BeckRS	Beck'sche Rechtsprechungssammlung
BeckVerw	Verwaltungsanweisungen-Datenbank beck-online
BGB	Bürgerliches Gesetzbuch
BGH	Bundesgerichtshof
BMJ	Bundesministerium der Justiz und für Verbraucherschutz
BRAK	Bundesrechtsanwaltskamme
BRAK-Mitt.	BRAK Mitteilungen
BRAO	Bundesrechtsanwaltsordnung
BR-Drs.	Bundesratsdrucksache
BStBl	Bundessteuerblatt
BT-Drs.	Bundestagsdrucksachen
BVerfG	Bundesverfassungsgericht
Bzw.	Beziehungsweise
CA	Companies Act
Ca.	circa
DAV	Deutscher Anwaltsverein
DB	Der Betrieb
DM	Deutsche Mark
DStR	Deutsches Steuerrecht
DVStB	Verordnung zur Durchführung der Vorschriften über Steuerberater, Steuerbevollmächtigte und Steuerberatungsgesellschaften
DZWIR	Deutsche Zeitschrift für Wirtschafts- und Insolvenzrecht

ECFR	European Company and Financial Law Review
EStG	Einkommensteuergesetz
EUR	Euro
EuGH	Europäischer Gerichtshof
EuRAG	Gesetz über die Tätigkeit europäischer Rechtsanwälte in Deutschland
Evt.	Eventuell
FamFG	Gesetz über das Verfahren in Familiensachen und in den Angelegenheiten der freiwilligen Gerichtsbarkeit
ff.	folgende
FR	Finanzrundschau
GbR	Gesellschaft bürgerlichen Rechts
GDV	Gesamtverband der Deutschen Versicherungswirtschaft
GG	Grundgesetz
GmbH	Gesellschaft mit beschränkter Haftung
GmbHG	Gesetz betreffend die Gesellschaft mit beschränkter Haftung
GmbHR	GmbH-Rundschau
Hdb.	Handbuch
HGB	Handelsgesetzbuch
H.M.	Herrschende Meinung
Hrsg.	Herausgeber
Hs.	Halbsatz
IBRRS	Immobilien- und Baurecht, Rechtsprechung
I.Erg.	Im Ergebnis
I.S.d.	Im Sinne des/der
Insb.	Insbesondere
InsO	Insolvenzordnung
IstR	Internationales Steuerrecht
J. B. L.	Journal of Business Law
JIBFL	Journal of International Banking and Financial Law
JZ	Juristenzeitung
KStG	Körperschaftsteuergesetz
LG	Landgericht
LLP	Limited Liability Partnership
Ltd.	Limited
LT-Drs.	Landtagsdrucksachen
LS Gaz	Law Society Gazette
Mio.	Millionen
MDR	Monatsschrift für Deutsches Recht
m.w.N.	mit weiteren Nachweisen
n.F.	neue Fassung
NJ	Neue Justiz
NJOZ	Neue Juristische Online Zeitschrift
NJW	Neue Juristische Wochenzeitung

NJW-RR	NJW-Rechtsprechungsreport
NotBZ	Zeitschrift für notarielle Beratungs- und Beurkundungspraxis
Nr.	Nummer
NWB	NWB Steuer- und Wirtschaftsrecht
NZG	Neue Zeitschrift für Gesellschaftsrecht
NZI	Neue Zeitschrift für Insolvenz- und Sanierungsrecht
oHG	offene Handelsgesellschaft
PartG	Partnerschaftsgesellschaft
PartG mbB	Partnerschaftsgesellschaft mit beschränkter Berufshaftung
PartGG	Partnerschaftsgesellschaftsgesetz
PAO	Patentanwaltsordnung
P.N.	Professional Negligence
P.N.L.R.	Professional Negligence Law Reporter
RDG	Rechtsdienstleistungsgesetz
RefE	Referentenentwurf
RegE	Regierungsentwurf
Rn.	Randnummer
S.	Seite
Sec.	section
Sog.	Sogenannte(r)
SRA	Solicitors Regulation Authority
StBerG	Steuerberatungsgesetz
u.a.	und andere
UmwG	Umwandlungsgesetz
Var.	Variante
VersR	Versicherungsrecht
Vgl.	Vergleiche
VVG	Versicherungsvertragsgesetz
WiPrO	Wirtschaftsprüferordnung
W.L.R.	Weekly Law Reports
WM	Zeitschrift für Wirtschafts- und Bankrecht
Z.B.	Zum Beispiel
ZIP	Zeitschrift für Wirtschaftsrecht
ZPO	Zivilprozessordnung
ZRP	Zeitschrift für Rechtspolitik

Literaturverzeichnis

Arens Wolfgang: Eintragungsfähigkeit von Steuerberatungs- und Wirtschaftsprüfungs GmbH & Co. KG im Handelsregister, DStR 2013, 1102

Axmann, Mario / Deister, Jochen: Die Unternehmergesellschaft (haftungsbeschränkt) – geeignete Rechtsform für Anwälte?, NJW 2009, 2941

Bank, Stephan: Die britische Limited Liability Partnership: Eine attraktive Organisationsform für Freiberufler?, Berlin 2006 [zitiert als: *Bank*, Die britische LLP]

–: Die LLP – eine attraktive Alternative für deutsche Anwaltssozietäten?, BB 2010, Special 3, 4

Baumbach, Adolf (Begr.) / Hopt, Klaus: Handelsgesetzbuch mit GmbH & Co. KG, Handelsklauseln, Bank- und Börsenrecht, Transportrecht (ohne Seerecht), 36. Auflage, München 2014 [zitiert als: *Bearbeiter*, in: Baumbach/Hopt, HGB]

Baumbach, Adolf (Begr.) / Hueck, Alfred: GmbHG Gesetz betreffend die Gesellschaft mit beschränkter Haftung, 20. Auflage, München 2013 [zitiert als: *Bearbeiter*, in: Baumbach/Hueck, GmbHG]

Bayer, Walter / Hofmann, Thomas: Rechtsanwaltsaktiengesellschaft in der Praxis, AG 2009, R 81

Beck, Lukas: Der Referentenentwurf und der Regierungsentwurf zur Einführung der PartG mbB, DZWIR 2012, 447

Becker, Georg: Haftung und Deckung bei der englischen Anwalts-LLP in Deutschland, AnwBlatt 2011, 860

Bettinger, Nicole: Englische LLP und Anwaltshaftung in Deutschland, Baden-Baden 2009 [zitiert: *Bettinger*, Englische LLP]

Beuthin, Volker: Rechtsanwälte mit beschränkter Haftung?, ZRP 2012, 127

Bick, Daniele / Esskandari, Manzur: Erweiterter Versicherungsschutz für Sozietäten durch neues Haftungsdeckungskonzept der Berufshaftpflichtversicherung, NJW 2011, 3191

Binnewies, Burkhard / Wollweber, Markus: Der Rechtsformwechsel von der Sozietät (GbR) in die PartG mbB, AnwBlatt 2014, 9

Borgmann, Brigitte / Jungk, Antje / Schwaiger, Michael: Anwaltshaftung Systematische Darstellung der Rechtsgrundlagen für die anwaltliche Berufstätigkeit, 5. Auflage, München 2014 [zitiert als: *Borgmann/Jungk/Schwaiger*, Anwaltshaftung]

Braun, Eberhard (Hrsg.): Insolvenzordnung Kommentar, 6. Auflage, München 2014 [zitiert als: *Bearbeiter*, in: Braun, InsO]

Büchting, Hans-Ulrich / Heussen, Benno / Andrejtschitsch, Jan: Beck'sches Rechtsanwalts-Handbuch, 10. Auflage, München 2011 [zitiert als: *Bearbeiter*, in: Beck'sches Rechtsanwalts-Hdb.]

Chab, Bertin: Haftungsfalle Sozietät – und wie Anwälte die Fallen enttarnen körnen, AnwBlatt 2014, 137

Dahns, Christian: Die englische LLP als Rechtsform für die anwaltliche Berufsausübung, NJW-Spezial 2005, 333

–: Formen beruflicher Zusammenschlüsse von Anwälten, NJW-Spezial 2009, 286

–: Partnerschaftsgesellschaft mit beschränkter Berufshaftung, NJW-Spezial 2012, 190

–: Die neue PartG mbB, NJW-Spezial 2013, 446

Dallwig, Florian: Versicherungsrechtliche Konsequenzen des Gesetzes zur Einführung einer Partnerschaftsgesellschaft mit beschränkter Berufshaftung für die Vermögensschadenshaftpflichtversicherung für Rechtsanwälte, VersR 2014, 19

Diller, Martin: Die Berufshaftpflichtversicherung für Rechtsanwälte AVB-RSW Kommentar, 1. Auflage, München 2009 [zitiert als: *Diller*, AVB-RSW]

–: Fallstricke in der Berufshaftpflichtversicherung für Rechtsanwälte, AnwBlatt 2014, 2

–: Risikomanagement in der Anwaltskanzlei – ein verdrängtes Thema?!, AnwBlatt 2014, 130

Debong, Bernhard: Partnerschaft mit beschränkter Berufshaftung: Ärzte sind noch außen vor, ArztRecht 2013, 229

Eggert, Kerstin / Kääb, Ottheinz: Der Wandel im anwaltlichen Berufsbild – eine empirische Untersuchung im Auftrag der Selbsthilfe der Rechtsanwälte e.V., BRAK-Mitt. 1/2010, 14

Eidenmüller, Horst (Hrsg.): Ausländische Kapitalgesellschaften im deutschen Recht, München 2004 [zitiert als: *Bearbeiter*, in: Eidenmüller, Ausländische Kapitalgesellschaften]

Eilers, Stephan: Umwandlungsrecht: Der Weg in die LLP, BB 2010, Special 3, 27

Erman, Walter (Begr.): Bürgerliches Gesetzbuch Handkommentar, 2. Band, 14. Auflage, Köln 2014 [zitiert als: *Bearbeiter*, in: Erman-BGB]

Fahrendorf, Klaus / Mennemeyer, Siegfried / Terbille, Michael: Die Haftung des Rechtsanwalts Ein Praxishandbuch, 8. Auflage, Köln 2010 [zitiert als: *Bearbeiter*, in: Fahrendorf/Mennemeyer/Terbille, Die Haftung des Rechtsanwalts]

Fischer, Detlev: Aktuelle Rechtsprechung des BGH zur Haftung der rechts- und steuerberatenden Berufe, VersR 2013, 525

Fischer, Gero / Vill, Gerhard / Fischer, Detlef / Rinkler, Axel / Chab, Bertin: Handbuch der Anwaltshaftung unter Einbeziehung von Steuerberatern und Wirtschaftsprüfern, 4. Auflage, Bonn 2015 [zitiert als: *Bearbeiter*, in: Fischer u.a., Hdb. der Anwaltshaftung]

Feuerich, Wilhelm E. (Begr.) / Weyland, Dag / Vossebürger, Albert / Böhnlein, Gregor / Brüggemann, Rüdiger u.a.: Bundesrechtsanwaltsordnung Kommentar, 9. Auflage, München 2016 [zitiert als: *Bearbeiter*, in: Feuerich/Weyland, BRAO]

Gaier, Reinhard / Wolf, Christian / Göcken, Stephan (Hrsg.): Anwaltliches Berufsrecht Kommentar, 2. Auflage, Köln 2014 [zitiert als: *Bearbeiter*, in: Gaier/Wolf/Göcken, Anwaltliches Berufsrecht]

Gladys, Paul-Franz: Die Partnerschaftsgesellschaft mit beschränkter Berufshaftung – Anmerkungen zum Regierungsentwurf aus Sicher der Berufshaftpflichtversicherung, DStR 2012, 2249

–: Die Partnerschaftsgesellschaft mit beschränkter Berufshaftung – Offene Fragen und Widersprüche aus Sicht der Berufshaftpflichtversicherung, DStR 2013, 2416

–: Die interprofessionelle PartG mbB und die Anforderungen des strengsten Berufsrechts, DStR 2014, 445

Glindemann, Jan: Anwalts-GmbH und das Bundesverfassungsgericht: Ende der Diskriminierung?, AnwBlatt 2014, 214

Gräfe, Jürgen / Brügge, Michael: Vermögensschaden-Haftpflichtversicherung Die Berufshaftpflichtversicherung für Rechtsanwälte, Steuerberater, Wirtschaftsprüfer und Notare, 2. Auflage, München 2013 [zitiert als: *Bearbeiter*, in: Gräfe/Brügge, Vermögensschaden-HPV]

Grunewald, Barbara: Gesellschaftsrecht, 9. Auflage 2014 [zitiert als: *Grunewald*, Gesellschaftsrecht]

–: Die Entwicklung der Rechtsprechung zum anwaltlichen Berufsrecht in den Jahren 2009–2010, NJW 2010, 3551

–: Die Partnerschaftsgesellschaft mit beschränkter Berufshaftung – sinnvolle Ergänzung des PartGG oder systemwidrige Privilegierung einer Weniger?, ZIP 2012, 1115

–: Die Partnerschaftsgesellschaft mit beschränkter Berufshaftung, GWR 2013, 393

Gummert, Hans / Weipert, Lutz (Hrsg.): Münchener Handbuch des Gesellschaftsrechts Band 1 BGB-Gesellschaft Offene Handelsgesellschaft Partnerschaftsgesellschaft Partenreederei EWIV, 4. Auflage, München 2014 [zitiert als: *Bearbeiter*, in: Gummert/ Weipert, Münch-Hdb. GesR 1]

Haase, Florian: Probleme der Organschaft nach grenzüberschreitender Anwachsung im Konzern – Europarechtswidrigkeit des § 18 KStG, IStR 2006, 855

Hahn, Christopher / Naumann, Daniel: Rechts- und Auslegungsfragen der Haftungskonzentration nach § 8 Abs. 2 PartGG, WM 2012, 1756

Hartung, Wolfgang: Berufsordnung- und Fachanwaltsordnung Europäische Berufsregeln – CCBE Bundesrechtsanwaltsordnung (§§ 43–59 BRAO), 5. Auflage, München 2012 [zitiert als: *Bearbeiter*, in: Hartung, BORA/FAO]

–: Scheinpartnerhaftung in PartG und PartG mbB, BRAK-Mitt. 2014, 179

Hartung, Markus / Bargon, Vinzent Fabian: Die UK-LLP in der deutschen Praxis – wer A sagt, sagt auch B, AnwBlatt 2011, 84

Harvey, Anthony / Cooke, John: Babb and solicitor's negligence: can LLP status provide complete protection from personal liability?, P.N. 2006, 22(2), 106

Hellwig, Hans-Jürgen: Anwaltliches Berufsrecht und Europa, AnwBlatt 2011, 77

Henssler, Martin: Partnerschaftsgesellschaftsgesetz: PartGG Kommentar, 2. Auflage, München 2009 [zitiert als: *Henssler*, PartGG]

–: Die Zulassung ausländischer Anwaltsgesellschaften in Deutschland in: Rechtspolitik und Berufspolitik, Festschrift für Felix Busse, München 2005 [zitiert als: *Henssler*, in: FS Busse]

–: Mediation und Rechtsberatung, NJW 2003, 241

–: Keine Organisationsfreiheit für Rechtsanwälte – Das Verbot der Rechtsanwalts-GmbH & Co. KG, NZG 2011, 1121

–: Die LLP als bessere Alternative zur PartG mbB?, NJW 2014, 1761

–: Die PartGmbB – großer Wurf oder (zu) kleine Lösung?, AnwBlatt 2014, 96

Henssler, Martin / Mansel, Heinz-Peter: Internationalrechtliche Haftungsfragen beim Auftreten einer anwaltlich tätigen Limited Liability Partnership (LLP) in: Deutschland, Zivil- und Wirtschaftsrecht im Europäischen und Globalen Kontext, Festschrift für Norbert Horn, 2006 [zitiert als: *Henssler/Mansel*, in: FS Horn]

–: Die Limited Liability Partnership als Organisationsform anwaltlicher Berufsausübung, NJW 2007, 1393

Henssler, Martin / Prütting, Hanns (Hrsg.): Bundesrechtsanwaltsordnung - BORA, FAO, EuRAG, CCBE, RDG, PartGG - Kommentar, 3. Auflage, München 2010 [zitiert als: *Bearbeiter*, in: Henssler/Prütting, BRAO, 3. Aufl. 2010 (Altauflage)]

–: Bundesrechtsanwaltsordnung - BORA, FAO, EuRAG, CCBE, RDG, PartGG - Kommentar, 4. Auflage, München 2014 [zitiert als: *Bearbeiter*, in: Henssler/Prütting, BRAO]

Henssler, Martin / Streck, Michael (Hrsg.): Handbuch des Sozietätsrechts, 2. Auflage, Köln 2011 [zitiert als: *Bearbeiter*, in: Henssler/Streck, Hdb. des Sozietätsrechts]

Henssler, Martin / Strohn, Lutz: Gesellschaftsrecht, 2. Auflage, München 2014 [zitiert: *Bearbeiter*, in: Henssler/Strohn, Gesellschaftsrecht]

Herberger, Maximilian / Martinek, Michael / Rüßmann, Helmut / Weth, Stephan (Hrsg.): juris Praxiskommentar BGB Band –2 Schuldrecht, 7. Auflage, Saarbrücken 2014 [zitiert als: *Bearbeiter*, in: Herbeger u.a., jurisPK-BGB]

Hirtz, Bernd: Die neue Partnerschaftsgesellschaft mit beschränkter Berufshaftung, ZAP 2014, Fach 15, 607

Hommerich, Christoph / Kilian, Matthias: Einzelanwälte – Die schweigende Mehrheit, AnwBlatt 2009, 298

–: Ein Jahr RDG – die Erfahrungen der Anwaltschaft, AnwBlatt 2009, 636

–: Unbekannte Wesen – Anwälte in Bürogemeinschaft, AnwBlatt 2009, 376

–: Strukturwandel und wirtschaftliche Situation der Anwaltschaft, AnwBlatt 2010, 277

Hüffer, Uwe (Begr.) / Koch, Jens: Aktiengesetz, 11. Auflage, München 2014 [zitiert als: *Bearbeiter*, in: Hüffer, AktG]

Joost, Detlev / Strohn, Lutz (Hrsg.): Handelsgesetzbuch Band 1 §§ 1–342e, 3. Auflage, München 2014 [zitiert als: *Bearbeiter*, in: Joost/Strohn, HGB]

Jungk, Antje: Aktuelle Entwicklung in der Rechtsprechung zur Rechtsberaterhaftung, BRAK-Mitt. 2001, 159

Juretzek, Peter: Keine Umwandlung einer Steuerberatungs- und Wirtschaftsprüfungs GmbH in eine GmbH & Co. KG, DStR 2013, 2792

Just, Clemens: Englisches Gesellschaftsrecht: Companies Act, Limited Liability Partnership Act, 1. Auflage, München 2007 [zitiert als: *Just*, Englisches Gesellschaftsrecht]

–: Die englische Limited in der Praxis: Einschließlich Ltd. & Co. KG; Mit Formularteil, 4. Auflage, München 2012 [zitiert als: *Just*, Die englische Ltd.]

Kamps, Heinz-Willi / Wollweber, Markus: Formen der Berufsausübung für Steuerberater – Sozietät, GmbH & Co. KG, Bürogemeinschaft und Kooperation, DStR 2009, 926

Kilian, Matthias: Die limited liability partnership – Eine neue Gesellschaftsform im britischen Recht, NZG 2000, 1008

–: Brennpunkte des anwaltlichen Berufsrechts – Das Berufsrechtsbarometer 2011 des Soldan Instituts, NJW 2011, 3413

–: Risikomanagement durch Rechtsformwahl: Die Partnerschaftsgesellschaft, AnwBlatt 2012, 895

–: Überwiegende Akzeptanz in der Anwaltschaft für die PartG mbB, AnwBlatt 2012, 957

–: Risikomanagement durch Versicherungsschutz, AnwBlatt 2013, 110

–: Anwaltliches Risikomanagement durch Haftungsbeschränkungsvereinbarungen, AnwBlatt 2013, 195

–: Die Partnerschaftsgesellschaft mit beschränkter Berufshaftung, MDR 2013, 1137

–: Brennpunkte des anwaltlichen Berufsrechts – Das Berufsrechtsbarometer 2013 des Soldan Instituts, NJW 2014, 1499

Kleine-Cosack, Michael: Bundesrechtsanwaltsordnung mit Berufs- und Fachanwaltsordnung – Kommentar, 7. Auflage, München 2015 [zitiert als: *Kleine-Cosack*, BRAO]

–: Verfassungswidrige Mehrheitserfordernisse der Rechtsanwalts-GmbH, AnwBlatt 2014, 221

Klose, Andreas: Insolvenzantragspflicht bei der PartG mbB?, GmbHR 2013, 1191

Koch, Ludwig / Kilian, Matthias: Anwaltliches Berufsrecht, 1. Auflage, München 2007 [zitiert als: *Bearbeiter*, in: Koch/Kilian, Anwaltliches Berufsrecht]

Koziol, Helmut: Grundfragen des Schadensersatzrechts, Wien 2012 [zitiert als: *Koziol*, Grundfragen des Schadensersatzrechts]

Krafka, Alexander / Kühn, Ulrich: Registerrecht, 9. Auflage, München 2013 [zitiert als: *Bearbeiter*, in: Krafka/Kühn, Registerrecht]

Kreße, Bernhard: Die neue Partnerschaftsgesellschaft mit beschränkter Berufshaftung im Kontext der Rechtsanwaltshaftung, NJ 2013, 45

Leicht, Steffen: Gründung einer LLP und Ausgestaltung des Gesellschaftsvertrages, BB 2010, Special 3, 14

Leitzen, Mario: Die Partnerschaftsgesellschaft mit beschränkter Berufshaftung, DNotZ 2013, 596

Lerch, Klaus / Lerch, Verena / Junkov, Alexander: Die neue PartG mbB als Konkurrenzmodell zur Rechtsanwalts-mbH, GmbHR 2012, R329

Leuering, Dieter / Rubner, Daniel: Rechtsanwaltsgesellschaften in der Rechtsform der KG, NJW-Spezial 2010, 591

–: Auf dem Weg zur Partnerschaft mit beschränkter Berufshaftung, ZIP 2012, 1112

–: Die Partnerschaft mit beschränkter Berufshaftung, NZG 2013, 1001

Lieder, Jan: Die Partnerschaftsgesellschaft mit beschränkter Berufshaftung – Teil 1, NotBZ 2014, 81

–: Die Partnerschaftsgesellschaft mit beschränkter Berufshaftung – Teil 2, NotBZ 2014, 128

Lieder, Jan / Hoffmann, Thomas: Rechtstatsachen zur PartG mbB und zur LLP, NZG 2014, 127

–: Die PartGmbB – Rechtstatsachen und Rechtsprobleme, NJW 2015, 897

Linardatos, Dimitrios: Die Partnerschaftsgesellschaft mit beschränkter Berufshaftung – eine echte Alternative zur Limited Liability Partnership oder eine systemwidrige Implementierung in das Partnerschaftsgesellschaftsgesetz?, VersR 2013, 1488

Mather, James: LLP members: how limited is your liability? Part 2, JIBFL November 2010, 587

Medicus, Dieter / Lorenz, Stephan: Schuldrecht I – Allgemeiner Teil, 21. Auflage 2015 [zitiert als: *Medicus/Lorenz*, Schuldrecht I AT]

Meilicke, Wienand / Graf von Westfalen, Friedrich u.a.: Partnerschaftsgesellschaftsgesetz, 3. Auflage, München 2015 [zitiert als: *Bearbeiter*, in: Meilicke u.a., PartGG]

Meixner, Rafael / Schröder, Uwe: Zur Haftung des ausgeschiedenen Sozius für Altverbindlichkeiten, DStR 2008, 527

Messerschmidt, Burkhardt / Voit, Wolfgang (Hrsg.): Privates Baurecht Kommentar zu §§ 631 ff. BGB, 2. Auflage, München 2012 [zitiert als: *Bearbeiter*, in: Messerschmidt/Voit, Privates Baurecht]

Michalski, Lutz: Interprofessionelle Zusammenarbeit von Rechtsanwälten, NJW 1996, 3233

Michalski, Lutz (Hrsg.): Kommentar zum Gesetz betreffend die Gesellschaften mit beschränkter Haftung (GmbHG), Band 1 Systematische Darstellungen, §§ 1–34 GmbHG, 2. Auflage, München 2010 [zitiert als: *Bearbeiter*, in: Michalski, GmbHG]

Michalski, Lutz / Römermann, Volker (Hrsg.): PartGG Kommentar zum Partnerschaftsgesellschaftsgesetz, 4. Auflage, Köln 2014 [zitiert als: *Bearbeiter*, in: Michalski/Römermann, PartGG]

Münchener Kommentar: Kommentar zum Bürgerlichen Gesetzbuch Band 2 Schuldrecht Allgemeiner Teil §§ 241–432, 7. Auflage, München 2015 Band 4 Schuldrecht Besonderer Teil II §§ 611–704, 6. Auflage, München 2012 Band 5 Schuldrecht Besonderer Teil III §§ 705–853, 6. Auflage, München 2013 [zitiert als: *Bearbeiter*, in: MünchKomm-BGB]

–: Kommentar zum GmbHG Band 1 §§ 1–34, 2. Auflage, München 2015 [zitiert als: *Bearbeiter*, in: MünchKomm-GmbHG]

–: Kommentar zum Handelsgesetzbuch Band 2 Zweites Buch. Handelsgesellschaften und stille Gesellschaft §§ 105–160, 3. Auflage, München 2011 [zitiert als: *Bearbeiter*, in: MünchKomm-HGB]

–: Kommentar zur Insolvenzordnung Band 1 §§ 1–79, 3. Auflage, München 2013 Band 3 §§ 217–359, 2. Auflage, München 2008 [zitiert als: *Bearbeiter*, in: MünchKomm-InsO]

Nerlich, Jörg / Römermann, Volker (Hrsg.): Insolvenzordnung Kommentar, 28. Ergänzungslieferung, Januar 2015, München [zitiert als: *Bearbeiter*, in: Nerlich/Römermann, InsO]

Oetker, Hartmut: Kommentar zum Handelsgesetzbuch, 4. Auflage, München 2015 [zitiert als: *Bearbeiter*, in: Oetker, HGB]

Offermann-Burckart, Susanne: Anwaltliches Gesellschaftsrecht – besondere Fragen der Anwalts-GbR, AnwBlatt 2013, 697

–: Anwaltliches Gesellschaftsrecht – das große Einmaleins der PartG, AnwBlatt 2014, 366

–: Anwaltliches Gesellschaftsrecht – Mustervertrag für die PartG und die PartGmbB, AnwBlatt 2014, 488

–: Anwaltliches Gesellschaftsrecht – die Partnerschaftsgesellschaft mbB, AnwBlatt 2014, 474

Palandt, Otto (Begr.): Kommentar zum Bürgerlichen Gesetzbuch, 74. Auflage, München 2015 [zitiert als: *Bearbeiter*, in: Palandt]

Passarge, Malte: Die Aktiengesellschaft als neue Rechtsform für anwaltliche Zusammenschlüsse Zulässigkeit und Ausgestaltung, Köln 2003 [zitiert als: *Passarge*, Die AG als neue Rechtsform für anwaltliche Zusammenschlüsse]

–: Anforderungen an die Satzung einer Rechtsanwalts-AG NJW 2005, 1835

Peres, Holger / Senft, Klaus (Hrsg.): Sozietätsrecht Handbuch für alle rechts-, steuer- und wirtschaftsberatenden Gesellschaften, 3. Auflage, München 2015 [zitiert als: *Bearbeiter*, in: Peres u.a., Sozietätsrecht]

Pleister, Christian: Ein Weg zur begrenzten Haftung für Berufsfehler: Die englische LLP, AnwBlatt 2012, 801

Posegga, Volker: Die Partnerschaftsgesellschaft mit beschränkter Berufshaftung als neue Organisationsform Überblick und erste Bewertung des Referentenentwurfes zur Einführung einer PartG mbB, DStR 2012, 611

–: Die Haftung der Mitglieder einer freiberuflichen Sozietät – Eine Bestandsaufnahme der höchstrichterlichen Rechtsprechung zur Haftung der Mitglieder einer freiberuflichen Sozietät nach der Entscheidung des BGH vom 15.02.2012, IX ZR 125/10 (Teil 1), DStR 2013, 547

–: Die Haftung der Mitglieder einer freiberuflichen Sozietät – Eine Bestandsaufnahme der höchstrichterlichen Rechtsprechung zur Haftung der Mitglieder einer freiberuflichen Sozietät nach der Entscheidung des BGH vom 15.02.2012, IX ZR 125/10 (Teil 2), DStR 2013, 611

Prinz, Ulrich / Hoffmann, Wolf-Dieter (Hrsg.): Beck'sches Handbuch der Personengesellschaften, 4. Auflage, München 2014 [zitiert als: *Bearbeiter*, in: Prinz/Hoffmann, Beck'sches Hdb.-Personengesellschaften]

Rehm, Gebhard: Private Haftung der Gesellschafter einer LLP mit Verwaltungssitz in: Deutschland, BB 2010, Special 3, 10

Riechert, Stefan: Die Berufshaftpflichtversicherung der PartG mbB – Grundlagen, AnwBlatt 2014, 266

Römer, Wolfgang / Langheid, Theo / Rixecker, Roland: Versicherungsvertragsgesetz Kommentar, 4. Auflage, München 2014 [zitiert als: *Bearbeiter*, in: Römer/Langheid, VVG]

Römermann, Volker: Münchener Anwaltshandbuch GmbHR, 3. Auflage, München 2014 [zitiert als: *Bearbeiter*, in: Römermann, MünchHdb. GmbH-Recht]

–: Anwalts-GmbH als theoretische Variante zur Partnerschaft?, GmbHR 1997, 530

–: Neues im Recht der Partnerschaftsgesellschaft, NZG 1998, 675

–: Anwalts-GmbH & Co. KG: Etappen-Sieg der Rechtsformgegner, AnwBlatt 2011, 97

–: Dogmatisches Chaos und unübersehbare Haftungsgefahren bei der Freiberufler-GmbH (& Co. KG), GmbHR 2012, 64

–: Die PartG mbB – eine neue attraktive Rechtsform für Freiberufler, NJW 2013, 2305

–: OLG Nürnberg: Die PartG mbB ist eine bloße Variante der Partnerschaft und keine eigene Rechtsform, BB 2014, 534

Römermann, Volker / Jähne, Ina: Die unterschiedlichen Wege in die Partnerschaftsgesellschaft mit beschränkter Berufshaftung Übersicht über die Umwandlungsmöglichkeiten, NWB 2013, 3776

Römermann, Volker / Praß, Jan-Phillip: Die Partnerschaftsgesellschaft mit beschränkter Berufshaftung Rechtspolitische Kritik und rechtssystematische Einordnung, NZG 2012, 601

Roth, Frank: Die Postulationsfähigkeit der LLP, BB 2010, Special 3, 29

Ruppert, Stefan: Partnerschaftsgesellschaft mit beschränkter Berufshaftung – Ende gut, alles gut?, DStR 2013, 1623

Salger, Hanns-Christian: Beschränkte Berufshaftung – Zum Gesetzesentwurf zur Einführung einer „Partnerschaftsgesellschaft mit beschränkter Berufshaftung", DB 2012, 1794

Schaper, Martin: Hybrid Legal Forms at the Gates: The Transition from Combined Legal Form to Hybrid Corporations and its Consequences for Creditor Protection, ECFR 2013, 75

Schlinker, Steffen: Haftung für Beratungsfehler nach Umwandlung einer Anwalts-GbR in eine LLP, NJW 2011, 2091

Schlinker, Steffen / Hammerschmid, Benedikt: Nachhaftung des aus der Sozietät ausgeschiedenen Rechtsanwalts für Sekundäransprüche nach der Verletzung von Schutzpflichten i.S. von § 241 II BGB, NJOZ 2012, 321

Schmidt, Karsten: Die freiberufliche Partnerschaft Zum neuen Gesetz zur Schaffung von Partnerschaftsgesellschaften, NJW 1995, 1

–: Plädoyer für die freiberufliche (GmbH & Co.-) Kommanditgesellschaft, DB 2009, 271

–: Die Anwalts-GmbH & Co. KG: Kraftprobe des Berufsrechts oder des § 105 II HGB?, DB 2011, 2477

Schmitt, Joachim / Hörtnagl, Robert / Stratz, Christian: Umwandlungsgesetz, Umwandlungssteuergesetz, 6. Auflage, München 2013 [zitiert als: *Bearbeiter*, in: Schmitt/Hörtnagl/Stratz, UmwG]

Schnittker, Helder: Gesellschafts- und steuerrechtliche Behandlung einer englischen Limited Liability Partnership mit Verwaltungssitz in Deutschland, Köln 2007 [zitiert als: *Schnittker*, Englische LLP]

–: Steuerliche Behandlung der LLP mit Verwaltungssitz in Deutschland BB 2010, Special 3, 20

Schnittker, Helder / Bank, Stephan: Die LLP in der Praxis Gesellschaftsrecht und Steuerrecht der Limited Liability Partnership, München 2008 [zitiert als: *Schnittker/Bank*, LLP in der Praxis]

Schnittker, Helder / Leicht, Steffen: Rechtsformwahl bei Anwaltssozietäten, BB 2010, 2971

Schotten, Günther / Schmellenkamp, Cornelia: Das International Privatrecht in der notariellen Praxis, 2. Auflage, München 2007 [zitiert als: Schotten/Schmellenkamp, IPR in der Praxis]

Schüppen, Matthias: Wider die LLP, für rechtspolitische Plausibilität – es bleibt viel zu tun bei der Änderung des PartGG, BB 2012, 783

Schwarz, Phillip: Die Vertretung der Restgesellschaft, DB 2013, 799

Seibert, Ulrich: Die Partnerschaftsgesellschaft mit beschränkter Berufshaftung (PartGmbB), DB 2013, 1710

Seibert, Ulrich / Kilian, Matthias: Partnerschaftsgesellschaftsgesetz, 1. Auflage, 2012 [zitiert als: *Seibert/Kilian*, PartGG]

Semler, Johannes / Stengel, Arndt (Hrsg.): Umwandlungsgesetz mit Spruchverfahrensgesetz, 3. Auflage, München 2012 [zitiert als: *Bearbeiter*, in: Semler/Stengel, UmwG]

Singer, Reinhard: Verfassungswidrigkeit der berufsrechtlichen Beschränkung interprofessioneller Partnerschaften für Rechtsanwälte, DStR 2013, 1856

Sommer, Michael / Treptow, Oliver: Die „Umwandlung" einer Partnerschaftsgesellschaft in eine PartG mbB und ihre Folgen, NJW 2013, 3269

Sommer, Michael / Treptow, Oliver / Dietlmeier, Stefan: Haftung für Berufsfehler nach Umwandlung einer Freiberufler-GbR in eine Partnerschaftsgesellschaft, NJW 2011, 1551

Spahlinger, Andreas / Wegen, Gerhardt: Internationales Gesellschaftsrecht in der Praxis, 1. Auflage, München 2005 [zitiert als: *Bearbeiter*, in: Spahlinger/Wegen, Internat. Gesellschaftsrecht]

Staudinger (Begr.): Kommentar zum Bürgerlichen Gesetzbuch mit Einführungsgesetzen und Nebengesetzen, Buch 2 Schuldrecht, Neubearbeitung 2013, Berlin [zitiert als: *Bearbeiter*, in: Staudinger, BGB]

Terbille, Michael (Begr.) / Höra, Knut (Hrsg.): Münchener Anwaltshandbuch Versicherungsrecht, 3. Auflage, München 2013 [zitiert als: *Bearbeiter*, in: Terbille/Höra, MünchHdb. Versicherungsrecht]

Tersteegen, Jens: Fehlende Eintragungsfähigkeit einer Freiberufler-GmbH & Co. KG ins Handelsregister am Beispiel der Steuerberatungs- bzw. Wirtschaftsprüfungs-GmbH & Co. KG, NZG 2010, 651

Triebel, Volker / Otte, Sabine / Kimpel, Bert: Die englische Limited Liability Partnership in Deutschland: Eine attraktive Rechtsform für deutsche Beratungsgesellschaften?, BB 2005, 1233

Triebel, Volker / Silny, Deny: Die persönliche Haftung der Gesellschafter einer in Deutschland tätigen englischen Rechtsanwalts-LLP, NJW 2008, 1034

Tröger, Tobias / Pfaffinger, Lisa: Partnerschaftsgesellschaft mit beschränkter Berufshaftung Eine kritische Bewertung deutscher Verteidigungsbemühungen im europäischen Wettbewerb der Verbandsordnungen, JZ 2013, 812

Uhlenbruck, Wilhelm / Hirte, Heribert / Vallender, Heinz (Hrsg.): Insolvenzordnung Kommentar, 14. Auflage München 2015 [zitiert als: *Bearbeiter*, in: Uhlenbruck, InsO]

Ulmer, Peter / Schäfer, Carsten: Gesellschaft bürgerlichen Rechts und Partnerschaftsgesellschaft Systematischer Kommentar, 6. Auflage, München 2013 [zitiert als: *Bearbeiter*, in: Ulmer/Schäfer, GbR und PartGG]

Uwer, Dirk / Roeding, Manuela: Wege in die Partnerschaftsgesellschaft mit beschränkter Berufshaftung, AnwBlatt 2013, 309

Vossius, Oliver: Regierungsentwurf zur PartG mbB, GmbHR 2012, R213

Vollkommer, Max; Greger, Reinhard; Heinemann, Jörn: Anwaltshaftungsrecht, 4. Auflage, München 2014 [zitiert als: Vollkommer/Greger/Heinemann, Anwaltshaftungsrecht]

Wälzholz, Eckhard: Wege in die PartG mbB Überlegungen zur Gründung und Umwandlung bereits existierender Rechtsträger in eine PartG mbB, DStR 2013, 2637

Wehrheim, Michael / Wirtz, Holger: Die Partnerschaftsgesellschaft Recht, Steuer, Betriebswirtschaft, 5. Auflage, Berlin 2013 [zitiert als: *Wehrheim/Wirtz*, Die PartG]

Weller, Marc Philippe / Kienle, Florian: Die Anwalts-LLP in Deutschland Anerkennung – Postulationsfähigkeit – Haftung (Teil 1), DStR 2005, 1060

–: Die Anwalts-LLP in Deutschland Anerkennung – Postulationsfähigkeit – Haftung (Teil 2), DStR 2005, 1102

Wertenbruch, Johannes: Die Innenhaftung der Partnerschaftsgesellschaft mbB, NZG 2013, 1006

Westermann, Peter / Wertenbruch, Johannes (Hrsg.): Handbuch Personengesellschaften Gesellschaftsrecht – Steuerrecht – Sozialversicherungsrecht – Verträge und Formulare, 63. Lieferung, Köln 2015 [zitiert als: *Bearbeiter*, in: Westermann/Wertenbruch, Hdb. Personengesellschaften]

Whittaker, John: Professional LLPs: liability in negligence after Merret v. Babb, J. B. L. 2002, Nov 601

Willerscheid, Katharina: Partnerschaftsgesellschaft mit beschränkter Berufshaftung Eine Alternative zur Partnerschaftsgesellschaft mit Handelndenhaftung?, NWB 2013, 2490

Wischemeyer, Markus / Honisch, Philipp: Gesellschafterhaftung in der Insolvenz von Anwaltssozietäten – Erstreckung auf (ausgeschiedene) Scheingesellschafter?, NJW 2014, 881

Wollweber, Markus: Sieben Stolpersteine beim Weg in die PartG mbB, DStR 2014, 1926

Zimmermann, Christian: Verdrängt die PartG mbB Haftungsvereinbarungen?, NJW 2014, 1142

Zuck, Rüdiger: Anwalts-GmbH Kommentar zu den §§ 59c–59m BRAO, Köln 1999 [zitiert als: *Zuck*, Anwalts-GmbH]

–: Die Berufsfreiheit der freien Berufe, NJW 2001, 2055

Einleitung

A. Problemdarstellung und Zielsetzung der Arbeit

Durch das am 19.07.2013 in Kraft getretene Gesetz zur Einführung einer Partnerschaftsgesellschaft mit beschränkter Berufshaftung und zur Änderung des Berufsrechts der Rechtsanwälte, Patentanwälte, Steuerberater und Wirtschaftsprüfer[1] (folgend: Gesetz zur Einführung einer PartG mbB) hat der Gesetzgeber den Angehörigen der freien Berufe eine neue Form der Berufsausübungsgemeinschaft – die Partnerschaftsgesellschaft mit beschränkter Berufshaftung (folgend: PartG mbB) – zur Verfügung gestellt.

Die Besonderheit der PartG mbB besteht darin, dass die Haftung für Verbindlichkeiten der Gesellschaft wegen beruflicher Fehler auf das Gesellschaftsvermögen beschränkt ist. Voraussetzung für diesen Ausschluss der persönlichen Haftung der Gesellschafter ist das Unterhalten einer bestimmten Berufshaftpflichtversicherung.

Mit der Schaffung der PartG mbB verfolgte der Gesetzgeber das Ziel, insbesondere Rechtsanwälten eine Organisationsform zur Verfügung zu stellen, die eine gesetzliche Haftungsbeschränkung auf das Gesellschaftsvermögen mit der günstigen Besteuerung einer Personengesellschaft kombiniert. Der Gesetzgeber sah einen entsprechenden Handlungsbedarf – gar eine zu schließende *„Regelungslücke...im deutschen Recht“*[2] – da *„nicht nur bei anwaltlichen Großkanzleien ein Trend zum Wechsel in die Limited Liability Partnership (LLP) nach englischem Recht“*[3] bestehe. Mit der PartG mbB sollte – insbesondere für Rechtsanwälte – eine deutsche Alternative zur britischen *limited liability partnership* (folgend: LLP) geschaffen werden, um so den angenommenen zunehmenden Zusammenschluss insbesondere von Rechtsanwälten zu dieser ausländischen Kooperationsform einzudämmen.

I. Hintergrund der PartG mbB als neuer Zusammenschlussmöglichkeit

Die Schaffung einer weiteren Zusammenschlussmöglichkeit insbesondere für Rechtsanwälte geschah vor dem Hintergrund, dass die für den Rechtsanwalt traditionelle

---

1 Vgl. Bundesgesetzblatt Jahrgang 2013 Teil I Nr. 38, ausgegeben zu Bonn am 18.07.2013.

2 Regierungsentwurf (folgend: RegE) zum Gesetz zur Einführung einer PartG mbB, BT-Drs. 17/10487, S. 1, 16.

3 RegE zum Gesetz zur Einführung einer PartG mbB, BT-Drs. 17/10487, S. 16.

Berufsausübung in einer Einzelpraxis[4] bereits seit den sechziger Jahren kontinuierlich ab nimmt.[5]

Nach einer 2009 durchgeführten Studie des Soldan Instituts arbeiten etwas über die Hälfte der Rechtsanwälte in Einzelkanzleien, wobei sich etwa ein Viertel von ihnen zu Bürogemeinschaften zusammengeschlossen hat.[6] Die Bezeichnung „*Einzelkanzlei*" erfasst in diesem Zusammenhang alle Formen der Berufsausübung, die nicht in einer Berufs*ausübungs*gemeinschaft mit anderen Rechtsanwälten erfolgt. Nicht als Berufsausübungsgemeinschaft in diesem Sinne anzusehen sind Bürogemeinschaften, da sie bloße organisatorische Gemeinschaften darstellen, in denen nicht der Beruf gemeinsam *ausgeübt*, sondern lediglich z.B. personelle und technische Hilfsmittel des Betriebes gemeinsam genutzt werden.[7]

1. *Ursachen des steigenden Zusammenschlussbedürfnisses*

Es gibt verschiedene, ineinandergreifende Ursachen für die zunehmend gemeinsame Berufsausübung von Rechtsanwälten,[8] wie insbesondere ein steigender Konkurrenzdruck oder die inhaltliche Komplexität der Aufgaben.

a. Steigender Konkurrenzdruck

Eine Ursache für das gestiegene Bedürfnis nach gemeinsamer anwaltlicher Berufsausübung liegt in dem durch die wachsende Zahl von Rechtsanwälten enger werdenden Rechtsberatungsmarkt und einem damit einhergehenden erhöhten Konkurrenzdruck.[9] Die Anzahl der in Deutschland tätigen Rechtsanwälte hat sich seit Anfang der siebziger Jahre fast versiebenfacht.[10]

---

4 *Henssler*, in: Henssler/Streck, Hdb. des Sozietätsrechts, A Rn. 2; *Kilian*, in: Koch/Kilian, Anwaltliches Berufsrecht, Rn. 786 m.w.N.; *Schmid*, in: Gummert/Weipert, Münch-Hdb. GesR 1, § 24 Rn. 1.

5 Noch 1967 waren 75% der Rechtsanwälte in Einzelkanzleien tätig, zwölf Jahre später ca. 66% und 1991 noch ca. 60% so: *Hommerich/Kilian*, AnwBlatt 2009, 298 mit Verweis auf das Statistische Jahrbuch der Anwaltschaft.

6 *Hommerich/Kilian*, AnwBlatt 2009, 298 mit Verweis auf das Statistische Jahrbuch der Anwaltschaft und die Studie des Soldan Institutes.

7 *Kilian*, in: Koch/Kilian, Anwaltliches Berufsrecht, Rn. 789; *Schmid*, in: Gummert/Weipert, Münch-Hdb. GesR 1, § 24 Rn. 2; *Kamps/Wollweber*, DStR 2009, 926, 929; zur Bedeutung der Bürogemeinschaften vgl. *Hommerich/Kilian*, AnwBlatt 2009, 376.

8 *Henssler*, in: Henssler/Streck, Hdb. der Sozietätsrechts, A Rn. 6 „*Trend zur gemeinschaftlichen Berufsausübung*".

9 *Kunz*, in: Peres u.a., Sozietätsrecht, § 1 Rn. 2.

10 Ermittelt aus den absoluten Zahlen aus der Statistik der BRAK, abrufbar unter: http://www.brak.de/fuer-journalisten/zahlen-zur-anwaltschaft/ (abgerufen am 30.12.2014).

Die Marke von 100.000 Anwälten wurde im Jahre 2000 überschritten und schon im Jahre 2012 waren 158.426 Rechtsanwälte zugelassen.[11] Für das Jahr 2018 wird prognostiziert, dass über 200.000 Rechtsanwälte zugelassen sein werden.[12]

Die zunehmende Konkurrenzsituation auf dem Anwaltsmarkt wird besonders deutlich, wenn man die Anzahl der Rechtsanwälte ins Verhältnis zur Einwohnerzahl setzt. So kamen im Jahre 1985 auf 10.000 Einwohner gerade einmal 7,68 Rechtsanwälte, während es im Jahre 2011 bereits 19,04 Rechtsanwälte waren.[13]

Das am 1.07.2008 in Kraft getretene Rechtsdienstleistungsgesetz (folgend: RDG) verengte den Rechtsberatungsmarkt zusätzlich, da der Markt in gewissem Umfang auch für nicht der Anwaltschaft angehörende Berufsgruppen geöffnet wurde. Das Anwaltsmonopol für Rechtsberatung wurde hierdurch weiter ausgehöhlt[14], indem es die Möglichkeiten der außergerichtlichen Rechtsberatung als Nebenleistung durch Nicht-Juristen erweiterte. Mehrere Studien belegen einen konkurrenzerhöhenden Effekt durch das RDG.[15]

b. Inhaltliche Anforderungen an den Anwaltsberuf

Der Markt für Rechtsberatung wird nicht nur personell enger, sondern aufgrund zunehmend komplexer Rechtsprobleme auch anspruchsvoller. Das dem einzelnen Rechtsanwalt abverlangte Wissen ist umfangreicher als früher, was eine Zunahme an Aus- und Weiterbildungsanforderungen nach sich zieht.[16]

---

11 Mitgliederstatistiken der BRAK, abrufbar unter http://www.brak.de/fuer-journalisten/zahlen-zur-anwaltschaft/ (abgerufen am 31.12.2014).

12 *Koch*, Anwaltliches Berufsrecht – Hilfreich oder hinderlich, abrufbar unter: http://anwaltverein.de/downloads/Ratgeber/Anwaltliches-Berufsrecht.pdf (abgerufen am 30.12.2014).

13 *Brehm/Eggert/Oberlander*, Die Lage der Freien Berufe, S. 131. Studie abrufbar unter: http://www.bmwi.de/BMWi/Redaktion/PDF/Publikationen/Studien/lage-der-freien-berufe,property=pdf,bereich=bmwi2012,sprache=de,rwb=true.pdf (abgerufen am 30.12.2014).

14 *Koch*, Anwaltliches Berufsrecht – Hilfreich oder hinderlich, S. 81, abrufbar unter: http://anwaltverein.de/downloads/Ratgeber/Anwaltliches-Berufsrecht.pdf (abgerufen am 30.12.2014).

15 Zukunftsstudie für die Deutsche Anwaltschaft im Auftrage des Deutschen Anwaltsvereins, vgl. *executive summary* veröffentlicht im AnwBlatt 2013, 384; Studie des Instituts für Freie Berufe, vgl. *Eggert/Kääb*, BRAK-Mitt. 1/2010, 14, 15; Studie des Soldan Instituts, vgl. *Brehm/Eggert/Oberlander*, Die Lage der Freien Berufe, S. 132, abrufbar unter: http://www.bmwi.de/BMWi/Redaktion/PDF/Publikationen/Studien/lage-der-freien-berufe,property=pdf,bereich=bmwi2012,sprache=de,rwb=true.pdf (abgerufen am 30.12.2014); vgl. auch Hinweis bei *Hommerich/Kilian*, AnwBlatt 2009, 636.

16 *Henssler*, in: Henssler/Streck, Hdb. des Sozietätsrechts, A Rn. 3.

Hinzukommt, dass der durch die Rechtsprechung konkretisierte Pflichtenkreis der Rechtsanwälte zusehends weiter gefasst wurde.[17] Der Rechtsanwalt muss in dem Gebiet des von ihm behandelten Mandates die Kenntnis der maßgeblichen Rechtsprechung und Literaturansichten – mögen sie auch selten oder entlegen sein – haben und sich stets auf dem neuesten Stand halten.[18] Der BGH ging sogar so weit zu formulieren, dass der Rechtsanwalt grundsätzlich jeden Rechtsirrtum zu vertreten habe.[19]

Die Abdeckung aller Themenfelder in einer den Ansprüchen der Rechtsprechung genügenden Form ist für den Einzelanwalt nicht zu leisten und die gestiegenen inhaltlichen Anforderungen führen daher zu einem „*Zwang zur Spezialisierung*"[20]. Die wachsende Zahl der Fachanwälte und Fachanwaltsrichtungen spiegelt diesen Hang zur Spezialisierung wider.[21]

c. *Vorteile von Berufsausübungsgesellschaften*

Die zuvor dargestellten Ursachen für die Verengung des Rechtsberatungsmarktes und die steigende Konkurrenzsituation führen dazu, dass die Wirtschaftlichkeit der anwaltlichen Tätigkeit stärker in den Fokus genommen wird. Der Zusammenschluss zu Berufsausübungsgemeinschaften ist in aller Regel wirtschaftlicher als eine Einzeltätigkeit. Die pro Kopf Umsatzzahlen von Rechtsanwälten in Berufsausübungsgesellschaften sind höher als bei in Einzelkanzleien tätigen Rechtsanwälten.[22] Hinzutritt ein pro Kopf gesehen niedrigerer Aufwand für die Organisation des Büros und Bereitstellung der notwendigen Ausstattung.

Zudem macht das Erfordernis nach Spezialisierung, welches seinerseits auch auf dem durch den personell enger werdenden Anwaltsmarkt und dem daraus resultierenden steigenden Konkurrenzdruck beruht, den Zusammenschluss mit anderen Rechtsanwälten attraktiver.[23]

17 *Hamm*, in: Büchting/Heussen, Beck'sches Rechtsanwalts-Hdb, § 50 Rn. 17; *Tophoven*, in: Henssler/Streck, Hdb. Sozietätsrecht, B Rn. 408; *Müller-Glöge*, in: MünchKomm-BGB, § 611 BGB Rn. 121; *Vollkommer/Greger/Heinemann*, Anwaltshaftung, § 9 Rn. 3.

18 *Tophoven*, in: Henssler/Streck, Hdb. des Sozietätsrechts, B Rn. 414, 414a; vgl. ausführlich zu den einzelnen Pflichten des Rechtsanwaltes und einer Einschätzung des strengen Maßstabes der Rechtsprechung: *Borgmann/Jungk/Schwaiger*, Anwaltshaftung, Kapitel IV.

19 BGH vom 20.04.1959 – BeckRS 31205133 unter 9; kritisch zu diesem weiten Haftungsmaßstab etwa: *Borgmann/Jungk/Schwaiger*, Anwaltshaftung, § 19 Rn. 34; *Vollkommer/Greger/Heinemann*, Anwaltshaftungsrecht, § 11 Rn. 5.

20 *Henssler*, in: Henssler/Streck, Hdb. des Sozietätsrechts, A Rn. 3.

21 Jedenfalls außerhalb des ländlichen Gebietes, in dem eher der „Allgemeinanwalt" vertreten ist, vgl. *Scharmer*, in: Beck'sches Rechtsanwalts-Hdb., § 58 Rn. 4.

22 *Henssler*, in: Henssler/Streck, Hdb. des Sozietätsrechts, A Rn. 7; vgl. auch *Hommerich/Kilian*, AnwBlatt 2010, 277, 278 (Kanzleien mit 20 und mehr Anwälten, die 2,7% der Kanzleien ausmachen, erwirtschaften 42,4% des Marktumsatzes).

23 *Schmid*, in: Gummert/Weipert, Münch-Hdb. GesR 1, § 24 Rn. 1.

In qualitativer und fachlicher Hinsicht profitieren in Berufsausübungsgesellschaften tätige Rechtsanwälte zudem von dem Austausch mit Kollegen. Durch die Gemeinschaft wird die Annahme von größeren Mandaten, die unter Umständen die Kapazitäten eines einzelnen Rechtsanwaltes übersteigen, möglich. Auch sind praktische Aspekte wie Urlaubs- und Terminvertretung für einen in einer Gemeinschaft tätigen Rechtsanwalt leichter zu organisieren.[24]

Will der auf ein bestimmtes Themengebiet spezialisierte Rechtsanwalt seinen Mandanten dennoch eine umfassende Rechtsberatung bieten, so ist ein Zusammenschluss mit anderen Rechtsanwälten das einzig probate Mittel.[25]

Dass der Zusammenschluss mit anderen Rechtsanwälten ein wirksames Mittel zur Verminderung des Konkurrenzdruckes ist, zeigt auch eine Studie des Soldan Instituts aus dem Jahre 2009. Diese stellt dar, dass insbesondere Einzelanwälte einen zunehmenden Konkurrenzdruck spüren; unter ihnen insbesondere solche, die nicht spezialisiert sind und die ausschließlich Privatpersonen beraten.[26]

2. *Aspekte für die Wahl des Zusammenschlusses*

Nachdem die Ursachen für das zunehmende Zusammenschlussbedürfnis unter Anwälten dargestellt wurden, wird im Folgenden erläutert, nach welchen Aspekten Rechtsanwälte – haben sie sich grundsätzlich für einen Zusammenschluss entschieden – die Entscheidung über die Rechtsformwahl treffen.

Bei der Rechtsformwahl ist zunächst zu beachten, dass in der Anwaltschaft kein einheitliches, sondern aufgrund verschiedenster Tätigkeitsfelder, ein heterogenes[27] Berufsbild besteht und entsprechend auch nicht eine einzelne allgemeingültig ideale Zusammenschlussform ausgemacht werden kann.[28]

Die Wahl der geeigneten Gesellschaftsform hängt von den individuellen tatsächlichen Gegebenheiten der einzelnen Zusammenschlüsse, etwa der Anzahl der tätigen Rechtsanwälte, dem Tätigkeitsfeld, der Art der Mandantschaft, dem Umfang der an die Rechtsanwälte herangetragenen Rechtsprobleme, einer eventuellen interdisziplinären

---

24 *Michalski/Römermann*, Hdb. des Sozietätsrechts, A Rn. 64, 65.

25 *Brehm/Eggert/Oberlander*, Die Lage der Freien Berufe, S. 17, abrufbar unter: http://www.bmwi.de/BMWi/Redaktion/PDF/Publikationen/Studien/lage-der-freien-berufe,property=pdf,bereich=bmwi2012,sprache=de,rwb=true.pdf (abgerufen am 30.12.2014); *Weipert/Oepen*, Rechtsformen für die gemeinsame Ausübung des Anwaltsberufes, S. 267, abrufbar unter: http://anwaltverein.de/downloads/Ratgeber/Rechtsformen.pdf (abgerufen am 30.12.2014).

26 *Hommerich/Kilian*, AnwBlatt 2009, 636, 637 verweisend auf eine Studie des Soldan Instituts aus dem Jahre 2009.

27 *Kilian*, NJW 2011, 3413, 3420 spricht von einem segmentierenden Berufsstand; *Zuck*, NJW 2001, 2055, 2056 nimmt gar eine Dreiteilung der Anwaltschaft vor (5% Megafirms, 15% Nischenanwälte oder Boutiquen, 80% Basis).

28 *Weipert/Oepen*, Rechtsformen für die gemeinsame Ausübung des Anwaltsberufes, S. 277, abrufbar unter: http://anwaltverein.de/downloads/Ratgeber/Rechtsformen.pdf (abgerufen am 30.12.2014).

Ausrichtung und nicht zuletzt auch vom persönlichen Geschmack der Entscheidungsträger ab.[29]

Bedeutsame Aspekte, die bei der Auswahl in Betracht gezogen werden, sind die Gründungsanforderungen der jeweiligen Gesellschaftsform, die Kostenintensität der Gründung und Unterhaltung, die Flexibilität des Innenverhältnisses, die Haftung für berufliches Fehlverhalten der Rechtsanwälte sowie für sonstige Verbindlichkeiten der Gesellschaft, die Eignung zum interdisziplinären Zusammenschluss, die steuerliche Behandlung und auch die Akzeptanz der Gesellschaftsform auf dem Rechtsberatungsmarkt.[30]

Je nach Eigenart des betreffenden Zusammenschlusses werden diese Aspekte unterschiedlich ins Gewicht fallen, wobei insbesondere der Haftungsverfassung und der Frage der steuerlichen Behandlung besondere Bedeutung beigemessen wird.[31]

II. Zielsetzung der Arbeit

Die vorliegende Arbeit geht der Frage nach, inwiefern es angesichts der vor Einführung der PartG mbB Rechtsanwälten zur Verfügung stehenden Zusammenschlussmöglichkeiten tatsächlich eine zu schließende Regelungslücke gab und untersucht die Ursachen für den angenommenen Trend in die LLP. Aufgrund der Zielsetzung des Gesetzes, vor allem für Rechtsanwälte eine Alternative zur LLP zur Verfügung zu stellen, wird auf die Bedeutung der PartG mbB für andere Berufsgruppen nur am Rande eingegangen.

Ferner erfolgt eine kritische Beurteilung der neu geschaffenen PartG mbB um basierend auf den gewonnen Erkenntnissen, eine Einschätzung abzugeben, ob die PartG mbB gegenüber der britischen LLP eine Alternative darstellt.

B. Gang der Bearbeitung

Zunächst werden die nach deutschem Recht vor Einführung der PartG mbB bestehenden Zusammenschlussmöglichkeiten von Rechtsanwälten erörtert und untersucht, inwiefern diese den Bedürfnissen in der Praxis gerecht werden.

---

29 *Henssler*, in: Henssler/Streck, Hdb. des Sozietätsrechts, A Rn. 41; *Weipert/Oepen*, Rechtsformen für die gemeinsame Ausübung des Anwaltsberufes, S. 277, abrufbar unter: http://anwaltverein.de/downloads/Ratgeber/Rechtsformen.pdf (abgerufen am 30.12.2014).

30 *Henssler*, in: Henssler/Streck, Hdb. der Sozietätsrechts, A Rn. 78; *Kunz*, in: Peres u.a., Sozietätsrecht, § 1 Rn. 15–26a; *Wehrheim/Wirtz*, Die PartG, S. 142, 143; *Schnittker/Leicht*, BB 2010, 2971, 2972. Auch der Gesetzgeber geht von einer besonderen Bedeutung der steuerlichen Behandlung und der Haftungsverfassung aus, da er die steuerliche Behandlung und Haftungsverfassung der LLP als Ursache für den „*Trend in die LLP*" „*nicht nur bei anwaltlichen Großkanzleien*" begreift, vgl. RegE zum Gesetz zur Einführung einer PartG mbB, BT-Drs. 17/10487, S. 16.

31 *Henssler*, in: Henssler/Streck, Hdb. des Sozietätsrechts, A Rn. 41; *Ulmer/Schäfer*, in: MünchKomm-BGB, Vorb. § 705 BGB, Rn. 37; *Schnittker/Leicht*, BB 2010, 2971, 2972.

Sodann wird die Gesellschaftsform der englischen LLP erläutert und untersucht, unter welchen Voraussetzungen und mit welchen Rechtsfolgen deutsche Anwälte sich zu einer LLP zusammenschließen können.

Darauf aufbauend folgt eine Einschätzung, welche Vor- und Nachteile die LLP für deutsche Rechtsanwälte gegenüber den vor Einführung der PartG mbB zur Verfügung stehenden Organisationsformen bietet und ob sich hierin tatsächlich ein Regelungsdefizit des deutschen Gesellschaftsrechts offenbart.

Anschließend werden die neu geschaffene PartG mbB abgebildet und die mit ihr einhergehenden Vor- und Nachteile aufgezeigt.

Anhand der herausgearbeiteten Eigenheiten der PartG mbB wird abschließend dargestellt, welche Stärken und Schwächen diese Gesellschaftsform gegenüber der englischen LLP aufweist und ob und inwiefern sie tatsächlich eine deutsche Alternative zu dieser darstellen kann.

1. Teil: Zusammenschlussmöglichkeiten für Rechtsanwälte nach deutschem Recht

Zur Beantwortung der Frage, ob die Einführung der PartG mbB sinnvoll oder gar notwendig gewesen ist, werden zunächst die vor der Einführung der PartG mbB vorhandenen Zusammenschlussmöglichkeiten für Rechtsanwälte in Deutschland dargestellt.

Bei der Darstellung der einzelnen vor Einführung der PartG mbB zur Verfügung stehenden Gesellschaftsformen werden insbesondere diejenigen Kriterien untersucht, die Rechtsanwälte bei der Entscheidung für oder gegen eine bestimmte Organisationsform in die Waagschale legen und die Vor- und Nachteile der einzelnen Zusammenschlussmöglichkeiten aufgezeigt. Die vergleichende Gegenüberstellung der Gesellschaftsformen soll zeigen, inwiefern die bisherigen Zusammenschlussmöglichkeiten den Anforderungen der Anwaltschaft genügen und ob tatsächlich ein – wie im Gesetzgebungsverfahren zur PartG mbB angenommen wurde[32] – Bedarf für die Schaffung der PartG mbB besteht.

A. Bisher mögliche Formen des Zusammenschlusses

Bei der Darstellung der vor der Einführung der PartG mbB zur Verfügung stehenden Zusammenschlussmöglichkeiten für Rechtsanwälte nach deutschem Recht kann nicht auf alle gesellschafts- und berufsrechtlichen Details eingegangen werden[33], vielmehr werden schwerpunktmäßig die zuvor erläuterten und für die Rechtsformwahl relevanten Aspekte und Unterschiede der einzelnen Gesellschaftsformen beschrieben.

I. Die zur Verfügung stehenden Personengesellschaften

1. Die Gesellschaft bürgerlichen Rechts (GbR)

Die unter Rechtsanwälten nach wie vor am weitesten verbreitete Zusammenschlussmöglichkeit ist die GbR nach §§ 705 ff. BGB.[34]

Diese kann in Form der bloßen Bürogemeinschaft, einer reinen Innengesellschaft, ausgestaltet sein oder nach außen als Sozietät auftreten.[35] Nur im letzteren Fall ist die GbR eine Berufs*ausübungs*gesellschaft, da nur hier der Zusammenschluss

32 RegE zum Gesetz zur Einführung einer PartG mbB, BT-Drs. 17/10487, S. 16 *„Regelungslücke oder ein Regelungsdefizit im deutschen Recht“*, *„Bedürfnis der Praxis“*.

33 Hierzu wird insbesondere auf *Henssler/Streck*, Hdb. des Sozietätsrechts und auf *Peres u.a.*, Sozietätsrecht verwiesen.

34 *Brüggemann*, in: Feuerich/Weyland, BRAO, § 59a BRAO Rn. 1; *Kilian*, in: Koch/Kilian, Anwaltliches Berufsrecht, Rn. 790; *Dahns*, NJW-Spezial 2009, 286.

35 Zur Möglichkeit der bloßen Kooperation in Form einer Bürogemeinschaft als Innengesellschaft vgl. *Brüggemann*, in: Feuerich/Weyland, BRAO, § 59a BRAO Rn. 79f.

tatsächlich zur gemeinsamen Ausübung des Berufes erfolgt. Die nachfolgenden Ausführungen beziehen Bürogemeinschaften nicht mit ein, da sie sich lediglich auf die gemeinsame Nutzung von Ressourcen beschränken und daher keine Berufs*ausübungs*gesellschaften sind.[36]

Die Außen-GbR ist ein mit Gesamthandvermögen ausgestatteter rechtsfähiger Personenverband[37] (vgl. § 14 Abs. 2 BGB) ohne ein gesetzlich vorgeschriebenes Mindestkapital, bei dem die Gesellschafter für Verbindlichkeiten der Gesellschaft persönlich haften.

a. Gründung der GbR

Die GbR kann zur Förderung eines gemeinsamen Zweckes, der nicht auf die Betreibung eines Handelsgewerbes gerichtet sein darf, gegründet werden.[38] Zwei oder mehr Rechtsanwälte können daher, da ihre Berufsausübung gem. § 2 Abs. 2 BRAO kein Gewerbe darstellt, durch Abschluss eines formlosen Gesellschaftsvertrages eine GbR gründen.

Obwohl weder der Gesellschaftsvertrag noch spätere Änderungen formbedürftig sind, wird der Vertrag in der Praxis allein aus Beweisgründen und zur Vermeidung späterer Streitigkeiten zwischen den Vertragsparteien in aller Regel schriftlich abgeschlossen.[39] Da aber insbesondere die Hinzuziehung durch einen Notar nicht notwendig ist, können die Gründung einer GbR und spätere Änderungen des Gesellschaftsvertrages unkompliziert und kostenneutral erfolgen. Weder möglich noch für die Entstehung der GbR notwendig sind Eintragungen im Handels- oder Partnerschaftsregister.[40]

b. Mögliche Gesellschafter

Gesellschafter einer anwaltlichen GbR können gem. § 59a BRAO Angehörige aller dort genannten sozietätsfähigen Berufe sein. Dies sind neben Mitgliedern einer Rechtsanwaltskammer (Rechtsbeistände), Patentanwälte, Steuerberater, Steuerbevollmächtigte, Wirtschaftsprüfer und vereidigte Buchprüfer.[41]

Diese recht enge Umgrenzung des Kreises der sozietätsfähigen Berufe wurde in der Literatur schon lange kritisiert, da für Rechtsanwälte auch der Zusammenschluss mit anderen Berufen – insbesondere mit Ärzten, Architekten und

---

36 Zur Bürogemeinschaft vgl. *Brüggemann*, in: Feuerich/Weyland, BRAO, § 59a BRAO Rn. 79, 80.

37 *Ulmer/Schäfer*, in: MünchKomm-BGB, § 705 BGB Rn. 160.

38 *Ulmer/Schäfer*, in: MünchKomm-BGB, § 705 BGB Rn. 1, 3.

39 *Kunz*, in: Peres u.a., Sozietätsrecht, § 3 Rn. 1; *Michalski/Römermann*, in: Henssler/Streck, Hdb. des Sozietätsrechts, B Rn. 62.

40 Die freiberufliche GbR wird insofern von der PartG abgegrenzt, deren Eintragung ins Partnerschaftsregister konstitutiv ist, *Ulmer/Schäfer*, in: MünchKomm-BGB, § 705 BGB Rn. 5.

41 *Michalski/Römermann*, in: Henssler/Streck, Hdb. des Sozietätsrechts, B Rn. 767.

Ingenieuren – erstrebenswert sein kann, etwa, wenn sie auf deren Fachwissen in Haftungsfällen angewiesen sind.[42] Nunmehr hat auch der BGH die Verfassungsmäßigkeit des § 59a BRAO angezweifelt und die Frage dem BVerfG zur Entscheidung vorgelegt.[43] Es bleibt abzuwarten, ob sich die Möglichkeiten für interdisziplinäre Zusammenschlüsse infolge der Entscheidung des BVerfG erweitern werden.

c. *Gesellschafterbestand, Innenverhältnis und Geschäftsführung*

Die gesetzlichen Regelungen in den §§ 705 ff. BGB zur Ausgestaltung des Innenverhältnisses der GbR sind fast ausschließlich dispositiv, wodurch die GbR als Zusammenschlussmöglichkeit große Flexibilität gewährt.[44]

So kann etwa die von Gesetzes wegen bestehende und wenig praktikable Gesamtgeschäftsführungsbefugnis gem. § 709 BGB abbedungen werden. Auch die Rechtsfolge der Auflösung der Gesellschaft beim Tode eines Gesellschafter gem. § 727 BGB oder dem Ausscheiden eines Gesellschafters gem. § 738 BGB sind abdingbar.[45]

Ferner können die Regelungen zur inneren Organisation, zur Vertretungsbefugnis, der Kanzleiführung, Eigentumsverhältnissen, Honorarverteilung, interne Haftungsregelungen und Regelungen über den Ein- und Austritt von Sozien individuell nach den Vorstellungen der Gesellschafter gestaltet werden.[46]

Die Übertragung von Geschäftsanteilen der einmal bestehenden GbR, die bei entsprechender Regelung im Gesellschaftsvertrag oder bei Zustimmung aller übrigen Gesellschafter möglich ist, kann kostenneutral ohne die Hinzuziehung eines Notars stattfinden.[47]

---

42 *Kleine-Cosack*, BRAO, § 59a BRAO Rn. 9, 10; *Michalski/Römermann*, in: Henssler/Streck, Hdb. des Sozietätsrechts, B Rn. 765, 766, 246; *Henssler*, NJW 2003, 241 (für die Einbeziehung von Diplompsychologen und Sozialpädagogen); *Michalski*, NJW 1996, 3233.

43 BGH vom 16.05.2013 – II ZB 7/11, WM 2013, 1417; anhängig beim BVerfG unter dem Aktenzeichen 1 BvL 6/13. Ein auf Medizinrecht spezialisierter Anwalt wollte mit einer Ärztin einer PartG gründen, wobei die Ärztin nur eine beratende und begutachtende Tätigkeit und keine Heiltätigkeit ausüben sollte. Der BGH sieht in § 59a BRAO einen Verstoß gegen Art.12 GG. Der mit der Norm verfolgte Gemeinwohlzweck (der Schutz anwaltlicher Unabhängigkeit (§ 49a BRAO) sowie der Schutz des Mandatsverhältnisses), sei auch auf anderem Wege erreichbar und eine Beschränkung der sozietätsfähigen Berufe in dieser Form daher nicht erforderlich. Das Geheimhaltungsinteresse sei durch die Schweigepflicht der anderen Berufe gewährleistet, die anwaltliche Unabhängigkeit lasse sich durch andere Vorschriften, wie das Verbot nichtanwaltlicher Mehrheitsverhältnisse ausschließen. Der BGH nahm auch einen Verstoß gegen Art. 3 und 9 GG an. Kritisch zur Auffassung des BGH *Singer*, DStR 2013, 1856, 1858.

44 *Henssler*, in: Henssler/Streck, Hdb. des Sozietätsrechts, A Rn. 43.

45 *Michalski/Römermann*, in: Henssler/Streck, Hdb. des Sozietätsrechts, B Rn. 137, 165.

46 *Brüggemann*, in: Feuerich/Weyland, BRAO, § 59a BRAO Rn. 10; *Michalski/Römermann*, in: Henssler/Streck, Hdb. des Sozietätsrechts, B Rn. 119, 121, 125.

47 *Schäfer*, in: MünchKomm-BGB, § 719 BGB Rn. 21; wobei die Anforderungen an § 59a BRAO einzuhalten sind.

d. *Haftung in der anwaltlichen GbR*

aa. Vertragliche Haftung

(1) Die GbR als Vertragspartner

Der Abschluss eines Rechtsberatungsvertrages durch einen einzelnen Rechtsanwalt der GbR ist in aller Regel ein Vertragsschluss mit der GbR selbst[48], deren Teilrechtsfähigkeit seit der Grundsatzentscheidung des BGH aus dem Jahre 2001[49] anerkannt ist. In der Regel ist der Parteiwille des Mandanten gerade darauf gerichtet, die Sozietät als solche zu verpflichten und sich deren Vorzüge sowohl im Hinblick auf den gebündelten juristischen Sachverstand als auch im Hinblick auf eine breitere Haftung zu Nutze zu machen.[50] Vertragspartner wird daher bei Fehlen einer Sondervereinbarung die GbR selbst und nicht der im Einzelnen mit dem Mandat befasste Rechtsanwalt.[51] Das gilt grundsätzlich auch für den Fall, in dem nur ein Rechtsanwalt das Mandat betreut und dies bei Vertragsschluss auch so vereinbart wird, da eine solche Vereinbarung regelmäßig nur eine inhaltliche Ausgestaltung des mit der Sozietät abgeschlossenen Vertrages darstellt.[52]

Auch bei einem interprofessionellen Zusammenschluss ist in aller Regel davon auszugehen, dass nicht nur die Angehörigen derjenigen Berufsgruppe Vertragspartner werden sollen, die für den Gegenstand der zu erbringenden Dienste qualifiziert sind, sondern die interprofessionelle GbR als solche.[53] Grundsätzlich wird also etwa eine GbR von Rechtsanwälten und Steuerberatern (die gem. § 59a BRAO möglich ist) auch bei solchen Aufträgen Vertragspartei, die rein rechtsberatenden Charakter haben und für deren Bearbeitung nicht alle Gesellschafter qualifiziert sind. Der Gesetzgeber hat in § 59a BRAO die Möglichkeit für interprofessionelle Zusammenschlüsse gesetzlich geregelt und hat diese Reglung auch nach Anerkennung der Rechtsfähigkeit der GbR nicht geändert.[54]

In diesem Zusammenhang wird in der Literatur teilweise vom „*Gesamtmandat*“ gesprochen, welches bedeutet, dass der Vertragsschluss durch einen Sozius auch die

48 *Hartung*, in: Henssler/Prütting, BRAO, § 59a BRAO Rn. 41; *Mennemeyer*, in: Fahrendorf/Mennemeyer/Terbille, Die Haftung des Rechtsanwalts, Rn. 116.

49 BGH vom 19.01.2001 – II ZR 331/00, NJW 2001, 1056. Zur Geltung der Rechtsfähigkeit auch für die Freiberufler-GbR vgl. BGH vom 7.04.2003 – II ZR 56/02, NJW 2003, 1803.

50 *Brüggemann*, in: Feuerich/Weyland, BRAO, § 59a BRAO Rn. 17; *Posegga*, DStR 2013, 547, 548.

51 BGH vom 20.06.1996 – IX ZR 248/95, NJW 1996, 2859, 2860; *Borgmann/Jungk/Schwaiger*, Anwaltshaftung, § 36 Rn. 8; *Vollkommer/Greger/Heinemann*, Anwaltshaftungsrecht, § 4 Rn. 7, 13.

52 *Hartung*, in: Henssler/Prütting, BRAO, § 59a BRAO Rn. 41; *Posegga*, DStR 2013, 547, 548.

53 Vgl. BGH vom 9.12.2010 – IX ZR 44/10, WM 2011, 1770; *Mennemeyer*, in: Fahrendorf/Mennemeyer/Terbille, Die Haftung des Rechtsanwalts, Rn. 123.

54 BGH vom 9.12.2010 – IX ZR 44/10, WM 2011, 1770, 1771, 1772.

anderen Sozien verpflichtet.[55] Vor dem Hintergrund der Anerkennung der Teilrechtsfähigkeit der Außen-GbR darf dies aber nicht dahingehend missverstanden werden, dass der Vertragsschluss für die Gesamtheit der Gesellschafter erfolgt. Es wird vielmehr die GbR selbst, und nicht die Gesamtheit der einzelnen Sozien, Vertragspartei des Rechtsberatungsvertrages.[56]

(2) Zurechnung von Fehlverhalten

Als Vertragspartner ist die GbR der Schuldner vertraglicher Ansprüche wegen beruflichen Fehlverhaltens der Rechtsanwälte. Das Fehlverhalten der Rechtsanwälte wird der GbR über § 31 BGB analog zugerechnet.[57] Es ist höchstrichterlich anerkannt, dass jedes zum Schadensersatz verpflichtende Verhalten eines verfassungsmäßig berufenen Vertreters über § 31 BGB analog zugerechnet werden kann – auch solches, das berufshaftungsrechtliche Verbindlichkeiten begründet.[58] Diese nehmen also im Rahmen der Haftungszurechnung keine Sonderrolle ein.

Der „*verfassungsmäßig berufene Vertreter*", dessen Verhalten der Gesellschaft über § 31 BGB analog zugerechnet wird, ist bei Rechtsanwaltssozietäten nicht nur der mit der Geschäftsführung befasste Gesellschafter, sondern jeder Gesellschafter und auch jeder angestellte Rechtsanwalt, dem die selbstständige und eigenverantwortliche Bearbeitung von Mandaten überlassen wird.[59] Das Verschulden eines angestellten Rechtsanwaltes, der nicht von der Anwendung des § 31 BGB analog erfasst wird, wird dem beauftragten Rechtsanwalt (bzw. der GbR) über § 278 BGB zugerechnet.[60]

(3) Akzessorische Haftung der Gesellschafter

Die Gesellschafter der GbR haften für Verbindlichkeiten der Gesellschaft gesamtschuldnerisch, primär, unmittelbar und unbeschränkt mit ihrem persönlichen Vermögen nach § 128 HGB analog.[61]

---

55 *Schmid*, in: Peres u.a. Sozietätsrecht, § 6 Rn. 21; *Tophoven*, in: Henssler/Streck, Hdb. des Sozietätsrechts, B Rn. 396; ähnlich mit „*Gemeinschaftsmandat*" auch *Michalski/Römermann*, in: Henssler/Streck, Hdb. des Sozietätsrechts, B Rn. 25 f.

56 Mit ebenso lautender Kritik am Begriff „*Gemeinschaftsmandat*" *Posegga*, DStR 2013, 547 Fn. 6.

57 Zu § 31 BGB *Hartung*, in: Henssler/Prütting, BRAO, § 59a BRAO Rn. 58, 59, 61.

58 BGH vom 3.05.2007 – IX ZR 218/05, NJW 2007, 2490 (zuvor noch offenlassend, ob auch berufliches Fehlverhalten zugerechnet werden kann BGH vom 7.04.2003 – II ZR 56/02, NJW 2003, 1803); zur Zurechnung auch deliktischen Verhaltens über § 31 BGB analog vgl. BGH vom 24.02.2003 – II ZR 385/99, NJW 2003, 1445.

59 BGH vom 3.05.2007 – IX ZR 218/05, NJW 2007, 2490; *Hartung*, in: Henssler/Prütting, BRAO, § 59a BRAO Rn. 60.

60 *Tophoven*, in: Henssler/Streck, Hdb. des Sozietätsrechts, B Rn. 441, 447a; *von der Recke*, in: Büchting/Heussen, Beck'sches Rechtsanwalts-Hdb., § 59 Rn. 42.

61 Der BGH stützt die akzessorische Haftung in ständiger Rechtsprechung auf § 128 HGB analog etwa BGH vom 29.01.2001 – II ZR 31/00, NJW 2001, 1056; BGH vom 22.01.2004 – IX ZR 65/01, NJW 2004, 836; *Boesche*, in: Oetker, HGB, § 128 Rn. 12;

Dass die Haftung auf einen Berufsfehler im Rahmen einer freiberuflichen Tätigkeit zurückzuführen ist, ändert nichts am Eingreifen der akzessorischen Haftung.[62] Ebenso wenig wie bei der Zurechnung eines Berufsfehlers zur Gesellschaft über § 31 BGB analog, nehmen berufshaftungsrechtliche Verbindlichkeiten im Rahmen der akzessorischen Haftung nach § 128 HGB analog eine Sonderrolle ein.

Die durch den Fehler eines Rechtsanwalts begründete Haftung der GbR trifft damit alle Gesellschafter, unabhängig von einem Verschulden oder auch nur einer Kenntnis der Mitgesellschafter von dem Berufsfehler.

bb. Deliktische Haftung

Bei einer schadensverursachenden deliktischen Handlung eines Gesellschafters einer GbR haftet der unmittelbar Handelnde aus Deliktsrecht.[63] Wenn die unerlaubte Handlung der Gesellschaft über § 31 BGB analog zugerechnet werden kann, haften auch die übrigen Gesellschafter, die die unerlaubte Handlung nicht selbst begingen, nach § 128 HGB analog.[64]

Durch den BGH ist höchstrichterlich entschieden, dass eine Zurechnung deliktischen Verhaltens auf die Gesellschaft über § 31 BGB und eine akzessorische Gesellschafterhaftung über § 128 HGB analog auch bei einer Freiberufler GbR wie der Rechtsanwaltssozietät eingreifen.[65] Es fehle schlichtweg an tragfähigen Gründen, die eine abweichende Behandlung berufshaftungsrechtlicher Verbindlichkeiten rechtfertige. Der Gedanke, dass der Gesellschafter einer oHG auch für ein von einem anderen Gesellschafter verursachtes Delikt einzustehen hat, ist ein Ausgleich für das fehlende Haftkapital der Personengesellschaften und trifft damit ebenso auf die GbR zu. Einziger Unterschied der beiden Gesellschaftsformen ist die kaufmännische Organisation der oHG, welche eine abweichende Behandlung einer bestimmten Gruppe von Verbindlichkeiten nicht rechtfertigen kann.[66]

Auch in diesem Zusammenhang nehmen die Verbindlichkeiten aus beruflichen Fehlern also keine Sonderstellung ein.

Tophoven, in: Henssler/Streck, Hdb. des Sozietätsrechts, B Rn. 401a.; *von der Recke*, in: Büchting/Heussen, Beck'sches Rechtsanwalts-Hdb., § 59 Rn. 2.

62 BGH vom 3.05.2007 – IX ZR 218/05, NJW 2007, 2490; *Fischer*, VersR 2013, 525, 532; *Hartung*, in: Henssler/Prütting, BRAO, § 59a BRAO Rn. 62; *Schnittker/Leicht*, BB 2010, 2971, 2973; *Sommer/Treptow/Dietlmeier*, NJW 2011, 1551, 1552.

63 *Borgmann/Jungk/Schwaiger*, Anwaltshaftung, § 36 Rn. 28; *Tophoven*, in: Henssler/Streck, Hdb. des Sozietätsrechts, B Rn. 447a, 478 f.

64 *Schäfer*, in: Ulmer/Schäfer, GbR und PartG, § 714 BGB Rn. 38 mit Hinweisen zu kritischen Stimmen in der Literatur.

65 BGH vom 3.05.2007 – IX ZR 218/05, NJW 2007, 2490; kritisch hierzu etwa *Borgmann/Jungk/Schwaiger*, Anwaltshaftung, § 36 Rn. 28; *Vollkommer/Greger/Heinemann*, Anwaltshaftungsrecht, § 8 Rn. 26.

66 BGH vom 3.05.2007 – IX ZR 218/05, NJW 2007, 2490, 2492.

cc. Zeitpunkt der Gesellschafterstellung

(1) Haftung des eintretenden Gesellschafters

Jeder Gesellschafter einer GbR – auch einer Freiberufler-GbR – haftet auch für solche Verbindlichkeiten unbeschränkt persönlich, die vor seinem Eintritt in die Gesellschaft bereits begründet waren, da § 130 HGB analog auch für die freiberufliche GbR gilt.[67]

Höchstrichterlich noch nicht entschieden ist, ob eine Haftung des neu in eine Anwalts-GbR eintretenden Gesellschafters auch für solche Verbindlichkeiten gelten soll, die auf Berufsfehlern basieren.[68] Der II. Senat des BGH hat in einer Entscheidung jedenfalls angedeutet, dass im Zusammenhang mit § 130 HGB berufshaftungsrechtlichen Verbindlichkeiten eine Sonderrolle eingeräumt werden könne. Diese ließe sich gegebenenfalls aus § 8 Abs. 2 PartGG herleiten, der die persönliche Haftung für berufshaftungsrechtliche Verbindlichkeiten auf denjenigen Partner beschränkt, der mit der Bearbeitung des Auftrages befasst war.[69]

Die Instanzgerichte und zahlreiche Stimmen in der Literatur sprechen sich mit überzeugenden Argumenten aber dafür aus, dass es auch für berufshaftungsrechtliche Verbindlichkeiten bei einer uneingeschränkten Anwendung des § 130 HGB analog bleiben soll.[70] Auch der IX. Senat des BGH hat in einer späteren Entscheidung im Zusammenhang mit der analogen Anwendung des § 128 HGB (bzw. § 31 BGB), eine Sonderstellung für berufshaftungsrechtliche Verbindlichkeiten abgelehnt.[71]

Es gibt keine überzeugenden Argumente, bei der Anwendung des § 130 HGB analog eine Ausnahme für berufshaftungsrechtliche Verbindlichkeiten zu machen. Die Haftung für Altverbindlichkeiten trifft den eintretenden Gesellschafter immer unabhängig von einer Kenntnis oder der Erkennbarkeit des Vorhandenseins von solchen Altverbindlichkeiten. Es ist nicht überzeugend, diese Wertung ausgerechnet bei berufshaftungsrechtlichen Verbindlichkeiten als unbillig abzulehnen. Auch aus § 8 Abs. 2 PartGG kann nicht die generelle Wertung gewonnen werden, dass für

---

67 BGH vom 4.07.2003 – II ZR 56/02, NJW 2003, 1803; *Tophoven*, in: Henssler/Streck, Hdb. des Sozietätsrechts, B Rn. 401d; *Vollkommer/Greger/Heinemann*, Anwaltshaftungsrecht, § 4 Rn. 8.

68 Dies ausdrücklich offen lassend BGH vom 7.04.2003 – II ZR 56/02, NJW 2003, 1803, 1805.

69 BGH vom 4.07.2003 – II ZR 56/03, NJW 2003, 1803, 1805; in diese Richtung auch *Hirtz*, in: Henssler/Strohn, Gesellschaftsrecht, § 8 PartGG Rn. 1.

70 LG Hamburg vom 11.05.2004– 321 O 433/03, NJW 2004, 3492; LG Frankenthal vom 21.07.2004–2 S 75/04; *Vollkommer/Greger/Heinemann*, Anwaltshaftungsrecht, § 4 Rn. 12; *Kilian*, in: Koch/Kilian, Anwaltliches Berufsrecht, Rn. 917; *Sommer/Treptow/Dietlmeier*, NJW 2011, 1551, 1552 (m.w.N.). Kritisch zur Anwendung des § 130 HGB analog auf die anwaltliche GbR *Hartung*, in: Henssler/Prütting, BRAO, § 59a BRAO Rn. 88.

71 BGH vom 3.05.2007 – IX ZR 218/05, NJW 2007, 2490, 2492; *Hartung*, in: Henssler/Prütting, BRAO, § 59a BRAO Rn. 77 geht davon aus, dass diese Frage durch die Entscheidung des IX. Senats zur Anwendung von § 128 HGB (und § 31 BGB) auf berufshaftungsrechtliche Verbindlichkeiten entschieden ist.

berufshaftungsrechtliche Verbindlichkeiten nur der sie auslösende Gesellschafter (und damit nicht der Eintretende) haften soll. § 8 Abs. 2 PartGG ist nicht Ausdruck einer Sonderstellung der berufshaftungsrechtlichen Verbindlichkeiten, sondern Ausdruck einer besonderen Haftungskonzeption der PartG.[72] Ebenso wenig wie eine analoge Anwendung des § 8 Abs. 2 PartGG zu einer Vermeidung der akzessorischen Haftung der GbR-Gesellschafter nach § 128 HGB analog führen kann, ist dies bei § 130 HGB analog angezeigt.

Will eine auf Wachstum angelegte GbR diese Haftungsgefahr für neue Gesellschafter vermeiden, kann sie mit dem potentiellen neuen Gesellschafter allerdings eine – im Außenverhältnis freilich aufgrund § 130 Abs. 2 HGB analog unwirksame – interne Haftungsfreistellung vereinbaren.[73]

(2) Haftung des austretenden Gesellschafters

Der Gesellschafter haftet zudem auch nach seinem Austritt akzessorisch für Verbindlichkeiten, die während der Zeit seiner Zugehörigkeit zur Gesellschaft begründet wurden (§ 736 Abs. 2 BGB i.V.m. § 160 HGB).

Im Schrifttum und Rechtsprechung uneinheitlich beurteilt wird die Frage, wann berufshaftungsrechtliche Verbindlichkeiten i.S.d. § 160 HGB „*begründet*" sind. Mehrheitlich wird auf den Zeitpunkt des Abschlusses des Mandatsverhältnisses abgestellt, teilweise aber auch auf den Zeitpunkt der tatsächlichen Fehlerbegehung.[74]

Stellt man auf den Zeitpunkt des Abschlusses des Mandatsverhältnisses ab, so trifft den aus einer GbR austretenden Rechtsanwalt innerhalb der Nachhaftungsfrist das unüberschaubare Risiko sogar für nach seinem Austritt begangene berufliche Fehler ehemaliger Mitgesellschafter einstehen zu müssen. Da eine solche Haftung jedenfalls von Teilen der Rechtsprechung angenommen wird, ist auch diese Haftungsgefahr in die Auswahlentscheidung einzubeziehen.[75]

---

72 Für eine grundsätzliche Sonderstellung berufshaftungsrechtlicher Verbindlichkeiten aber wohl *Hirtz*, in: Henssler/Strohn, Gesellschaftsrecht, § 8 PartGG Rn. 1.

73 *Tophoven*, in: Henssler/Streck, Hdb. des Sozietätsrechts, B Rn. 401d.

74 „*begründet*" bereits zum Zeitpunkt des Vertragsschlusses: OLG Karlsruhe vom 26.10.2010–8 U 115/09, BeckRS 2010, 28997, Rn. 37; OLG Saarbrücken vom 30.04.2007 – 1 U 184/06; allgemein zu Verbindlichkeiten aus Dauerschuldverhältnissen auch OLG Dresden vom 2.10.1996–7 U 981/96, NJW-RR 1997, 162, 163; *Posegga*, DStR 2013, 611; *Sommer/Treptow/Dietlmeier*, NJW 2011, 1551, 1552; *Vollkommer/Greger/Heinemann*, Anwaltshaftungsrecht, § 4 Rn. 11; „*begründet*" erst zum Zeitpunkt des Berufsfehlers: LG Bonn vom 13.04.2010–15 O 451/09; *Meixner/Schröder*, DStR 2008, 527, 528; *Offermann-Burckhardt*, AnwBlatt 2014, 366, 374, AnwBlatt 2013, 697, 700. Ausführlich wird auf diesen Meinungsstreit im Rahmen der PartG mbB eingegangen, vgl. Teil 3 F. II. 2.

75 Zu einer vertiefteren Auseinandersetzung mit dieser Streitfrage, ob auf die Begründung des Mandatsverhältnisses abzustellen ist vgl. Teil 3 F., II, 2., b). mit Stellungnahme unter cc).

dd. Besondere Haftungsgefahren bei interprofessioneller Zusammenarbeit

De lege lata steht die GbR für einen interprofessionellen Zusammenschluss der in § 59a BRAO genannten sozietätsfähigen Berufe zur Verfügung.[76]

Ein interprofessioneller Zusammenschluss ist mit besonderen Haftungsgefahren verbunden. Der IX. Senat des BGH hat in einer jüngeren Entscheidung mit überzeugenden Argumenten klargestellt, dass die Haftung der Gesellschafter der GbR aus § 128 HGB analog auch in solchen Fällen Geltung beansprucht, in denen es um die Haftung aus berufshaftungsrechtlichen Verbindlichkeiten im Falle einer interprofessionellen Sozietät geht.[77] Dies ist zu befürworten.

Zunächst besteht auch bei der interprofessionellen GbR grundsätzlich ein vertragliches Verhältnis zu der Gesellschaft als solcher und nicht nur zu den Angehörigen derjenigen Berufsgruppe, die für die Erfüllung des Vertrages qualifiziert ist.[78] Ferner kann in diesen Fällen nicht ohne weiteres von einem konkludenten Haftungsausschluss ausgegangen werden, wie es teils in der Literatur[79] vertreten wird.[80] Wenn die Auslegung des Parteiwillens ohne konkrete gegenteilige Anhaltspunkte zur Annahme eines Vertrages mit der GbR als solcher führt, kann nicht andererseits ohne besondere Anhaltspunkte von einer konkludenten Haftungsbeschränkung ausgegangen werden. Der teils erwogenen analogen Anwendung der Handelndenhaftung[81] aus § 8 Abs. 2 PartGG[82] erteilte der BGH aufgrund des Fehlens einer Regelungslücke und der ansonsten möglichen Umgehung des Publizitätserfordernisses der Eintragung der PartG eine Absage.[83] Die Haftungsbeschränkung auf den handelnden Gesellschafter ist durch § 8 Abs. 2 PartGG gerade nur für die Rechtsform der Partnerschaft geschaffen worden und soll nur denjenigen zuteilwerden, die den Publizitätspflichten nach §§ 4 Abs. 1, 7 Abs. 1 PartGG nachkommen.[84]

---

76 Unter 1 BvL 6/13 ist beim BVerfG ein Verfahren über die Verfassungsmäßigkeit der Beschränkung der sozietätsfähigen Berufe gem. § 59a BRAO anhängig.

77 BGH vom 10.05.2012 – IX ZR 125/10, DStR 2012, 1722; hierzu *Posegga*, DStR 2013, 547, 551. Anders etwa noch zuvor das OLG Köln vom 3.05.1996 – 11 U 252/95, NJW-RR 1997, 438, welches die Haftung eines Steuerberater-Gesellschafters für die Rechtsberatung durch einen anwaltlichen Mitgesellschafter verneine. Eine solche Haftung wurde als unbillig empfunden, weil der Fehler in einem Tätigkeitsfeld begangen wurde, in dem der Steuerberater gar nicht hätte tätig werden dürfen.

78 S.o. zum Vertragsschluss mit der GbR, Teil 1 C. I. 1. d. aa. (1).

79 So etwa *Jungk*, BRAK-Mitt. 2001, 159, 160.

80 Gegen einen konkludenten Ausschluss auch: *Fischer*, VersR 2013, 525, 532; *Rinkler*, in: Fischer u.a., Hdb. der Anwaltshaftung, § 1 Rn. 407.

81 Mit dem Begriff „Handelndenhaftung“ ist im Rahmen dieser Arbeit die Haftung aus § 8 Abs. 2 PartGG gemeint und nicht die Handelndenhaftung gem. § 11 Abs. 2 GmbHG.

82 Dies zumindest erwägend noch BGH vom 7.04.2003 – II ZR 56/02, WM 2003, 977, 980.

83 BGH vom 10.05.2011 – IX ZR 125/10, BeckRs 2012, 14569 Rn. 69–74.

84 BGH vom 10.05.2011 – IX ZR 125/10, BeckRs 2012, 14569 Rn. 74.

Die akzessorische Haftung auch berufsfremder Gesellschafter birgt die besondere Haftungsgefahr, dass berufsfremde Gesellschafter bezüglich eines berufsfremden Fehlverhaltens von Mitgesellschaftern mangels fachlicher Qualifikation nur sehr eingeschränkte Kontroll- und Haftungsvermeidungsmöglichkeiten haben.

ee. Die Rolle der Berufshaftpflichtversicherung

Gem. § 51 Abs. 1, 4 BRAO ist jeder Rechtsanwalt verpflichtet eine Berufshaftpflichtversicherung mit einer Mindestversicherungssumme in Höhe von 250.000 EUR je Versicherungsfall abzuschließen, wobei die Jahreshöchstleistung auf den vierfachen Betrag beschränkt werden kann, vgl. § 51 Abs. 4 Satz 2 BRAO. Da die Versicherung gesetzlich angeordnet ist, handelt es sich um eine Pflichtversicherung im Sinne des § 113 Abs. 1 VVG.[85] Sie verfolgt zum einen den Zweck den Rechtssuchenden vor Schaden zu bewahren (Verbraucherschutz) und zum anderen spiegelbildlich den Zweck den Rechtsanwalt vor Haftung zu bewahren (Existenzsicherung).[86]

Wird der Rechtsanwalt aufgrund einer Pflichtverletzung im Rahmen seiner anwaltlichen Tätigkeit von einem Mandanten in Anspruch genommen, hat die Versicherung bei Begründetheit des Anspruchs die Pflicht, den Anwalt von diesen Ansprüchen freizustellen (Freistellungspflicht) sowie unberechtigte Ansprüche abzuwehren (Abwehrpflicht).[87]

Soweit die Versicherungssumme überschritten wird oder die Versicherung aus einem anderen Grunde nicht eingreift, haftet der Rechtsanwalt mit seinem privaten Vermögen.[88] Allerdings sind solche Fälle wohl bisher selten, da die Mindestversicherungssumme von 250.000 EUR bei vierfacher Maximierung für das Versicherungsjahr bisher die überwiegende Mehrzahl der auftretenden Schäden deckt.[89] Hinzukommt, dass viele Rechtsanwälte freiwillig eine Versicherung mit teils deutlich erhöhter Versicherungssumme unterhalten, um den Gefahren einer persönlichen Inanspruchnahme zu entgehen.[90]

Die Versicherung, die gem. § 51 Abs. 1 Satz 2 BRAO auch Einstandspflichten aus § 278 BGB oder § 831 BGB abdecken muss, erfasst auch die Einstandspflicht des in einer Sozietät tätigen Rechtsanwaltes, der – ohne eigenes Fehlverhalten – aufgrund der akzessorischen Haftung aus § 128 HGB analog in Anspruch genommen wird.[91] Auch

---

85 *Diller*, in: Henssler/Prütting, BRAO, § 51 BRAO Rn. 13.

86 *Diller*, in: Henssler/Prütting, BRAO, § 51 BRAO Rn. 10; *Sassenbach*, in: Terbille/Höre, MünchHdb. Versicherungsrecht, § 18 Rn. 3.

87 *Diller*, in: Henssler/Prütting, BRAO, § 51 BRAO Rn. 186.

88 *Diller*, in: Henssler/Prütting, BRAO, § 51 BRAO Rn. 204.

89 *Stobbe*, in: Henssler/Prütting, BRAO, 3. Aufl. 2010 (Altauflage), § 51 BRAO Rn. 10, der sich angesichts der Nichtexistenz von Statistiken auf Angaben der Versicherer beruft.

90 *Diller*, in: Henssler/Prütting, BRAO, § 51 BRAO Rn. 204 (bei großen Sozietäten bis in dreistellige Millionenhöhen); *Kilian*, AnwBlatt 2013, 110, 111 (bei bis zu 5 Anwälte 1,4 Mio. EUR bei über 10 Anwälte 7, 6 Mio. EUR).

91 *Diller*, in: Henssler/Prütting, BRAO, § 51 BRAO Rn. 98.

die akzessorische Haftung des Sozietätsanwaltes stellt nämlich eine gesetzliche Haftpflichtbestimmung privatrechtlichen Inhaltes für Vermögensschäden im Sinne des § 1 AVB-RSW (Allgemeine Versicherungsbedingungen sowie Risikobeschreibungen zur Vermögensschadens-Haftpflichtversicherung für Rechts- und Patentanwälte, Steuerberater, Wirtschaftsprüfer und vereidigte Buchprüfer) dar.[92] Diese Versicherungsbedingungen werden von den vier größten Berufshaftpflichtversicherern genutzt.[93]

In den AVB-RSW ist seit dem 1.4.2011 auch ausdrücklich bestimmt, dass die Haftung des eintretenden Gesellschafters gem. § 130 HGB analog und die begrenzte Nachhaftung des austretenden Gesellschafters gem. § 160 HGB analog auch für nach seinem Austreten begangenen Berufsfehler sowie die Haftung für berufsfremde akzessorische Haftung innerhalb einer interprofessionellen Sozietät von der Versicherung erfasst ist.[94]

Die GbR selbst unterliegt keiner Versicherungspflicht. Eine Versicherung der GbR selbst ist zwar möglich, in der Praxis jedoch (noch) die Ausnahme.[95] Kommt es bei einem Sozietätsanwalt zu einem Versicherungsfall wird dieser nach § 12 Abs. 2 AVB-RSW als Versicherungsfall der Sozietät behandelt. Die Versicherungssumme der Sozietät wird mangels eigener Police aus dem Durchschnittswert der Versicherungssummen aller Sozien ermittelt (sog. Durchschnittsversicherungsschutz), vgl. § 12 Abs. 2 Nr. 1 AVB-RSW.[96] Sozien sind nach § 1 Nr. 3 AVB-RSW, unabhängig von der tatsächlichen Ausgestaltung im Innenverhältnis, alle, die nach außen ihren Beruf gemeinsam ausüben.

ff. Ausgleichsmöglichkeiten im Innenverhältnis

Aus der akzessorischen Haftung aus § 128 HGB analog folgt, dass auch diejenigen Gesellschafter für berufshaftungsrechtliche Verbindlichkeiten haften, die mit dem konkreten Mandat selbst überhaupt nicht befasst waren. Werden diese vom geschädigten Mandanten direkt in Anspruch genommen, haben sie im Innenverhältnis Ausgleichsansprüche gegen die GbR als solche und sekundär gegen die nicht in Anspruch genommenen Mitgesellschafter.

---

92 Abgedruckt bei *Tauchert/Dahns*, in: Gaier/Wolf/Göcken, Anwaltliches Berufsrecht, § 51 BRAO Rn. 60.

93 Allianz, HDI/Gerling, AXA, Ergo/Victoria, vgl. *Diller*, AnwBlatt 2014, 2.

94 Teil 1.2 A Nr. 2.1 AVB-RSW (Eintrittsversicherung), Nr. 2.2 AVB-RSW (Austrittsversicherung) und Nr. 2.3 AVB-RSW (Versicherung für interprofessionelle akzessorische Haftung); hierauf hinweisend *Bick/Esskandari*, NJW 2011, 3191, 3194; *Posegga*, DStR 2013, 611, 614.

95 *Diller*, in: Henssler/Prütting, BRAO, § 51 BRAO Rn. 25 (Kritisch zu § 51 BRAO, der trotz des Paradigmenwechsels zur Rechtsfähigkeit von Sozietäten, noch von der Einzelversicherung ausgeht).

96 *Diller*, in: Henssler/Prütting, BRAO, § 51 BRAO Rn. 223.

Der Anspruch gegen die GbR folgt aus §§ 713, 670 BGB.[97] Verfügt die Gesellschaft nicht über die nötigen Mittel, so kann der in Anspruch genommene Rechtsanwalt sekundär von den Mitgesellschaftern im Wege des Gesamtschuldnerausgleichs nach § 426 Abs. 1 BGB bzw. im Rahmen der *cessio legis* gem. § 426 Abs. 2 BGB anteilig Ausgleich bzw. Freistellung verlangen.[98] Die Haftungsquote im Innenverhältnis richtet sich bei Absenz einer gesellschaftsvertraglichen Regelung nach den Anteilen, vgl. § 426 Abs. 1 BGB; wobei dem Rechtsgedanken des § 254 BGB folgend ein Verschulden zu berücksichtigen sein kann und der die Haftungsursache setzende Rechtsanwalt unter Umständen im Innenverhältnis allein haftet.[99]

Wird die Sozietät aufgrund eines ihr zugerechneten deliktischen Verhaltens in Anspruch genommen, haftet sie gem. § 840 Abs. 1 BGB mit dem deliktisch handelnden Gesellschafter gesamtschuldnerisch; dieser ist aber grundsätzlich analog § 840 Abs. 2 BGB zur Freistellung der Sozietät verpflichtet.[100]

gg. Zwischenfazit zur Haftung in der GbR

Die Haftungsgefahren für in der GbR tätige Rechtsanwälte sind aufgrund der akzessorischen Haftung insbesondere auch für deliktische und von berufsfremden Mitgesellschaftern verursachte Verbindlichkeiten beträchtlich und insbesondere in größeren Zusammenschlüsse mit verschiedenen Spezialisierungsbereichen auch kaum durch eine gegenseitige Kontrolle einzudämmen. Zwar wird ein Zugriff auf das private Vermögen der Gesellschafter durch die Berufshaftpflichtversicherung abgemildert. Es besteht aber das Risiko, dass die Versicherungssumme erschöpft ist oder die Versicherung z.B. aufgrund einer Obliegenheitsverletzung des Versicherungsnehmers bei diesem Regress nehmen kann.[101]

Die Möglichkeit durch gesellschaftsvertragliche Reglung eine interne Alleinverantwortlichkeit des fehlerhaft handelnden Gesellschafters zu vereinbaren ändert nichts daran, dass im Außenverhältnis zunächst jeder Gesellschafter das finanzielle Risiko einer Inanspruchnahme allein trägt.

---

97 *Schäfer*, in: Ulmer/Schäfer, GbR und PartGG, § 714 BGB Rn. 54 (vgl. hier auch zur streitigen Frage, ob auch ein Anspruch aus *cessio legis* besteht); *Vollkommer/Greger/Heinemann*, Anwaltshaftungsrecht, § 4 Rn. 41.

98 *Schäfer*, in: Ulmer/Schäfer, GbR und PartGG, § 714 BGB Rn. 56.

99 *Borgmannn/Jungk/Schwaiger*, Anwaltshaftung, § 37 Rn. 29; *Vollkommer/ Greger/ Heinemann*, Anwaltshaftungsrecht, § 4 Rn. 41.

100 *Vollkommer/Greger/Heinemann*, Anwaltshaftungsrecht, § 8 Rn. 26a.

101 Zu möglichen Obliegenheitsverletzungen siehe Teil 3 D. I. 1, 2.

e. *Möglichkeiten der Haftungsbeschränkung*

Die vorstehend dargestellten Haftungsgefahren für Rechtsanwälte einer GbR lassen sich durch rechtsgeschäftliche Vereinbarungen durch die in § 52 BRAO n.F.[102] abschließend normierten Möglichkeiten einschränken.[103]

Der Gesetzgeber sah die Möglichkeit einer Beschränkung der persönlichen Haftung der Rechtsanwälte insbesondere deshalb als gerechtfertigt an, da der Mandant über die Verpflichtung des Rechtsanwaltes zum Abschluss und zur Unterhaltung einer Berufshaftpflichtversicherung hinreichend geschützt sei.[104] Der hinter der neu eingeführten PartG mbB stehende Gedanke, das Fehlen einer persönlichen Haftung des Rechtsanwaltes durch eine Versicherung für Schäden aus beruflichen Fehlern zu rechtfertigen, spiegelt sich auch hier wider.

aa. Haftungsbegrenzung auf den tatsächlich tätigen Rechtsanwalt

Für die Haftungsbeschränkung auf den konkret tätigen Rechtsanwalt kommen verschiedene Wege in Betracht.

(1) Erteilung eines Einzelmandats

Zunächst kann eine Haftungsbeschränkung auf den mandatsbearbeitenden Rechtsanwalt dadurch erfolgen, dass durch eine Sondervereinbarung nur dieser und nicht die GbR Vertragspartei werden soll (sog. Einzelmandat[105]). Ein solches Einzelmandat muss jedoch mit dem Mandanten ausdrücklich vereinbart werden, da bei einem Vertragsschluss durch einen Sozietätsanwalt grundsätzlich die Sozietät verpflichtet wird (vgl. hierzu bereits Teil 1 C. I. 1. d. aa. (1).).

(2) Vereinbarung im Einzelfall oder vorformulierte Vertragsbedingungen

Eine Haftungsbegrenzung auf den tatsächlich tätigen Rechtsanwalt kann gem. § 52 Abs. 2 Satz 2 BRAO n.F.[106] auch durch vorformulierte Vertragsbedingungen, also AGB i.S.d. § 305ff. BGB, herbeigeführt werden. Im Ergebnis entspricht die Haftungsbeschränkungsmöglichkeit des § 52 Abs. 2 Satz 2 BRAO damit der Handelndenhaftung bei der Partnerschaftsgesellschaft in § 8 Abs. 2 PartGG.[107] Auf die Handelndenhaftung wird in einem späteren Teil der Bearbeitung eingegangen (vgl. Teil 1 C. I. 2. e. bb.)

Trotz des Vorliegens einer vorformulierten Vertragsbedingung muss der Mandant der Haftungsbeschränkung durch eine gesonderte Erklärung, die keine weiteren

---

102 § 52 BRAO n.F. ist identisch mit dem vor Einführung der PartG mbB geltenden § 51a BRAO a.F.

103 *Vollkommer/Greger/Heinemann*, Anwaltshaftungsrecht, § 23 Rn. 1.

104 *Hamm*, in: Büchting/Heussen, Beck'sches Rechtsanwalts-Hdb., § 50 Rn. 27.

105 *Brüggemann*, in: Feuerich/Weyland, BRAO, § 59a BRAO Rn. 17.

106 Entspricht § 51a Abs. 2 Satz 2 BRAO a.F.

107 *Hamm*, in: Büchting/Heussen, Beck'sches Rechtsanwalts-Hdb., § 50 Rn. 38.

Erklärungen enthalten darf (insbesondere also nicht in der Vollmacht oder Auftragserteilung enthalten sein darf), durch Unterschrift zustimmen, vgl. § 52 Abs. 2 Satz 3 BRAO n.F.[108] § 52 Abs. 2 BRAO n.F. ermöglicht neben AGB auch eine Einzelvereinbarung über die ausschließliche Haftung des mandatsbearbeitenden Anwaltes; auch diese muss schriftlich und als einzelne Erklärung erfolgen.[109]

Der Vertragspartner bleibt in beiden Fällen (anders als bei der Vereinbarung eines Einzelmandates) die GbR, so dass das Gesellschaftsvermögen nicht von der Haftung ausgeschlossen ist.[110] Es wird lediglich die akzessorische Haftung aller Mitgesellschafter ausgeschlossen und die Haftung auf denjenigen oder diejenigen Rechtsanwälte begrenzt, die mit der Sache auch tatsächlich befasst sind. Ein Ausschluss der persönlichen Haftung *aller* Gesellschafter ist nicht möglich.[111]

Diese Form der Haftungsbeschränkung ist in der Praxis kaum von Bedeutung, da das Ergebnis des Haftungsbeschränkung auf den Handelnden durch einen Wechsel in eine Partnerschaftsgesellschaft sehr viel einfacher erreicht werden kann.[112]

bb. Haftungsbegrenzung dem Umfang nach

§ 52 BRAO n.F. ermöglicht unter bestimmten Voraussetzungen auch eine Haftungsbeschränkung auf eine bestimmte Höchstsumme.

(1) Individualvertragliche Vereinbarung

§ 52 Abs. 1 Nr. 1 BRAO n.F.[113] sieht die Möglichkeit einer individualvertraglichen Haftungsbeschränkung auch für grob fahrlässige Pflichtverletzungen[114] auf die Mindestversicherungssumme (also für einen Rechtsanwalt 250.000 EUR, vgl. § 51 Abs. 4 Satz 1 BRAO) vor. Es muss eine Vereinbarung *„im Einzelfall"* sein. In Abgrenzung zur vorformulierten Vertragsbedingung ist dieses Kriterium nur erfüllt, wenn es im Sinne des § 305 Abs. 3 Satz 1 BGB tatsächlich frei ausgehandelt wurde, der Mandant also die Möglichkeit hatte, auf die Ausgestaltung Einfluss zu nehmen.[115] Der

---

108 *Träger*, in: Feuerich/Weyland, BRAO, § 52 BRAO Rn. 18; *Diller*, in: Henssler/Prütting, BRAO, § 52 BRAO Rn. 82, 83; *Vollkommer/Greger/Heinemann*, Anwaltshaftungsrecht, § 23 Rn. 33, 34.

109 *Träger*, in: Feuerich/Weyland, BRAO, § 52 BRAO Rn. 18; *Diller*, in: Henssler/Prütting, BRAO, § 52 BRAO Rn. 71.

110 *Borgmann*, in: Büchting/Heussen, Beck'sches Rechtsanwalts-Hdb., § 51 Rn. 63; *Diller*, in: Henssler/Prütting, BRAO, § 52 BRAO Rn. 69.

111 *Hamm*, in: Büchting/Heussen, Beck'sches Rechtsanwalts-Hdb., § 50 Rn. 39.

112 *Diller*, AnwBlatt 2014, 130, 134.

113 Entspricht § 51a Abs. 1 Nr. 1 BRAO a.F.

114 § 51a Abs. 1 Nr. 1 BRAO enthält im Gegensatz zur Nr. 2 keine Einschränkung auf die Fälle einfacher Fahrlässigkeit; vgl. auch *Tauchert/Dahns*, in: Gaier/Wolf/Göcken, Anwaltliches Berufsrecht, § 52 BRAO Rn. 7.

115 *Borgmann*, in: Büchting/Heussen, Beck'sches Rechtsanwalts-Hdb., § 51 Rn. 61; *Hamm*, in: Büchting/Heussen, Beck'sches Rechtsanwalts-Hdb., § 50 Rn. 29; *Mennemeyer*, in: Fahrendorf/Mennemeyer/Terbille, Die Haftung des Rechtsanwalts, Rn. 93.

Mandant muss auf die mandatsspezifischen Risiken einer solchen Vereinbarung, das Abweichen von der gesetzlichen Grundregel und die möglichen Auswirkungen der Haftungsbeschränkung hingewiesen werden.[116] Die Vereinbarung unterliegt ferner dem Schriftformerfordernis im Sinne des § 126 Abs. 2 Satz 1 BGB.

(2) Durch vorformulierte Vertragsbedingungen

§ 52 Abs. 1 Nr. 2 BRAO n.F.[117] ermöglicht auch eine Haftungsbeschränkung auf den vierfachen Betrag der Mindestversicherungssumme durch vorformulierte Vertragsbedingungen, wenn insoweit Versicherungsschutz besteht.[118] Der Haftungsausschluss darf sich bei Rechtsanwälten nur auf Fälle einfach fahrlässiger Pflichtverletzungen beziehen.[119]

Das Verbot der überraschenden Klausel nach § 305c BGB gilt auch für diese Haftungsbeschränkung, so dass insbesondere eine Haftungsbeschränkungsklausel innerhalb der Vollmachtsurkunde unwirksam wäre.[120]

(3) Keine Haftungsbeschränkung auf das Gesellschaftsvermögen durch Namenszusatz (GbR mbH)

Die Haftungsbeschränkung auf das Gesellschaftsvermögen kann nicht pauschal allen Mandanten gegenüber durch einen bloßen Namenszusatz erfolgen. Die Bezeichnung einer GbR *„mit beschränkter Haftung“* zur Herbeiführung einer Begrenzung

---

116 *Mennemeyer*, in: Fahrendorf/Mennemeyer/Terbille, Die Haftung des Rechtsanwalts, Rn. 93.

117 Entspricht § 51a Abs. 2 Nr. 2 BRAO a.F.

118 *Borgmann*, in: Büchting/Heussen, Beck'sches Rechtsanwalts-Hdb., § 51 Rn. 62; *Mennemeyer*, in: Fahrendorf/Mennemeyer/Terbille, Die Haftung des Rechtsanwalts, Rn. 94.

119 Anders ist dies bei Steuerberatern und Wirtschaftsprüfern, die durch vorformulierte Vertragsbedingungen auch die Haftsumme für grobe Fahrlässigkeit ausschließen können, vgl. § 67a Abs. 1 Nr. 2 StBerG, § 54a Abs. 1 Nr. 2 WiPrO. Diese Ungleichbehandlung wird in der Literatur kritisiert (vgl. *Borgmann/Jungk/Schwaiger*, Anwaltshaftung, § 41 Rn. 54; *Diller*, in: Henssler/Prütting, BRAO, § 52 BRAO Rn. 54) und war auch Gegenstand der Diskussion im Gesetzgebungsverfahren zur PartG mbB. Zunächst war noch eine Angleichung in der BRAO an die Regelungen der WiPrO und des StBerG vorgesehen (vgl. RefE des BMJ (Bearbeitungsstand 3.02.2012), S. 5, 18). Obwohl diese Änderung überwiegend begrüßt wurde (*Schüppen*, BB 2012, 783, 785; Stellungnahme des Deutschen Anwaltsvereins 21/12 vom 15.03.2012 zum RefE des BMJ zur Einführung einer PartG mbB, S. 5; Stellungnahme des Instituts der Wirtschaftsprüfer vom 15.03.2012 zum RefE des BMJ zur Einführung einer PartG mbB, S. 4; Stellungnahme der Wirtschaftsprüferkammer vom 15.03.2012 zum RefE des BMJ zur Einführung einer PartG mbB, S. 7,) wurde hiervon im weiteren Verlauf kommentarlos abgesehen.

120 *Hamm*, in: Büchting/Heussen, Beck'sches Rechtsanwalts-Hdb., § 50 Rn. 33.

der Haftung auf das Gesellschaftsvermögen und damit Vermeidung der persönlichen Haftung der einzelnen Sozien ist nach der Rechtsprechung des BGH nicht möglich.[121]

Auch wenn bei einem solchen Namenszusatz der Wille zur Haftungsbeschränkung erkennbar ist, stünde eine solche Haftungsbeschränkung auf das Gesellschaftsvermögen der GbR im Widerspruch zu dem allgemeinen Grundsatz, dass *„derjenige, der als Einzelperson oder in Gemeinschaft mit anderen Geschäfte betreibt, für die daraus entstehenden Verpflichtungen mit seinem gesamten Vermögen haftet, solange sich aus dem Gesetz nichts anderes ergibt oder mit dem Vertragspartner keine Haftungsbeschränkung vereinbart wird."*[122]

cc. Praktische Schwierigkeiten bezüglich der Haftungsbeschränkungen

Die Erteilung eines Einzelmandats eignet sich nicht für eine umfassende Haftungsbeschränkung. Zum einen dürfte es für den Mandanten, der eine Sozietät aufsucht, wenig vertrauenserweckend wirken, wenn auf eine für ihn nachteilige Einzelmandatierung hingewirkt würde.[123] Zum anderen würde die GbR durch eine Vielzahl von Einzelmandatierungen faktisch zu einer bloßen Bürogemeinschaft degradiert. Denn es entspricht dem Wesen der Bürogemeinschaft und nicht der GbR, dass die Mandate nicht der Gemeinschaft als Ganzes sondern dem einzelnen Anwalt erteilt werden.[124]

Auch die Möglichkeiten der Haftungsbeschränkung gem. § 52 BRAO sind für eine umfassende Haftungsbeschränkung wenig praktikabel und haben im anwaltlichen Bereich nur geringe Bedeutung.[125]

Dies liegt zum einen an den teils hohen formellen Anforderungen, wie der gesonderten Erklärung gem. § 52 Abs. 2 Satz 3 BRAO oder dem Erfordernis der zeitaufwändigen und umständlichen gesonderten Aushandlung bei § 52 Abs. 1 Nr. 1 BRAO.[126] Mit der Haftungsbeschränkung des § 51 Abs. 1 Nr. 1 BRAO muss ein erhöhter Versicherungsschutz einhergehen. Zudem ist dieser Haftungsausschluss auf die einfache Fahrlässigkeit beschränkt und die Abgrenzung zur nicht erfassten groben Fahrlässigkeit ist in der Regel nicht eindeutig.[127]

Diese Arten der Haftungsbeschränkung vermitteln den Rechtsanwälten daher keine verlässlich kalkulierbare Möglichkeit, ihr Haftungsrisiko umfassend zu minimieren. Allenfalls mittlere und größere wirtschaftsberatende Sozietäten, deren

---

121 BGH vom 29.09.1999 – II ZR 371/98, BB 1999, 2152.

122 BGH vom 29.09.1999 – II ZR 371/98, BB 1999, 2152, 2153.

123 Vgl. *Mennemeyer*, in: Fahrendorf/Mennemeyer/Terbille, Die Haftung des Rechtsanwalts, Rn. 134.

124 *Kunz*, in: Peres u.a., Sozietätsrecht, § 3 Rn. 49; zur Abgrenzung Bürogemeinschaft und Berufsausübungsgemeinschaft vgl. schon Teil 1 A. I.

125 *Diller*, in: Hessler/Prütting, BRAO, § 52 BRAO Rn. 19; *Stobbe*, in: Henssler/Prütting, BRAO, 3. Aufl. 2010 (Altauflage), § 51a BRAO Rn. 79.

126 *Diller*, in: Hessler/Prütting, BRAO, § 52 BRAO Rn. 19; *Tauchert/Dahns*, in: Gaier/Wolf/Göcker, Anwaltliches Berufsrecht, § 52 BRAO Rn. 6, 16.

127 *Borgmann/Jungk/Schwaiger*, Anwaltshaftung, § 41 Rn. 54; *Diller* in: Henssler/Prütting, BRAO, § 52 BRAO Rn. 55.

unternehmensbezogene Mandate aufgrund der Höhe des Schadensrisikos in der Praxis kaum versicherbar sind, handeln regelmäßig Haftungsbeschränkungsvereinbarungen für bestimmte Mandate aus.[128]

Entsprechend werden die Haftungsbeschränkungsmöglichkeiten in der Praxis auch nicht flächendeckend genutzt.[129]

2. *Die Partnerschaftsgesellschaft (PartG)*

a. *Entstehung und Historie des Partnerschaftsgesellschaftsgesetzes*

Angesichts der späteren Untersuchung der PartG mbB, die keine neue Gesellschaftsform, sondern eine besondere Ausformung der PartG ist[130], soll an dieser Stelle bereits die Entwicklungsgeschichte der PartG dargestellt werden, deren jüngste Weiterentwicklung in der PartG mbB besteht.

aa. Frühere Vorhaben eines PartGG

Schon Ende der 50er Jahre wurde eine eigene Gesellschaftsform für Freiberufler beim Bundesjustizministerium vorgeschlagen. Dieses Anliegen fand jedoch bei vielen Verbänden von Freiberuflern (noch) keine Zustimmung und der Anregung wurde nicht entsprochen.[131]

Erst 1971 wurde ein erster Gesetzesentwurf in den Bundestag eingebracht (folgend: PartGE-1971), der eine als juristische Person konzipierte besondere Gesellschaftsform der Partnerschaft für Freiberufler vorsah.[132] Steuerrechtlich sollte die Partnerschaft wie eine Personengesellschaft behandelt werden.[133]

Die Haftung der Partnerschaft für Schadensfälle wegen beruflichen Fehlverhaltens war auf 500.000 DM begrenzt, wobei die Partnerschaft zu einer Berufshaftpflichtversicherung in entsprechender Höhe verpflichtet war.[134] Aufgrund der Ausgestaltung der Partnerschaft als juristische Person war die persönliche Haftung der Gesellschafter grundsätzlich ausgeschlossen. Lediglich für Verbindlichkeiten, die nicht im Zusammenhang mit der Berufsausübung standen, sollten die Gesellschafter

---

128 *Diller*, in: Hessler/Prütting, BRAO, § 52 BRAO Rn. 19.

129 *Kilian*, AnwBlatt 2013, 195 (nur 12% der Anwälte nutzen entsprechende Vereinbarungen immer oder häufig); *v. Wedel*, in: Hartung, BORA/FAO, Vor § 59c BRAO Rn. 10.

130 OLG Nürnberg, Beschluss vom 5.02.2014 – 12 W 351/14, BB 2014, 534; *Hirtz*, in: Henssler/Strohn, Gesellschaftsrecht, § 8 PartGG Rn. 28.

131 *Schäfer*, in: MünchKomm-BGB, Vorbem. PartGG Rn. 1.

132 Vgl. § 1 Abs. 1 PartGE-1971; BT-Drs. VI/2047, S. 1; *Schäfer*, in: MünchKomm-BGB, Vorbem. PartGG Rn. 2.

133 Vgl. § 26 PartGE-1971.

134 Vgl. § 9 Abs. 1, 4 PartGE-1971.

bis zu einem Betrag von 30.000 DM subsidiär zur Gesellschaft als Gesamtschuldner haften.[135]

Der Gedanke, die persönliche Haftung der Gesellschafter nur für berufliche Fehler auszuschließen und im Gegenzug für diese Haftungsbeschränkung auf das Gesellschaftsvermögen eine Haftpflichtversicherung der Gesellschaft zu fordern, der in der heutigen PartG mbB umgesetzt wurde, findet sich also bereits im PartGE-1971 wieder. Obwohl der Entwurf vom Jahre 1971 nach der Überweisung in den Rechtsausschuss dort positive Resonanz erfuhr, wurde er infolge des Regierungswechsels nicht weiterverfolgt.[136]

Auch ein im Jahre 1975 eingebrachter Gesetzesentwurf zur Schaffung einer Partnerschaft als neuer Rechtsform[137], der sich im Wesentlichen auf detailreiche Regelungen zum Innenverhältnis beschränkte, blieb folgenlos.[138]

bb. Das PartGG aus dem Jahre 1995

Ende der 80er Jahre kam die Diskussion um die Schaffung einer besonderen Gesellschaftsform für Freiberufler erneut auf. Die verschiedenen Verbände der freien Berufe stimmten nun dem Vorhaben der Schaffung einer eigenen Gesellschaftsform für die freien Berufe auf breiter Front zu.[139]

Aufgrund der wachsenden Bedeutung freiberuflicher Zusammenschlüsse hielt man eine besondere Gesellschaftsform für notwendig. Die bislang genutzte GbR wurde insbesondere aufgrund ihrer damals noch angenommenen fehlenden Rechtsfähigkeit als unzureichend angesehen. Die oHG und KG als Personenhandelsgesellschaften waren zum einen grundsätzlich für die freien Berufe gesperrt und ohnehin zu sehr auf die Gegebenheiten in Handel und Gewerbe zugeschnitten. Mit den Kapitalgesellschaften wurde die freiberufliche Tätigkeit nur als schwer zu vereinbaren angesehen.[140]

Um dem Bedürfnis von Freiberuflern nach einer neuen Zusammenschlussmöglichkeit ohne steuerliche Mehrbelastung gerecht zu werden[141] trat zum 1.7.1995 das PartGG in Kraft. Hierin ist die PartG nicht als juristische Person, sondern als Personengesellschaft ausgestaltet.[142] Sie ist als solche eine Sonderform der GbR und

---

135 Vgl. § 10 PartGE-1971.

136 *Wehrheim/Wirtz*, Die PartG, S. 19.

137 BT-Drs. 7/4089, S. 3.

138 *Schäfer*, in: Ulmer/Schäfer, GbR und PartGG, Vor § 1 PartGG Rn. 3.

139 *Schäfer*, in: MünchKomm-BGB, Vorbem. PartGG Rn. 4.

140 BT-Drs. 12/6152, S. 1.

141 Vgl. Gesetzesbegründung zum PartGG in BT-Drs. 12/6152, S. 1.

142 Auch wenn sie laut der Regierungsbegründung der juristischen Person weitgehend angenähert ist, da sie als Gesamthandgemeinschaft Rechtssubjekt und Träger des Gesellschaftsvermögens ist, vgl. BT-Drs. 12/6152, S. 9.

stellt sich als „*Schwesterfigur*" der oHG dar, da sich ihre Regelungen maßgeblich an denen der oHG orientieren.[143]

§ 8 Abs. 1 PartGG ordnet die gesamtschuldnerische Haftung der Gesellschafter für Verbindlichkeiten der PartG neben dem Vermögen der PartG an.[144] Dies stellte bei der Einführung der PartG im Jahre 1995 einen haftungsrechtlichen Unterschied zur GbR dar, da die analoge Anwendung des § 128 HGB auf die GbR noch nicht allgemein anerkannt war.[145]

§ 8 Abs. 2 PartGG-1995[146] normierte jedoch die Möglichkeit durch vorformulierte Vertragsbedingungen die Haftung der Gesellschafter für berufliches Fehlverhalten auf denjenigen Partner zu beschränken, der intern verantwortlich war. Hintergrund der Regelung war der Wunsch, insbesondere bei größeren Zusammenschlüssen eine Haftung aller Gesellschafter für das Fehlverhalten eines jeden Mitgesellschafters einzuschränken.[147]

Diese Möglichkeit der vertraglichen Haftungsbegrenzung stellte allerdings kaum einen Anreiz für Rechtsanwälte dar, die Rechtsform der PartG zu wählen. Zum einen war die Möglichkeit der vertraglichen Haftungsbegrenzungsvereinbarung in jedem Einzelfall aufwändig und daher wenig praktikabel.[148] Es war dem Mandanten kaum zumutbar, bei oder vor der Mandatierung in eine Haftungsbegrenzung für Bearbeitungsfehler einzuwilligen.[149] Zum anderen bestand mit dem seit dem Jahre 1994 geltenden § 51a Abs. 2 Satz 2 BRAO a.F., der dem heutigen § 52 Abs. 2 Satz 2 BRAO entspricht (vgl. hierzu Teil 1 C. I. 1. e. aa. (2)), auch für die GbR eine ganz ähnliche Möglichkeit der Haftungsbeschränkung auf den tatsächlich tätigen Rechtsanwalt.[150]

Vor der Einführung der gesetzlichen Handelndenhaftung im Jahre 1998 erfreute sich die PartG daher auch keiner großen Beliebtheit. Zum 1.1.1996 – ein halbes Jahr nach Einführung der PartG – gab es bundesweit gerade einmal 11 anwaltliche PartG.[151]

---

143 BT-Drs. 12/6152, S. 8, 9.

144 Die 1995 in Kraft getretene Fassung des § 8 Abs. 1 PartGG besteht bislang unverändert fort.

145 Vgl. zur Entwicklung der Anerkennung *Schmidt*, in: MünchKomm-HGB, § 128 Rn. 4. Für die analoge Anwendung des § 128 HGB bereits vor 1995 z.B.: OLG Hamm vom 19.05.1998, NJW-RR 1990, 615, 616; *Schmidt*, NJW 1995, 1, 5.

146 § 8 Abs. 2 PartGG-1995: *„Die Partner können die Haftung gemäß Absatz 1 für Ansprüche aus Schäden wegen fehlerhafter Berufsausübung auch unter Verwendung vorformulierter Vertragsbedingungen auf den von ihnen beschränken, der innerhalb der Partnerschaft die berufliche Leistung zu erbringen oder verantwortlich zu leiten und zu überwachen hat."*

147 Vgl. *Schmidt*, NJW 1995, 1, 6.

148 *Henssler*, in: Henssler/Prütting, BRAO, § 8 PartGG Rn. 20; *Römermann*, in: Michalski/Römermann, PartGG, § 8 PartGG Rn. 8.

149 *Graf von Westfalen*, in: Meilicke u.a., PartGG, § 8 PartGG Rn. 4.

150 Anders als die Regelung der BRAO war der durch § 8 Abs. 2 PartGG-1995 ermöglichte Haftungsausschluss nicht auf die Fälle einfacher Fahrlässigkeit beschränkt.

151 STAR-Erhebung des Institutes für Freie Berufe, Nürnberg, abrufbar unter: www.ifb.uni-erlangen.de/fileadmin/ifb/doc/publikationen/gruendungsinfos/04_

cc. Das PartGG aus dem Jahre 1998

Zum 1.8.1998 trat durch die Einführung der gesetzlichen Handelndenhaftung in § 8 Abs. 2 PartGG – im Gegensatz zu der bis dahin nur vorgesehenen Möglichkeit der vertraglichen Handelndenhaftung – eine bedeutende Änderung des PartGG in Kraft.

Gem. § 8 Abs. 2 PartGG haftet nur derjenige Partner persönlich für berufliches Fehlverhalten, der mit der Bearbeitung des Mandates befasst ist.[152] Diese Einführung einer bis dato unbekannten „*institutionellen Handelndenhaftung*“[153] bedeutete im Gegensatz zur vorherigen vertraglichen Beschränkungsmöglichkeit einen gravierenden Unterschied zur Haftungsstruktur der GbR und dieser gegenüber einen bedeutenden haftungsrechtlichen Vorteil.[154]

Die Einführung dieser gesetzlichen Handelndenhaftung verfolgte insbesondere das Ziel, Rechts- und Planungssicherheit zu schaffen und die Haftungsrisiken für die Gesellschafter der PartG vorhersehbar zu machen.[155] Ein Bedürfnis hiernach wurde insbesondere bei großen oder interprofessionellen Gesellschaften und solchen mit mehreren Standorten gesehen.[156] Ebenso wie bei der Einführung der PartG mbB wurde auch zur Begründung der Forderung nach einer gesetzlichen Handelndenhaftung auf ausländische Vorbilder verwiesen, die eine solche gesetzliche Handelndenhaftung boten.[157]

Eine Koppelung der Regelung an eine besondere Versicherungspflicht, wie sie nun für die PartG mbB vorgesehen ist, wurde bezüglich § 8 Abs. 2 PartGG nicht für erforderlich gehalten, da dem Mandanten zum einen neben der persönlichen Haftung des Partners auch das Gesellschaftsvermögen als Haftsumme zur Verfügung steht[158] und sich die Haftung des handelnden Rechtsanwaltes einer PartG nach § 8 Abs. 2 PartGG auch nicht von der Haftung eines (ebenfalls nur normal versicherten) Einzelanwalts unterscheidet.[159]

Die Einführung der gesetzlichen Handelndenhaftung sah sich dem Vorwurf ausgesetzt, dass hierdurch von dem grundlegenden Prinzip der Personengesellschaften

---

partnerschaftsgesellschaft.pdf, S. 6 (abgerufen am 6.10.2014). Die Zahl stieg 1997 auf 78 und 1998 nach der Abänderung des PartGG von 288, 1999 auf 392 und 2000 auf 568 an.

152 Zum Begriff des Befassens vgl. Teil 1 C. I. 2. e. bb. (2).

153 *Römermann*, NZG 1998, 675, 676. Zur Bedeutung der Änderung des § 8 Abs. 2 PartGG vgl. auch *Henssler*, PartGG, § 8 PartGG Rn. 53 („echtes Novum“); *Römermann*, in: Michalski/Römermann, PartGG, § 8 PartGG Rn. 13.

154 *Graf von Westphalen*, in: Meilicke u.a., PartGG, § 8 PartGG Rn. 6, 50; *Henssler*, in: Henssler/Prütting, BRAO, § 8 PartGG Rn. 25.

155 Gesetzesbegründung BT-Drs. 13/9820, S. 21; *Schäfer*, in: MünchKomm-BGB, § 8 PartGG Rn. 14.

156 *Schäfer*, in: MünchKomm-BGB, § 8 PartGG Rn. 14.

157 *Henssler*, in: Henssler/Prütting, BRAO, § 8 PartGG Rn. 21.

158 *Henssler*, in: Henssler/Prütting, BRAO, § 8 PartGG Rn. 21; *Brüggemann*, in: Feuerich/Weyland, BRAO, § 8 PartGG Rn. 11.

159 BT-Drs. 13/10955, S. 13.

abgewichen werde, wonach jeder Gesellschafter für die Verbindlichkeiten der Gesellschaft persönlich hafte.[160] Zudem habe die gesetzliche Haftungsbegrenzung eine unangemessene Benachteiligung der Vertragspartner der Gesellschaft zur Folge.[161] Teilweise gleichen diese Vorwürfe den gegenüber der neuen PartG mbB erhobenen Vorwürfen des Systembruchs.[162]

Seit der Einführung der Handelndenhaftung erfreut sich die PartG unter Rechtsanwälten größerer Beliebtheit.[163] Zum 1.01.2013 gab es 3224 anwaltliche PartG im Bundesgebiet.[164]

b. Gesellschafter der PartG

§ 1 Abs. 1 PartGG bestimmt, dass sich nur Angehörige der freien Berufe *„zur Ausübung ihrer Berufe“* zu einer PartG zusammenschließen können. Welche Berufe *„Freie Berufe“* i.S.d. PartGG sind, zählt § 1 Abs. 1 Satz 2 PartGG auf. Durch diese Auflistung wird die PartG auch denjenigen Berufen eröffnet, die sich im Grenzbereich zwischen Freiberuflichkeit und gewerblicher Tätigkeit bewegen.[165] Dies ist insbesondere für solche Berufsgruppen relevant, bei denen das Berufsrecht – anders als bei Rechtsanwälten, Steuerberatern, Wirtschaftsprüfern und Ärzten[166] – nicht ausdrücklich bestimmt, dass es sich um freie Berufe handelt. Angehörigen rein gewerblicher Berufe ist die PartG verschlossen.

Durch die Formulierung *„zur Ausübung ihrer Berufe“* kommt zum Ausdruck, dass die Gesellschafter einer PartG ihren Beruf in der PartG aktiv ausüben müssen. Eine passive Beteiligung in Form einer bloßen Kapitalbeteiligung ist damit ausgeschlossen.[167] Demzufolge bestimmt auch § 9 Abs. 3 PartGG, dass der Verlust der beruflichen Zulassung zum automatischen Ausscheiden des Gesellschafters aus der PartG führt. Ferner ist juristischen Personen die Beteiligung an einer PartG gem. § 1 Abs. 1 Satz 3 PartGG untersagt, so dass etwa auch eine Rechtsanwalts-GmbH nicht Gesellschafter einer Rechtsanwalts-PartG sein kann. Obwohl vom Wortlaut des § 1 Abs. 1 Satz 3 PartGG ausgeschlossen, wird teils angenommen, dass eine Personengesellschaft wie die GbR gleichwohl Gesellschafterin einer PartG sein könne.[168]

---

160 *Henssler*, in: Henssler/Prütting, BRAO, § 8 PartGG Rn. 21.

161 Vgl. Stellungnahme des Bundesrates im Gesetzesentwurf der Bundesregierung in BT-Drs. 13/9820, S. 25; hierzu auch vgl. *Henssler*, in: Henssler/Prütting, BRAO, § 8 PartGG Rn. 21.

162 Vgl. hierzu Teil 3 I.

163 *Graf von Westphalen*, in: Meilicke u.a., PartGG, § 8 PartGG Rn. 6.

164 Große Mitgliederstatistik Stand Januar 2013 der BRAK abrufbar unter: http://www.brak.de/w/files/04_fuer_journalisten/statistiken/2013/01_mg_gesamtstatistik2013_.pdf (abgerufen am 30.12.2014).

165 *Schäfer*, in: Ulmer/Schäfer, GbR und PartG, § 1 PartGG Rn. 17.

166 Vgl. § 2 Abs. 1 BRAO, § 32 Abs. 2 Satz 1 StBerG, § 1 Abs. 2 Satz 1 WiPrO, § 1 Abs. 2 BÄO.

167 *Römermann*, NJW 2013, 2305, 2306.

168 Vgl. etwa *Römermann*, NJW 2013, 2305, 2307.

Ebenso wie bei der GbR ist auch bei der PartG ein interprofessioneller Zusammenschluss in den Grenzen den § 59a BRAO möglich.[169]

c. *Gründungsanforderungen an die PartG*

Für die Gründung der PartG genügt ebenso wie für die Gründung der GbR ein Gesellschaftsvertrag zwischen mindestens zwei Gesellschaftern.[170] In Abweichung zur GbR ist die Schriftform in § 3 Abs. 1 PartGG gesetzlich vorgeschrieben. Im Gesellschaftsvertrag müssen gem. § 3 Abs. 2 PartGG Name der Gesellschaft[171], Sitz und Gegenstand der PartG, die Namen der Partner, ihre Berufsbezeichnung und ihre Wohnorte angegeben werden.

Die Abgrenzung zwischen PartG und GbR erfolgt zunächst durch einen auf die Gründung einer PartG gerichteten Parteiwillen der Gesellschafter und darüber hinaus auch durch die konstitutiv wirkende Eintragung im Partnerschaftsregister (vgl. § 7 Abs. 1 PartGG).[172] Die Gründung der PartG ist etwas kostenintensiver als die Gründung einer GbR, da Gebühren für die Eintragung ins Partnerschaftsregister fällig werden.[173]

Für die anwaltliche PartG als solche ist – ebenso wie für die GbR – eine eigene Berufshaftpflichtversicherung der Gesellschaft nicht zwingend.[174] Lediglich die in ihr tätigen Rechtsanwälte – egal ob Gesellschafter oder Angestellte – müssen der Versicherungspflicht nach § 51 BRAO nachkommen. Die Berufshaftpflichtversicherung der PartG mbB wird zu einem späteren Teil der Bearbeitung erläutert (vgl. Teil 3 D.).

d. *Innenverhältnis der Gesellschafter/Geschäftsführung*

Das Innenverhältnis der Gesellschafter der PartG richtet sich gem. § 6 Abs. 3 Satz 1 PartGG in erster Linie nach den Vereinbarungen im Partnerschaftsvertrag. Soweit dort Regelungslücken herrschen, finden gem. § 6 Abs. 3 Satz 2 PartGG die §§ 110 bis 116 Abs. 2, §§ 117 bis 119 HGB Anwendung.

---

169 Vgl. zur GbR Teil 1 C. I. d. dd.

170 *Schäfer*, in: MünchKomm-BGB, § 1 PartGG Rn. 7.

171 Vgl. zu den Möglichkeiten der Namensgebung § 2 PartGG.

172 *Schäfer*, in: Ulmer/Schäfer, GbR und PartGG, § 7 PartGG Rn. 3; *ders.*, in: MünchKomm-BGB, § 1 PartGG Rn. 7; *Ulmer/Schäfer*, in: MünchKomm-BGB, § 705 BGB Rn. 5.

173 Vgl. § 58 Abs. 1 Nr. 1 GNotKG (Gesetz über Kosten der freiwilligen Gerichtsbarkeit für Gerichte und Notare) i.V.m. § 1 HRegGebV (Verordnung über Gebühren in Handels-, Partnerschafts- und Genossenschaftsregistersachen).

174 Anders ist dies bei der PartG von Steuerberatern. Gem. § 67 Abs. 1 StBerG n.F. ist auch die „normale" PartG (nicht nur die PartG mbB) zu einer Versicherung in angemessener Höhe verpflichtet. Die Versicherungspflicht für als Steuerberatungs- oder Wirtschaftsprüfergesellschaften anerkannte PartG ergibt sich aus § 50 VI StBerG und 28 Abs. 7 WiPrO.

Ohne abweichende Regelung haben die Gesellschafter daher Einzelgeschäftsführungsbefugnis (§ 6 Abs. 3 PartGG i.V.m. § 114 Abs. 1 HGB); wobei ein Gesellschafter nicht von der Geschäftsführung ausgeschlossen werden darf, soweit seine berufliche Tätigkeit betroffen ist, vgl. § 6 Abs. 2 PartGG.[175]

Auch bezüglich der Regelungen über das Ausscheiden aus der PartG verweist das PartGG auf die Regelungen im HGB, vgl. § 9 PartGG.

e. *Haftung in der anwaltlichen PartG*

aa. Grundsätzliches

Für Verbindlichkeiten der Gesellschaft haften gem. § 8 Abs. 1 PartGG die Gesellschafter akzessorisch neben dem Vermögen der Gesellschaft. Die Regelung ist § 128 HGB nachempfunden, so dass auf die Ausführungen zur akzessorischen Haftung bei der GbR verwiesen werden kann.[176]

Vertragspartner des Mandanten ist auch bei der PartG in der Regel die Gesellschaft selbst, die als Rechtssubjekt für ihr zurechenbares Fehlverhalten (auch deliktisches) der Gesellschafter haftet. Neben der Gesellschaft haften grundsätzlich (mit Ausnahme der Handelndenhaftung gem. § 8 Abs. 2 PartGG) auch alle Gesellschafter der PartG gesamtschuldnerisch, unmittelbar, akzessorisch und persönlich. Anders als bei der GbR ergibt sich diese Haftung nicht aus einer analogen Anwendung des § 128 HGB, sondern aus § 8 Abs. 1 PartGG.

Auch für die Haftung des ein- und austretenden Gesellschafters kann auf die Ausführungen zur GbR verwiesen werden, da §§ 130, 160 HGB auch für die PartG gelten, vgl. §§ 8 Abs. 1 Satz 2, 10 PartGG.

Die – wenig praktikable – Möglichkeit der Haftungsbegrenzung auf eine bestimmte Höchstsumme gemäß § 52 Abs. 1 Nr. 1, Nr. 2 BRAO ist bei der PartG ebenso wie bei der GbR möglich.[177]

bb. Die gesetzliche Handelndenhaftung

Gem. § 8 Abs. 2 PartGG haften in der PartG für berufliche Fehler nur diejenigen Partner persönlich, die *„mit der Bearbeitung eines Auftrages befasst“* waren. Dies gilt allerdings nicht, wenn der Partner nachweisen kann, dass sich seine Befassung auf *„Bearbeitungsbeiträge von untergeordneter Bedeutung“* beschränkt (vgl. § 8 Abs. 2, 2. Halbsatz PartGG). Die Haftung der PartG selbst bleibt neben der Handelndenhaftung unverändert bestehen. Greift Abs. 2 ein, ist die akzessorische gesamtschuldnerische Haftung aller Gesellschafter neben der Partnerschaft ausgeschlossen und nur

175 *„Sonstige Geschäfte“* meint alles nicht zur Berufsausübung gehörigen; *Schäfer*, in: Ulmer/Schäfer, GbR und PartGG, § 6 PartGG Rn. 9.

176 Vgl. hierzu Teil 1 C. I. 1. d. aa.

177 *Diller*, in: Henssler/Prütting, BRAO, § 8 PartGG Rn. 24; vgl. Teil 1 C. 1. e. bb.

der mit dem Mandat befasste Partner haftet neben der PartG.[178] § 8 Abs. 2 PartGG beschränkt insofern die akzessorische Haftung der Partner.[179]

Für die nicht i.S.d. § 8 Abs. 2 PartGG befassten Partner, bewirkt die Regelung daher einen kapitalgesellschaftsähnlichen Haftungsschutz, da sie nur noch über ihre Einlage in das Vermögen der PartG haften.[180]

(1) Berufliche Fehler

Die Haftungsbegrenzung des § 8 Abs. 2 PartGG gilt für jede aus beruflichem Fehlverhalten herrührende Verbindlichkeit. Bei anderweitig begründeten Verbindlichkeiten der PartG, etwa aus Arbeits-, Miet- oder sonstigen Verträgen, verbleibt es bei der persönlichen Haftung aller Gesellschafter nach der Grundregel des § 8 Abs. 1 PartGG.

Die Haftung für berufliches Fehlverhalten erfasst sämtliche Pflichtverletzungen im Zusammenhang mit dem Mandatsverhältnis im Sinne des § 280 BGB und Verfehlungen im Sinne der *culpa in contrahendo* (§§ 311 Abs. 2, 280 BGB).[181] Auch deliktisches Verhalten ist erfasst, soweit es in der beruflichen Tätigkeit der freiberuflichen Geschäftsbesorgung begründet ist und der Gesellschaft über § 31 BGB (analog) zugerechnet wird.[182] Bei einer deliktischen Eigenhaftung des handelnden Partners, die der Gesellschaft nicht zugerechnet werden kann, haftet dieser nach allgemeinen deliktsrechtlichen Grundsätzen allein direkt, ohne dass § 8 Abs. 2 PartGG Anwendung findet.[183]

(2) Befasst sein i.S.d. § 8 Abs. 2 PartGG

(a) Die befasste Person

Befassen i.S.d. § 8 Abs. 2 PartGG erfasst jede tatsächliche Mitwirkungshandlung im weitesten Sinne, auch ohne rechtsgeschäftlichen Kontakt mit dem Mandanten.[184] Es ist also irrelevant, welche Person den Mandatsvertrag für die PartG abgeschlossen hat.[185]

---

178 *Graf von Westfalen*, in: Meilicke u.a., PartGG, § 8 PartGG Rn. 11; *Hirtz*, in: Henssler/Strohn, § 8 Rn. 2.

179 *Henssler*, in: Henssler/Prütting, BRAO, § 8 PartGG Rn. 23.

180 *Henssler*, PartGG, § 8 PartGG Rn. 80.

181 *Graf von Westfalen*, in: Meilicke u.a., PartGG, § 8 PartGG Rn. 52; *Henssler*, in: Henssler/Prütting, BRAO, § 8 PartGG Rn. 28.

182 BT-Drs. 12/6152, S. 18; *Hirtz*, in: Henssler/Strohn, Gesellschaftsrecht, § 8 PartGG Rn. 21; *Schäfer*, in: MünchKomm-BGB, § 8 PartGG Rn. 15.

183 *Graf von Westfalen*, in: Meilicke u.a., PartGG, § 8 PartGG Rn. 53.

184 *Römermann*, in: Michalski/Römermann, PartGG, § 8 PartGG Rn. 37; *Vollkommer/Greger/Heinemann*, Anwaltshaftungsrecht, § 22 Rn. 8; *Hahn/Naumann*, WM 2012, 1756, 1758.

185 *Graf von Westfalen*, in: Meilicke u.a., PartGG, § 8 PartGG Rn. 60.

Haben mehrere Partner den Auftrag bearbeitet haften sie gesamtschuldnerisch.[186] Wurde der Auftrag überhaupt nicht bearbeitet, haften alle Partner gesamtschuldnerisch, da § 8 Abs. 2 PartGG dann keine Anwendung findet.[187]

Verursacht ein angestellter Rechtsanwalt durch einen Berufsfehler einen Haftungsfall und wird dieses Verhalten der Gesellschaft zugerechnet, führt dies grundsätzlich zur akzessorischen Haftung aller Gesellschafter. War für den fehlerhaft handelnden angestellten Rechtsanwalt aber nur ein bestimmter Partner nach der internen Verteilung zuständig, so haftet nur dieser Partner persönlich.[188] Denn ein *„Befassen"* i.S.d. § 8 Abs. 2 PartGG liegt nicht nur bei der eigentlichen Bearbeitung, sondern auch bei einer Überwachung der Bearbeitung durch einen Gesellschafter vor.[189] Kann dem Handeln eines angestellten Rechtsanwaltes aber kein konkreter Partner zugeordnet werden, so gibt es keinen einzelnen mit der Sache *„befassten"* Partner und es bleibt bei der gesamtschuldnerische Haftung des § 8 Abs. 1 PartGG.[190]

(b) Extensive Auslegung durch die Rechtsprechung

Der Begriff des Befassens wird von der Rechtsprechung sehr weit ausgelegt. Das Befassen ist unabhängig von einer kausalen Verursachung des Schadens, einem Verschulden und auch unabhängig von einer Gesellschafterstellung zum Zeitpunkt des Eintritts der Pflichtverletzung.[191] Dies stellte eine Entscheidung des BGH aus dem Jahre 2009 klar, durch die der von § 8 Abs. 2 PartGG anvisierte Haftungsschutz *„durchlöchert"*[192] wurde.

Der BGH entschied, dass auch ein neu eintretender Gesellschafter gem. § 8 Abs. 2 PartGG haftet, wenn er nach seinem Eintritt mit dem Mandat befasst war und die maßgebliche Pflichtverletzung vor seinem Eintritt begangen worden ist, auch dann, wenn sie für ihn nicht mehr zu beheben ist.[193] Die grundsätzliche Haftung des neu

---

186 *Seibert/Kilian*, PartGG, § 8 PartGG Rn. 7; *Vollkommer/Greger/Heinemann*, Anwaltshaftungsrecht, § 22 Rn. 8.

187 *Schäfer*, in: MünchKomm-BGB, § 8 PartGG Rn. 22 (zur streitigen Frage, ob auch die Zuständigkeit nach einem internen Geschäftsverteilungsplan als Befassung gilt vgl.: *Henssler*, in: Henssler/Prütting, BRAO, § 8 PartGG Rn. 34; *Römermann*, in: Michalski/Römermann, PartGG, § 8 PartGG Rn. 37).

188 *Henssler*, in: Henssler/Prütting, BRAO, § 8 PartGG Rn. 32; *Schäfer*, in: MünchKomm-BGB, § 8 PartGG Rn. 22; *Hahn/Naumann*, WM 2012, 1756, 1760.

189 OLG Hamm vom 14.02.2010 – 28 U 151/09, DStR 2010, 2007.

190 *Römermann*, in: Michalski/Römermann, PartGG, § 8 PartGG Rn. 42; *Schäfer*, in: MünchKomm-BGB, § 8 PartGG Rn. 22; *Römermann*, NJW 2013, 2305, 2308; *Römermann/Praß*, NZG 2012, 601, 602.

191 *Graf von Westfalen*, in: Meilicke u.a., PartGG, § 8 PartGG Rn. 50, 63.

192 *Römermann*, NJW 2013, 2305, 2308.

193 So BGH vom 19.11.2009 – IX ZR 12/09, DStR 2010, 463; kritisch hierzu *Schäfer*, in: MünchKomm-BGB, § 8 PartGG Rn. 32; für eine teleologische Reduktion bei Unmöglichkeit der Fehlerbehebung auch: *Henssler*, in: Henssler/Prütting, BRAO, § 8 PartGG Rn. 39b.

eintretenden Gesellschafters für Altverbindlichkeiten der Gesellschaft ergibt sich aus § 8 Abs. 1 Satz 2 PartGG i.V.m. § 130 HGB. Für die Handelndenhaftung ließ der BGH eine tatsächliche Beschäftigung unabhängig von einem für den Schaden kausalen Beitrag, einem Verschulden oder einer Schadensverhinderungsmöglichkeit ausreichen.[194]

Diese weite Auslegung des Begriffes durch die Rechtsprechung führt dazu, dass das mit § 8 Abs. 2 PartGG eigentlich verfolgte Ziel – die Haftungsbefreiung für unbeteiligte Gesellschafter, die keinen Einfluss auf die fehlerhafte Berufsausübung hatten – unterlaufen wird. Vor diesem Hintergrund erschiene es sachgerechter, § 8 Abs. 2 PartGG teleologisch zu reduzieren und eine Haftung abzulehnen, wenn der Gesellschafter nachgewiesenermaßen keinen Einfluss auf die Schadensentstehung mehr nehmen konnte.[195]

In der Praxis schützt aber die gesetzliche Handelndenhaftung aufgrund der Rechtsprechung des BGH den in eine PartG eintretenden Rechtsanwalt nicht vor einer Haftung für vor seinem Eintritt begangene Pflichtverletzungen, wenn er später mit der Mandatsbearbeitung betraut ist. Dies erweist sich insbesondere für Sozietäten, die auf Ausweitung durch Aufnahme neuer Gesellschafter ausgerichtet sind, als problematische Haftungssituation.

Tritt ein Gesellschafter aus der PartG aus, haftet er gem. § 10 Abs. 2 PartGG i.V.m. § 160 HGB weiterhin für die bis dahin begründeten Verbindlichkeiten der Gesellschaft. Wenn man mit der wohl h.M. davon ausgeht, dass eine Verbindlichkeit aufgrund eines Berufsfehlers bereits mit Abschluss der Mandatsbegründung begründet i.S.d. § 160 HGB ist[196], stellt sich die Frage, ob der Austretende für Berufsfehler nach seinem Ausscheiden haftet, wenn er mit dem Mandat vorher befasst war. Dies ist durch die Rechtsprechung noch nicht geklärt.

In Übereinstimmung mit der bisherigen BGH Rechtsprechung zu § 8 Abs. 2 PartGG wird man auch im Rahmen der begrenzten Nachhaftung (vgl. § 160 HGB) ein Befassen für eine Haftung ausreichen lassen müssen, ohne ein Verschulden oder sonst einen Verursachungsbeitrag zu fordern. Der BGH hat mit der bisherigen Rechtsprechung zu § 130 HGB[197] zum Ausdruck gebracht, dass die Haftung des „befassten“ Partners unabhängig von dessen Verschulden oder eine Verhinderungsmöglichkeit beurteilt.[198] Entsprechend dürfte trotz der Handelndenhaftung des § 8 Abs. 2 PartGG jeder austretende Gesellschafter der PartG weiterhin für solche berufshaftungsrechtlichen Verbindlichkeiten haften, die im Zusammenhang mit von ihm bearbeiteten Mandaten begangen wurden.

---

194 BGH vom 19.11.2009 – IX ZR 12/09, DStR 2010, 463.

195 Für eine solche teleologische Reduktion auch *Henssler*, in: Henssler/Prütting, BRAO, § 8 PartGG Rn. 39b.

196 Zu diesem Streit vgl. bereits Teil 1 C. I. 1. d. cc. (2) sowie ausführlich und speziell zur PartG mbB Teil 3 F. II. 2.

197 BGH vom 19.11.2009 – IX ZR 12/09, DStR 2010, 463.

198 *Henssler*, in: Henssler/Prütting, BRAO, § 10 PartGG Rn. 14; *Schultz*, in: Gaier/Wolf/Göcken, Anwaltliches Berufsrecht, Haftung Rn. 501.

(3) Beitrag von untergeordnete Bedeutung

Der Handelndenhaftung kann der Gesellschafter der PartG entgehen, wenn sein Bearbeitungsbeitrag lediglich von untergeordneter Bedeutung war, § 8 Abs. 2, 2. Halbsatz PartGG. Dies kommt insbesondere in Fällen der Urlaubsvertretung in Betracht, wenn der vertretende Rechtsanwalt keinerlei inhaltliche Bearbeitung des Mandates vornimmt.[199] Nach dem BGH ist entscheidend, dass der Beitrag keine inhaltliche Befassung mit dem Mandat und keine konkrete Sachentscheidung beinhaltet.[200] Eine haftungsbegründende Pflichtverletzung soll aber die Annahme eines Beitrages von untergeordneter Bedeutung ausschließen.[201]

cc. Haftung im Innenverhältnis

Der handelnde Partner, der nach § 8 Abs. 2 PartGG persönlich haftet, kann die übrigen Gesellschafter der PartG nicht nach § 426 BGB in Anspruch nehmen, obwohl nach § 8 Abs. 1 PartGG zwischen ihnen grundsätzlich ein Gesamtschuldverhältnis besteht. Findet die Handelndenhaftung des § 8 Abs. 2 PartGG Anwendung, da ein einzelner Partner mit der Bearbeitung befasst war, so ist die akzessorische gesamtschuldnerische Haftung der übrigen Gesellschafter ausgeschlossen.[202] Ein Verlustausgleichsanspruch gem. § 6 Abs. 3 PartGG i.V.m. § 110 HGB kommt nur in Betracht, wenn ein Gesellschafter aufgrund der gesamtschuldnerischen Haftung des § 8 Abs. 1 PartGG in Anspruch genommen wird und sich nicht auf die Haftungsbeschränkung des § 8 Abs. 2 PartGG berufen kann.[203] Die Regelung des § 8 Abs. 2 PartGG zur Handelndenhaftung schützt daher die nicht mit der Bearbeitung befassten Gesellschafter davor, für der Gesellschaft zugerechnete deliktische Handlungen eines Mitgesellschafters zu haften.

Die Gesellschafter der PartG können jedoch einen Innenausgleich vertraglich dergestalt vereinbaren, dass sich in der Haftung ein möglicherweise bestehendes Risikogefälle zwischen den einzelnen Dezernaten der PartG widerspiegelt. So sind Fälle denkbar, in denen einzelne Gesellschafter aufgrund der Betreuung von Großmandaten grundsätzlich höheren potentiellen Schadensersatzgefahren ausgesetzt sind als andere Partner. Wird diese höhere Gefahr nicht in der Gewinnbeteiligung wiedergegeben, kann es angemessen sein, dem nach § 8 Abs. 2 PartGG im Außenverhältnis allein haftenden Partner einen Innenausgleich gegen die anderen Gesellschafter auf vertraglicher Grundlage zuzugestehen.[204]

---

199 Vgl. Gesetzesbegründung BT-Drs. 13/ 9820, S. 21.

200 *Hahn/Naumann*, WM 2012, 1756, 1760 mit Verweis auf BGH WM 2010, 139, 142.

201 *Graf von Westfalen*, in: Meilicke u.a., PartGG, § 8 PartGG Rn. 80; *Henssler*, PartGG, § 8 PartGG Rn. 73.

202 *Vollkommer/Greger/Heinemann*, Anwaltshaftungsrecht, § 8 Rn. 27.

203 *Henssler*, in: Henssler/Prütting, BRAO, § 6 PartGG Rn. 17, § 8 PartGG Rn. 47; *Römermann*, in: Michalski/Römermann, PartGG, § 8 PartGG Rn. 41, 41; *Schäfer*, in: Ulmer/Schäfer, GbR und PartGG, § 6 PartGG Rn. 26.

204 *Weipert/Oepen*, Rechtsformen für die gemeinsame Ausübung des Anwaltsberufes, abrufbar unter: http://anwaltverein.de/downloads/Ratgeber/Rechtsformen.pdf, S. 270 (abgerufen am 30.12.2014).

dd. Zwischenfazit zur Haftung in der PartG

Aufgrund des weiten Verständnisses des „*Befasstseins*“ und dessen extensiver Auslegung durch die Rechtsprechung kann die Handelndenhaftung insbesondere bei größeren Sozietäten mit einer Vielzahl von angestellten Rechtsanwälten, die mit der selbstständigen Bearbeitung von Mandaten betraut sind, ihr eigentliches Ziel der Planungs- und Rechtssicherheit sowie einer Kalkulierbarkeit der Haftungsgefahr kaum erreichen. Gegenüber der GbR ist die PartG daher nur für solche Sozietäten erheblich vorteilhafter, in denen die Mandatsbearbeitung eher durch einzelne Anwälte und nicht in Teams erfolgt.

Einen entscheidenden Vorteil gegenüber der GbR kann die Handelndenhaftung der PartG auch für interprofessionelle Zusammenschlüsse bieten.[205] Bei einer interprofessionellen Partnerschaft i.S.v. § 59a BRAO[206], in der die einzelnen Mandate nur von einzelnen Berufsgruppen bearbeitet werden, schützt die Handelndenhaftung des § 8 Abs. 2 PartGG die Gesellschafter vor der Haftung für aus berufsfremden Fehlern entstandene Verbindlichkeiten.

3. *Steuerliche Behandlung / Buchführungs- und Bilanzierungspflichten*

Da die personengesellschaftliche anwaltliche Sozietät mangels Gewerbebetriebes (vgl. § 2 Abs. 2 BRAO) kein Kaufmann ist, unterliegt sie nicht den handelsrechtlichen Publizitätspflichten.[207] Ebenso wenig unterliegen die GbR und PartG den Buchführungs- und Bilanzierungspflichten des § 238 Abs. 1 Satz 1 HGB.[208]

Die GbR und die PartG sind als Personengesellschaften steuerlich transparent, sie sind also selbst keine eigenständigen Steuersubjekte.[209] Die Einkommenssteuer trifft nur die hinter der Gesellschaft stehenden Gesellschafter und nicht die GbR oder die PartG selbst, da die GbR und die PartG keine natürlichen Personen sind (§ 1 EStG).[210] Auch der Körperschaftssteuer unterliegen die GbR und PartG nicht, da sie keine juristischen Personen sind (§ 1 KStG).[211] Es besteht eine sog. Mitunternehmerschaft im Sinne des §§ 18 Abs. 4 i.V.m. 15 Abs. 1 Nr. 2 EStG; das heißt, der Gewinn der GbR wird zunächst festgestellt und hieraus werden dann die für den jeweiligen Gesellschafter steuerlich relevanten Anteile ermittelt.[212]

---

205 Darauf hinweisen auch *Offermann-Burckhart*, AnwBlatt 2014, 366, 375.

206 Zur Frage der möglichen Verfassungswidrigkeit der Beschränkung der sozietätsfähigen Berufe vgl. Teil 1 C. I. 1. b.

207 *Schnittker/Leicht*, BB 2010, 2971, 2974.

208 *Henssler*, in: Henssler/Streck, Hdb. der Sozietätsrechts, A Rn. 74; *Leuering*, NZG 2013, 1001, 1002.

209 *Kunz*, in: Peres u.a., Sozietätsrecht, § 1 Rn. 17, 19.

210 *Henssler*, in: Henssler/Streck, Hdb. der Sozietätsrechts, A Rn. 66; *Salger*, in: Gummert/Weipert, Münch-Hdb. GesR 1, § 37 Rn. 9.

211 *Salger*, in: Gummert/Weipert, Münch-Hdb. GesR 1, § 37 Rn. 9.

212 *Kunz*, in: Peres u.a., Sozietätsrecht, § 1 Rn. 17, 19.

Der zu versteuernde Gewinn wird üblicherweise mittels einer Einnahmen- Überschussrechnung i.S.d. § 4 Abs. 3 EStG ermittelt. Der Vorteil hieran ist, dass Steuern erst auf tatsächlich gezahlte Leistungen anfallen und noch nicht erfüllte Ansprüche nicht einbezogen werden.[213]

Eine Gewerbesteuerpflicht besteht grundsätzlich weder für die GbR noch die PartG, da der Rechtsanwalt gemäß § 2 Abs. 2 BRAO kein Gewerbe betreibt.

Eine Umsatzsteuerpflicht besteht bei allen Zusammenschlussmöglichkeiten, da im Rahmen aller Gesellschaftsformen eine selbstständige und nachhaltige Tätigkeit mit Einnahmeerzielungsabsicht ausgeübt wird.[214]

4. Zwischenfazit zu anwaltlichen Personengesellschaften

Die Gründung anwaltlicher Personengesellschaften ist ohne größeren Aufwand, insbesondere ohne notarielle Beteiligung, möglich. Eine Registerpflicht besteht nur bei der PartG.

Für alle nicht berufshaftungsrechtlichen Verbindlichkeiten der Gesellschaft haften die Gesellschafter akzessorisch. Bei der GbR gilt dies auch für die berufshaftungsrechtlichen Verbindlichkeiten, wobei die persönliche Inanspruchnahme durch die Berufshaftpflichtversicherung abgemildert wird. Greift diese im Einzelfall nicht, haftet bei der GbR jeder Gesellschafter persönlich. Dies gilt auch für solche Verbindlichkeiten, denen kein eigenes Fehlverhalten des Gesellschafters zugrunde liegt und für solche, die durch berufsfremde Mitgesellschafter verursachte wurden.

Bei der PartG haftet gem. § 8 Abs. 2 PartGG nur derjenige Partner persönlich für berufshaftungsrechtliche Verbindlichkeiten, der mit der Bearbeitung tatsächlich befasst war. Der Begriff des Befassens wird sehr weit, insb. verschuldensunabhängig ausgelegt. Der Vorteil der Haftungsbeschränkung nimmt zudem ab, wenn einzelne Mandate von vielen Anwälten arbeitsteilig bearbeitet werden.

Für die personengesellschaftlichen Zusammenschlüsse muss keine gesonderte Berufshaftpflichtversicherung unterhalten werden. Sie werden transparent besteuert und unterliegen nicht den handelsrechtlichen Buchführungs- und Bilanzierungspflichten.

II. Kapitalgesellschaften

1. Zulässigkeit anwaltlicher Kapitalgesellschaften

Rechtsanwälte können sich zur gemeinsamen Berufsausübung auch zu Kapitalgesellschaften zusammenzuschließen.[215] Dies wurde lange Zeit als unzulässig erachtet,

---

213 *Senft/Jeran*, in: Peres u.a., Sozietätsrecht, § 2 Rn. 6.

214 *Salger*, in: Gummert/Weipert, Münch-Hdb. GesR 1, § 37 Rn. 11.

215 Auf eine Darstellung der Möglichkeit der KGaA wird verzichtet, da diese zwar zulässig ist, aber in der Praxis nicht vorkommt, vgl. *Henssler*, in: Henssler/Prütting, BRAO, Vor § 59c BRAO Rn. 41.

vor allem aufgrund einer angeblich generellen Unvereinbarkeit des Wesens der freien Berufe mit der Organisation in einer Kapitalgesellschaft.[216]

Obwohl die Diskussion um die Zulässigkeit von Kapitalgesellschaften für Rechtsanwälte seit Mitte der 80er Jahre geführt wurde[217], bereiteten erst verschiedene Gerichtsentscheidungen Mitte der 90er Jahre den Weg zur anwaltlichen Kapitalgesellschaft. Der Gesetzgeber vermied bewusst, in einer Art *„Vogel-Strauss-Taktik“*[218] im Rahmen der Reform der BRAO im Jahre 1994, in der auch die PartG eingeführt wurde, eine Regelung zur offenbar unerwünschten Rechtsanwalts-GmbH zu treffen[219] und wurde erst im Jahre 1999 durch Erlass gesetzlicher Regelungen tätig. Für die ebenfalls zulässige Rechtsanwalts-AG fehlen bis heute gesetzliche Regelungen.

a. Ursprüngliche Bedenken gegen freiberufliche Kapitalgesellschaften

Vor einer Entscheidung des BayObLG aus dem Jahre 1994[220] sprach sich die h.M. gegen die Zulässigkeit einer Rechtsanwalts-GmbH aus.[221]

Hierbei wurde gegen anwaltliche kapitalgesellschaftliche Berufsausübungsgemeinschaften eingewandt, dass diese nicht mit dem Berufsbild des Rechtsanwaltes zu vereinbaren seien. Dieses sei von der anwaltlichen Unabhängigkeit (vgl. § 1 BRAO) und einem vertrauensvollen Verhältnis zum Mandanten geprägt, was mit der kapitalistischen Struktur der GmbH nicht in Einklang zu bringen sei.[222] Gegen eine Zulässigkeit spreche sowohl das schützenswerte Interesse des Mandanten an einer unmittelbaren vertraglichen Beziehung zum Rechtsanwalt selbst anstelle zu einer GmbH, als auch der Ausschluss der persönlichen Haftung der Gesellschafter. Die unmittelbare vertragliche Beziehung zur Person des Rechtsanwaltes sowie die persönliche Haftung für berufliches Fehlverhalten gehöre zum – unter anderem in §§ 1, 43 BRAO niedergelegten – Leitbild und festen Berufsbild des Anwaltes.[223] Ohne eine persönliche Haftung wurde mangelnde Sorgfalt bei der Berufsausübung befürchtet.[224]

Hintergrund dieser ablehnenden Argumente war vor allem die Besorgnis, dass mit der stattfindenden zunehmenden Kommerzialisierung des Rechtsberatungsmarktes

---

216 *Henssler*, in: Henssler/Prütting, BRAO, Vor 59c BRAO Rn. 2.
217 *Zuck*, Anwalts GmbH, Einl. Rn. 4.
218 So *Römermann*, GmbHR 1997, 530, 531.
219 *Henssler*, in: Henssler/Prütting, BRAO, Vor 59c BRAO Rn. 2.
220 BayObLG vom 24.11.1994 – 3 ZBR 115/94, NJW 1995, 199.
221 LG München I vom 10.03.1994 – 17 HKT 13757/93, NJW 1994, 1882; *Brüggemann*, in: Feuerich/Weyland, BRAO, Vor § 59c BRAO Rn. 1; *Henssler*, in: Henssler/Streck, Hdb. des Sozietätsrechts, D Rn. 2; *Zuck*, Anwalts GmbH, Einl. Rn 4.
222 *Bormann*, in: Gaier/Wolf/Göcken, Anwaltliches Berufsrecht, § 59a BRAO Rn. 11; *Brüggemann*, in: Feuerich/Weyland, BRAO, Vor 59c BRAO Rn. 1; *Henssler*, in: Henssler/Prütting, BRAO, Vor § 59c BRAO Rn. 2.
223 LG München I vom 10.03.1994 – 17 HKT 13757/93, NJW 1994, 1882.
224 Hierauf verweisend *Römermann*, GmbHR 1997, 530, 533.

eine Vernachlässigung der berufsethischen Grundsätze der Rechtsanwaltschaft einhergehen würde.[225]

b. Die Rechtsprechung zur Zulässigkeit anwaltlicher Kapitalgesellschaften

Erstmals sprach sich das BayObLG im Jahre 1994 für die Zulässigkeit einer anwaltlichen GmbH aus.[226] Der Entscheidung lag als Sachverhalt zugrunde, dass der bisherige Unternehmensgegenstand einer GmbH – die Unternehmensberatung – durch eine Satzungsänderung dahingehend geändert werden sollte, dass er nunmehr auch die Besorgung fremder Rechtsangelegenheiten sowie die anwaltliche Rechtsberatung erfassen sollte. Das Registergericht verweigerte unter Berufung auf die Unzulässigkeit einer Rechtsanwalts-GmbH die Eintragung.

Das BayObLG entschied, dass die anwaltliche Rechtsberatung kein generell für eine GmbH unzulässiger Unternehmensgegenstand sei und die Eintragung einer solchen Rechtsanwalts-GmbH – jedenfalls bei Einhaltung gewisser Voraussetzungen – nicht generell abgelehnt werden dürfe.[227] Der Rechtsanwalts-GmbH, die als juristische Person unter dem Schutz des Art. 12 GG stehe, stehe weder ein gesetzliches Verbot, noch ein gewohnheitsrechtlich fixiertes Berufsbild des Rechtsanwaltes entgegen. Ein solches einheitliches Berufsbild des Rechtsanwaltes gebe es angesichts der Fülle von Ausgestaltungen der beruflichen Tätigkeiten in der Anwaltschaft (z.B. Kanzleianwalt, angestellter Anwalt, Syndikusanwalt) ohnehin nicht mehr.[228]

Ferner sei auch die unbeschränkte, persönliche Haftung des Anwaltes kein zwingendes Element seines Berufsbildes. Dies zeige sich bereits an der Möglichkeit des vertraglichen Haftungssauschlusses, die das anwaltliche Berufsrecht etwa in § 51a BRAO a.F. (entspricht dem heutigen § 52 BRAO) vorsehe.[229]

Das BayObLG betonte aber, dass sich aus der besonderen Stellung des Rechtsanwaltes als unabhängiges Organ der Rechtspflege (vgl. § 1 BRAO) durchaus Besonderheiten für eine Rechtsanwalts-GmbH ergeben. So dürften etwa als Geschäftsführer nur Rechtsanwälte fungieren. Um die berufsrechtlich notwendige Unabhängigkeit des Rechtsanwaltes sicherzustellen, dürfe keine Weisungsbefugnis der Gesellschafterversammlung hinsichtlich der anwaltlichen Tätigkeit bestehen und auch die Möglichkeit einer Fremdkapitalbeteiligung müsse durch die Satzung ausgeschlossen werden. Um die Mandantschaft hinreichend zu schützen, müsse zudem eine weit höhere Haftpflichtversicherungssumme zur Verfügung stehen, als dies bei einem Einzelanwalt

---

225 BayObLG vom 24.11.1994 – 3 ZBR 115/94, NJW 1995, 199, 200; *Senf/Jerant*, in: Peres u.a., Sozietätsrecht, § 22 Rn. 2; *Zuck*, Anwalts-GmbH, Einl. Rn. 6.

226 BayObLG vom 24.11.1994 – 3 ZBR 115/94, NJW 1995, 199. Das BayObLG nutzte in dieser Entscheidung zur Zulässigkeit der Anwalts-GmbH die Argumentationen einer zuvor ergangenen Entscheidung des BGH zur Zulässigkeit einer Zahnärzte-GmbH, vgl. BGH vom 25.11.1993 – I ZR 281/91, NJW 1994, 786.

227 BayObLG vom 24.11.1994 – 3 ZBR 115/94, NJW 1995, 199.

228 BayObLG vom 24.11.1994 – 3 ZBR 115/94, NJW 1995, 199, 200.

229 BayObLG vom 24.11.1994 – 3 ZBR 115/94, NJW 1995, 199, 200, 201.

der Fall sei. Dies sei entweder durch die Schaffung entsprechender gesetzlicher Voraussetzungen sicherzustellen oder durch eine Festlegung in den jeweiligen Satzungen der GmbHs.[230]

Mit gleichlaufenden Erwägungen entschied zunächst das BayObLG[231] und später auch der BGH[232], dass auch eine anwaltliche AG unter Einhaltung gewisser Voraussetzungen zulässig sei. Da die AG ebenso wie die GmbH als juristische Person unter dem Schutz des Art. 12 GG stehe und ihre berufliche Tätigkeit auch als anwaltliche AG geschützt sei, sei sie anzuerkennen, solange dem nicht ein gesetzliches Verbot entgegenstehe. Ein solches Verbot existiere für die Rechtsanwalts-AG ebenso wenig wie für die Rechtsanwalts-GmbH. Insbesondere könne aus dem Umstand, dass sich die letzte Reform der BRAO im Jahre 1999 auf die Regelung für die Rechtsanwalts-GmbH beschränkte, nicht gefolgert werden, dass der Gesetzgeber eine Rechtsanwalts-AG für unzulässig halte. Der Gesetzgeber habe hierüber vielmehr ausdrücklich „*keine Aussage*" treffen wollen.[233] Nach der Anerkennung der Rechtsanwalts-GmbH könne eine AG auch unter Gleichheitsgesichtspunkten nicht versagt werden.[234]

c. Gesetzliche Regelungen

Die Rechtsprechung zur Zulässigkeit der anwaltlichen GmbH wurde durch den Gesetzgeber erst mit einigen Jahren Verzögerung und zunächst widerwillig aufgegriffen.[235]

Mit Wirkung zum 1.3.1999 traten die §§ 59c - 59m BRAO in Kraft. Hierdurch wurde eine bundesweit einheitliche Regelung über die Rahmenbedingungen für Rechtsanwalts-GmbHs festgelegt, um einer regional uneinheitlichen Handhabung

230 BayObLG vom 24.11.1994 – 3 ZBR 115/94, NJW 1994, 199, 202.

231 BayObLG vom 27.03.2000 – 3 ZBR 331/99, NJW 2000, 1647.

232 BGH vom 10.01.2005 – AnwZ (B) 27 u. 28/03, NJW 2005, 1568.

233 BGH vom 10.01.2005 – AnwZ (B) 27 u. 28/03, NJW 2005, 1568, 1570 mit Hinweis auf BT-Drs. 13/9820, S. 11.

234 BGH vom 10.01.2005 – AnwZ (B) 27 u. 28/03, NJW 2005, 1568, 1570.

235 Im Referentenentwurf des BMJ zum „Gesetz zur Regelung der Anwaltsgesellschaft mit beschränkter Haftung" (auszugsweise abgedruckt in ZIP 1997, 1518) wird deutlich, dass man sich aufgrund der Rechtsprechung gezwungen sah zu handeln, der Anwalts-GmbH aber noch kritisch gegenüberstand. Es heißt im RefE: „*Die Bundesregierung hatte sich ... gegen die gesetzliche Zulässigkeit der Rechtsanwalts-GmbH ausgesprochen.... Nunmehr erscheint es jedoch zwingend geboten die von der Rechtsprechung eingeleitete Entwicklung gesetzgeberisch zu begleiten.*" In § 59p des RefE war daher auch noch eine persönliche Haftung des berufsfehlerhaft handelnden Gesellschafters neben dem Gesellschaftsvermögen vorgesehen. Zur Begründung heißt es: „*Die persönliche Haftung, die auch als Korrelat zu der besonderen Vertrauensstellung des Rechtsanwaltes zu sehen ist, ist durch die Möglichkeit der vertraglichen Begrenzung von Ersatzansprüchen gemäß § 51a relativiert worden. Ihre grundsätzliche Bedeutung hat sie aber nicht verloren.*" (vgl. ZIP 1997, 1518, 1522).

entgegenzuwirken.[236] Grundsätzlich bleibt es daneben bei der Anwendbarkeit des GmbH-Rechts; in den §§ 59a-59m BRAO finden sich lediglich berufsrechtliche Sonderregelungen.[237]

Für die anwaltliche Aktiengesellschaft fehlen bislang gesetzliche Regelungen.

Von der Möglichkeit der Anwalts-GmbH wird in der Praxis eher zurückhaltend Gebrauch gemacht, die Rechtsanwalts-AGs sind eine Randerscheinung. Im Zeitpunkt der letzten Mitgliederstatistik der BRAK vor Einführung der PartG mbB zum 1.1.2013 gab es bundesweit nur 586 Rechtsanwalts-GmbHs und nur 25 Rechtsanwalts-AGs.[238]

2. *Die Rechtsanwalts-GmbH*

a. *Gründung der Rechtsanwalts-GmbH*

Für die Rechtsanwalts-GmbH bestehen zunächst die gleichen Gründungsanforderungen wie für jede andere GmbH. Sie kann von einer oder auch von mehreren Personen gegründet werden[239] und entsteht durch Abschluss eines notariell beglaubigten Gesellschaftsvertrages (vgl. § 2 GmbHG) und der konstitutiven Eintragung ins Handelsregister (vgl. § 11 Abs. 1 GmbHG). Das Stammkapital der GmbH muss mindestens 25.000 EUR betragen (vgl. § 5 Abs. 1 GmbHG).[240]

b. *Voraussetzungen für die Zulassung als Rechtsanwalts-GmbH*

Orientiert an den vom BayObLG aufgestellten Anforderungen, listet § 59d BRAO die Voraussetzungen für eine Zulassung als Rechtsanwalts-GmbH auf. Sind diese erfüllt, hat die Rechtsanwalts-GmbH einen Anspruch auf Zulassung[241], die in einem gesonderten Zulassungsverfahren erteilt wird (vgl. § 59g BRAO). Die zugelassene Rechtsanwalts-GmbH ist gem. § 59l BRAO postulationsfähig. Anders als die Personengesellschaften, wird die GmbH als solche zur Rechtsanwaltschaft zugelassen. Sie selbst ist damit direkter Träger der Berufspflichten (vgl. § 59m Abs. 2 BRAO).

aa. Unternehmensgegenstand

Der Unternehmensgegenstand der GmbH muss gem. §§ 59d Nr. 1 i.V.m. 59c Abs. 1 BRAO auf die Beratung und Vertretung in Rechtsangelegenheiten gerichtet sein.

---

236 BT-Drs. 13/9820, S. 11.

237 *Brüggemann*, in: Feuerich/Weyland, BRAO, Vor § 59c BRAO Rn. 7; *Zuck*, Anwalts-GmbH, Einl. Rn. 20.

238 Große Mitgliederstatistik der BRAK zum 1.01.2013, abrufbar unter: http://www.brak.de/w/files/04_fuer_journalisten/statistiken/2013/01_mg_gesamtstatistik2013_.pdf (abgerufen am 30.12.2014).

239 Zur Möglichkeit auch der „Ein-Mann-GmbH" für Rechtsanwälte vgl. *Senft/Jeran*, in: Peres u.a., Sozietätsrecht, § 22 Rn. 39.

240 Zur Möglichkeit der Rechtsanwaltsgesellschaft UG (haftungsbeschränkt), vgl. *Henssler*, in: Henssler/Streck, Hdb. des Sozietätsrechts, D Rn. 13.

241 *Henssler*, in: Henssler/Prütting, BRAO, § 59d BRAO Rn. 2.

Die GmbH selbst muss diese Dienstleistungen erbringen; nicht gemeint sind Gesellschaften, die nur die organisatorischen Voraussetzungen schaffen.[242] Da auch der Zusammenschluss mit anderen sozietätsfähigen Berufen in Grenzen erlaubt ist, muss der Unternehmensgegenstand nicht ausschließlich auf die anwaltliche Tätigkeit begrenzt sein.[243] Die Rechtsanwalts-GmbH darf aber gem. §§ 59d Nr. 1 i.V.m. 59c Abs. 2 BRAO nicht an anderen anwaltlichen Berufsausübungsgemeinschaften beteiligt sein.[244]

bb. Kreis der Gesellschafter

Gesellschafter der Rechtsanwalts-GmbH dürfen gem. §§ 59d Nr. 1 i.V.m. 59e Abs. 1 Nr. 1 BRAO nur Rechtsanwälte und Angehörige anderer sozietätsfähiger Berufe sein. Sie müssen tatsächlich in der Gesellschaft tätig sind. Das Gebot der aktiven Berufsausübung verbietet eine rein kapitalmäßige Beteiligung.[245]

cc. Mehrheitsverhältnisse bei Gesellschaftern und Geschäftsführern

Die Zulassung zur Rechtsanwalts-GmbH setzte bisher voraus, dass die Mehrheit der Geschäftsanteile und der Stimmrechte Rechtsanwälten zustehen (vgl. § 59e Abs. 2 Satz 2 BRAO). Ebenso musste die Gesellschaft von Rechtsanwälten verantwortlich geführt werden, also auch unter den Geschäftsführern Rechtsanwälte in der Mehrheit sein (vgl. § 59f Abs. 1 BRAO).

Diese Mehrheitserfordernisse wurden kritisiert. Problematisch war insbesondere, dass es vergleichbare Mehrheitserfordernisse auch für andere sozietätsfähige Berufe (z.B. Wirtschaftsprüfer, vgl. § 28 Abs. 4 Nr. 3 WiPrO oder Patentanwälte gem. §§ 52e Abs. 2 Satz 1, 52f Abs. 1 Satz 2 PAO)[246] gibt, mit der Folge, dass die Anerkennung z.B. einer paritätischen Rechtsanwalts- *und* Wirtschaftsprüfer-GmbH nach beiden Berufsrechten nicht möglich war.[247] Interdisziplinär zugelassene GmbHs waren in den

---

242 *Brüggemann*, in: Feuerich/Weyland, BRAO, § 59d BRAO Rn. 1, 3; *Henssler*, in: Henssler/Prütting, BRAO, 59d BRAO Rn. 4.

243 *Henssler*, in: Henssler/Prütting, BRAO, § 59c BRAO Rn. 5.

244 Zur engen Auslegung des Wortlautes dahingehend, dass nur anwaltliche Berufsausübungsgesellschaften gemeint sind: vgl. *Henssler*, in: Henssler/Prütting, BRAO, § 59c BRAO Rn. 10, 11.

245 Vgl. § 59 Abs. 1 Satz 2 BRAO und hierzu *Henssler*, in: Henssler/Prütting, BRAO, § 59e BRAO Rn. 15. Über die Verfassungsmäßigkeit der Begrenzung der sozietätsfähigen Berufe durch § 59a BRAO ist unter 1 BvL 6/13 ein Verfahren vor dem BVerfG anhängig (Vorlage durch BGH vom 16.05.2013 – II ZB 1/11, WM 2013, 1417).

246 Das StBerG akzeptiert in § 50a Abs. 1 eine Steuerberater-GmbH, auch wenn die Gesellschafter nicht mehrheitlich Steuerberater sind. § 50 Abs. 4 StBerG setzt aber voraus, dass mindestens die Hälfte der Geschäftsführer Steuerberater sind.

247 *Mennemeyer*, in: Fahrendorf/Mennemeyer/Terbille, Die Haftung des Rechtsanwalts, Rn. 158.

Fällen, in denen das Berufsrecht die o.g. Mehrheitserfordernisse aufstellte daher nur im praktisch seltenen Falle einer Doppelqualifikation möglich.[248]

Der BGH bejahte zuletzt im Jahre 2011[249] die Verfassungsmäßigkeit dieser Regelungen, da sie „*durch vernünftige Gründe des Gemeinwohls*" nämlich den Schutz der Unabhängigkeit des Rechtsanwaltes als Organ der Rechtspflege gerechtfertigt und verhältnismäßig seien. Im zu entscheidenden Fall wollte eine GmbH in Gründung mit zwei Patentanwälten und einem Rechtsanwalt als Gesellschafter nach beiden Berufsrechten zugelassen werden, wobei in der Satzung jedem Gesellschafter Alleinvertretungsbefugnis eingeräumt wurde. Die Beschwerdeführer brachten vor, dass in den Regelungen ein Verstoß gegen Art. 3 und 12 GG liege. Für den in den Mehrheitserfordernissen liegenden Eingriff in Art. 12 GG gebe es keinen rechtfertigenden Gemeinwohlbelang.[250] Hinzu komme eine Verletzung des Art. 3 GG, da es keinen Grund gebe, bei Kapitalgesellschaften Mehrheitserfordernisse aufzustellen, wenn dies bei Personengesellschafen nicht der Fall sei.[251] Auch in der Literatur wird kritisch auf den Unterschied zur interdisziplinären GbR und PartG hingewiesen, in denen keine Dominanz der Rechtsanwälte als Gesellschafter verlangt wird.[252]

Nach der damaligen Argumentation des BGH sind die Mehrheitserfordernisse gerechtfertigt, da bei einer zweifachen berufsrechtlichen Zulassung der Schwerpunkt der Sozietät nach außen nicht mehr erkennbar sei.[253] Es liege auch keine ungerechtfertigte Ungleichbehandlung gegenüber den Personengesellschaften vor, da diese – anders als die Rechts- oder Patentanwalts-GmbH – nicht selbst zur Rechtsanwaltschaft zugelassen werden.[254]

Das BVerfG ist der Argumentation des BGH nicht gefolgt und hat die Regelungen zur Stimmrechtsmehrheit und zur Gesellschaftermehrheit als Verletzungen von Art. 12 GG gewertet und die entsprechenden Regelungen jedenfalls insoweit für nichtig erklärt, soweit sie einer gleichzeitigen Zulassung als Rechtsanwalts- und Patentanwalts-GmbH entgegenstehen.[255] Die Mehrheitserfordernisse seien jedenfalls nicht erforderlich, um die mit ihnen verfolgten legitimen Zwecke (Schutz der anwaltlichen Unabhängigkeit[256], Sicherstellung beruflicher Qualifikationsanforderungen[257] und Verhinderung von Verstößen gegen das Berufsrecht[258]) zu erreichen.

---

248 *Henssler*, in: Henssler/Prütting, BRAO, § 59e BRAO Rn. 24.

249 BGH vom 10.10.2011 – AnwZ (Brfg) 1/10, NJW 2012, 461 und BGH vom 14.12.2011 – PatAnwZ 1/10, DStR 2011, 2479.

250 BGH vom 10.10.2011 – AnwZ (Brfg) 1/10, NJW 2012, 461, 463.

251 BGH vom 10.10.2011 – AnwZ (Brfg) 1/10, NJW 2012, 461, 464.

252 *Henssler*, in: Henssler/Prütting, BRAO, § 59e BRAO Rn. 26, 27.

253 BGH vom 10.10.2011 – AnwZ(Brfg) 1/10, NZG 2012, 141.

254 BGH vom 10.10.2011 – AnwZ(Brfg) 1/10, NZG 2012, 141, 143.

255 BVerfG vom 14.01.2014 – 1 BvR 2998/11 und 1 BvR 236/12, NJW 2014, 613.

256 Hierzu BVerfG vom 14.01.2014 – 1 BvR 2998/11 und 1 BvR 236/12, NJW 2014, 613, 617.

257 Hierzu BVerfG vom 14.01.2014 – 1 BvR 2998/11 und 1 BvR 236/12, NJW 2014, 613, 618.

258 Hierzu BVerfG vom 14.01.2014 – 1 BvR 2998/11 und 1 BvR 236/12, NJW 2014, 613, 618.

Die anwaltliche Unabhängigkeit sei bereits durch die Anforderungen des § 43a Abs. 1 BRAO und § 39a Abs. 1 PAO hinreichend sichergestellt. Die Qualifikationsanforderungen seien durch die Berufsträgervorbehalte in beiden Berufsrechten (§ 59l BRAO, § 52l PAO) gewährleistet. Die Einhaltung des Berufsrechts könne weniger eingriffsintensiv dadurch realisiert werden, dass die jeweiligen Berufspflichten auch für berufsfremde Gesellschafter gelten (vergleichbare Regelungen gibt es bereits in § 56 Abs. 1 WiPrO und § 72 Abs. 1 StBerG).

Obwohl sich die Entscheidung des BVerfG ausdrücklich nur auf Zusammenschlussmöglichkeiten von Rechts- und Patentanwälten bezieht und so nur diese erleichtert, wird das Urteil voraussichtlich auch Auswirkungen auf die Zusammenschlussmöglichkeiten mit Wirtschaftsprüfern und Steuerberatern haben. Die Argumentation des BVerfG zur mangelnden Erforderlichkeit von Mehrheitsregelungen lässt sich auf diese Berufsgruppen ebenfalls übertragen.[259]

Folglich ist zu erwarten, dass die Mehrheitserfordernisse bei anwaltlichen Kapitalgesellschaften für interdisziplinäre Zusammenschlüsse künftig keinen Nachteil mehr gegenüber den Personengesellschaften darstellen werden. Ob dies die Attraktivität freiberuflicher Kapitalgesellschaften nachhaltig stärken wird, bleibt abzuwarten.

dd. Berufshaftpflichtversicherung

Die Rechtsanwalts-GmbH selbst muss eine Berufshaftpflichtversicherung abschließen und unterhalten, deren Mindestversicherungssumme gem. § 59j Abs. 2 Satz 1 BRAO 2,5 Mio. EUR pro Versicherungsfall betragen muss. Eine Deckelung der Jahreshöchstgrenze ist möglich, muss in ihrer Höhe jedoch mindestens der Anzahl der Gesellschafter und etwaiger Fremdgeschäftsführer vervielfacht mit der Mindestversicherungssumme entsprechen (vgl. § 59j Abs. 2 Satz 2 BRAO). Die Jahreshöchstgrenze darf zudem nicht unter dem Vierfachen der Mindestversicherungssumme liegen (vgl. § 59j Abs. 2 Satz 3 BRAO).

Wird die Versicherung nicht in der durch § 59j BRAO vorgeschriebenen Höhe unterhalten, so haften die Gesellschafter gem. § 59j Abs. 4 BRAO persönlich für den fehlenden Versicherungsschutz (sog. Ausfallhaftung).

Die Höhe der Mindestversicherungssumme, die mit 2,5 Mio. EUR zehnmal so hoch ist wie die für einen Einzelanwalt, wurde (und wird) teils als unangemessen hoch kritisiert.[260] Nach dem BVerfG hat sich der Gesetzgeber bei der Bestimmung der Höhe der Versicherungssumme in § 59j Abs. 2 BRAO aber im Rahmen der ihm zustehenden Einschätzungsprärogative für einen angemessenen Versicherungsschutz bewegt.[261] Überzeugend trat das BVerfG auch dem Einwand entgegen, dass

---

259 Vgl. im Einzelnen *Glindemann*, AnwBlatt 2014, 214, 219, 220; *Kleine-Cosack*, AnwBlatt 2014, 221, 224.

260 *Brüggemann*, in: Feuerich/Weyland, BRAO, § 59j BRAO Rn. 3; *Kleine-Cosack*, BRAO, § 59j BRAO Rn. 4: *„an der Grenze … des nach Art. 12 Abs. 1 GG verfassungsrechtlich Hinnehmbaren“*.

261 BVerfG vom 22.02.2001 – 1 BvR 337/00, NJW 2001, 1560.

die Versicherungssumme – die als Ausgleich für die fehlende persönliche Haftung dienen solle – aufgrund des in der Regel sehr viel niedrigeren Privatvermögens der Berufsträger zu hoch angesetzt sei. Das BVerfG erläuterte, dass die Versicherungssumme nicht nur eine Kompensation für die fehlende Zugriffsmöglichkeit auf das private Vermögen der Gesellschafter darstelle, sondern dass auch eine weitere Funktion der persönlichen Haftung beachtet werden müsse. Die persönliche Haftung führe nach der Lebenserfahrung nämlich auch zu einer *„veränderten Risikoabschätzung und verändertem geschäftlichen Verhalten"*.[262] Aufgrund dieser disziplinierenden und zur Sorgfalt anhaltenden Funktion der persönlichen Haftung ist es durchaus angemessen eine Versicherungssumme zu wählen, die höher ist als die Haftungsmasse, die im Falle der persönlichen Haftung in Form des Privatvermögens eines Berufsträgers in der Regel zur Verfügung steht.

Die für den einzelnen Rechtsanwalt bestehende Pflicht zum Abschluss und zur Unterhaltung einer Berufshaftpflichtversicherung aus § 51 BRAO besteht daneben unverändert fort.[263] Dies ist insofern gerechtfertigt, als der Rechtsanwalt auch außerhalb der GmbH Mandate für sich selbst annehmen kann.[264] Die finanzielle Belastung dieser individuellen Berufshaftpflichtversicherung hält sich zudem in Grenzen, da die Versicherung i.d.R. einen eher symbolischen Jahresbeitrag erhebt, wenn der Anwalt von der GmbH-Versicherung erfasst wird.[265]

c. *Innenverhältnis / Anteilsübertragung*

Die Geschäftsanteile einer Anwalts-GmbH können gem. § 15 Abs. 1 GmbHG grundsätzlich frei übertragen werden. In der Regel wird dies in der Satzung abbedungen sein und eine Übertragung einer Zustimmungspflicht unterworfen werden (vgl. § 15 Abs. 5 GmbHG).[266]

Ebenso wie bei der Gründung ist auch bei der Übertragung von Geschäftsanteilen sowie dem Ein- und Austritt neuer Gesellschafter eine notarielle Beurkundung notwendig (vgl. §§ 15 Abs. 3, 53 Abs. 2 GmbHG). Zudem sind gem. § 54 Abs. 1 und 3 GmbHG die entsprechenden Änderungen ins Handelsregister einzutragen.

Bei einer Änderung des Gesellschafterbestandes der Rechtsanwalts-GmbH und der Geschäftsführerernennung sind die berufsrechtlichen Vorgaben der §§ 59c ff. BRAO, soweit sie ausdrücklich für verfassungswidrig erklärt wurden, nicht mehr zu beachten.[267] Die Übertragung von Anteilen an nicht zu den sozietätsfähigen Berufen gehörende Personen ist unwirksam.[268]

---

262 BVerfG vom 22.02.2001 – 1 BvR 337/00, NJW 2001, 1560, 1561.
263 *Brüggemann*, in: Feuerich/Weyland, BRAO, § 59j BRAO Rn. 2.
264 *Brüggemann*, in: Feuerich/Weyland, BRAO, § 59j BRAO Rn. 2.
265 *Axmann/Deister*, NJW 2009, 2941, 2942 (gehen von weniger als 100 € pro Jahr aus).
266 *Henssler*, in: Henssler/Streck, Hdb. des Sozietätsrechts, D Rn. 66.
267 *Schnittker/Leicht*, BB 2010, 2971, 2974.
268 *Henssler*, in: Henssler/Prütting, BRAO, § 59e Rn. 12; *ders.* in: Henssler/Streck, Hdb. des Sozietätsrechts, D Rn. 66.

d. Haftungsverfassung

Auch bei der Rechtsanwalts-GmbH kommt das Mandatsverhältnis in aller Regel mit der Gesellschaft als solcher und nicht mit dem einzelnen abschließenden Anwalt zustande.[269] Schuldner vertraglicher Pflichtverletzungen durch den Rechtsanwalt ist damit die GmbH.

Die Rechtsanwalts-GmbH bietet den Rechtsanwälten als echte GmbH durch die umfassende Haftungsbeschränkung auf das Gesellschaftsvermögen gem. § 13 Abs. 2 GmbHG einen Schutz vor persönlicher Inanspruchnahme. Eine danebenstehende Handelndenhaftung des im konkreten Falle tätigen Rechtsanwaltes in Anlehnung an die Regelung des § 8 Abs. 2 PartGG – wie sie im Referentenentwurf noch vorgesehen war[270] – gibt es nicht.

Eine unmittelbare persönliche Haftung der Rechtsanwälte kommt nur in engen Ausnahmefällen, etwa nach den Grundsätzen der Existenzvernichtungshaftung oder bei der Inanspruchnahme besonderen persönlichen Vertrauens nach § 311 Abs. 3 BGB in Betracht.[271]

Beim geschäftsführenden Rechtsanwalt kommt gem. § 43 Abs. 2 GmbHG oder § 280 BGB eine Innenhaftung gegenüber der GmbH in Betracht.[272] Unterläuft dem Rechtsanwalt bei der Mandatsbetreuung ein Fehler, aufgrund dessen die Gesellschaft einem Schadensersatzanspruch gegenüber dem Mandaten ausgesetzt ist, besteht die Möglichkeit, dass die Gesellschaft den fehlerhaft handelnden Gesellschafter in Regress nimmt. Diesen Schadensersatzanspruch kann der Mandant pfänden, sich zur Einziehung überweisen lassen und so doch mittelbar Zugriff auf das Vermögen des bearbeitenden Rechtsanwaltes nehmen.[273]

Zur Vermeidung dieser mittelbaren Haftungsgefahr ist in Grenzen die Vereinbarung eines antizipierten Regress-Verzichts der Gesellschaft für anwaltliche

---

269 *Mennemeyer*, in: Fahrendorf/Mennemeyer/Terbille, Die Haftung des Rechtsanwalts, Rn. 156.

270 Referentenentwurf in Auszügen abgedruckt in ZIP 1997, 1518.

271 *Henssler*, in: Henssler/Streck, Hdb. des Sozietätsrechts, D Rn. 161; vgl. zur als Innenhaftung ausgestalteten Durchgriffshaftung *Henssler*, in: Henssler/Prütting, BRAO, § 59j Rn. 9; *Mennemeyer*, in: Fahrendorf/Mennemeyer/Terbille, Die Haftung des Rechtsanwalts, Rn. 157; *Vollkommer/Greger/Heinemann*, Anwaltshaftungsrecht, § 22 Rn. 3.

272 *Henssler*, in: Henssler/Prütting, BRAO, § 59j BRAO Rn. 10; *Mennemeyer*, in: Fahrendorf/Mennemeyer/Terbille, Die Haftung des Rechtsanwalts, Rn. 157.

273 *Henssler*, in: Henssler/Prütting, BRAO, § 59j BRAO Rn. 10; *Weipert/Oepen*, Rechtsformen für die gemeinsame Ausübung des Anwaltsberufes, S. 269; abrufbar unter: http://anwaltverein.de/downloads/Ratgeber/Rechtsformen.pdf (abgerufen am 30.12.2014); dies nur bei einer konkreten Obliegenheitsverletzung gegenüber der GmbH annehmend *Vollkommer/Greger/Heinemann*, Anwaltshaftungsrecht, § 22 Rn. 3.

Pflichtverletzungen möglich.[274] Daher kann auch der Gefahr der persönlichen Inanspruchnahme durch die Pfändung eines Regressanspruches in großem Maße eingedämmt werden.

e. *Mitgliedschaften*

Die GmbH selbst ist als juristische Person gem. § 60 Abs. 1 BRAO Mitglied der Rechtsanwaltskammer und als solches neben den in ihr tätigen Rechtsanwälten beitragspflichtig.[275]

Zudem ist die Rechtsanwalts-GmbH – obwohl sie vom Gesellschaftszweck her keine Handelsgesellschaft ist – aufgrund ihrer Rechtsform Mitglied der Industrie- und Handelskammer, da jede GmbH, unabhängig von ihrem konkreten Zweck, als Handelsgesellschaft gilt, vgl. § 2 Abs. 1 und 2 IHKG i.V.m. § 13 GmbHG (Formkaufmann). Auch hier werden Beiträge fällig.[276]

3. *Die Rechtsanwalts-AG*

a. *Grundsätzliche Zulässigkeit*

Infolge der Anerkennung der Rechtsanwalts-GmbH wurde auch die Zulässigkeit der Rechtsanwalts-AG durch die Rechtsprechung ausdrücklich anerkannt.[277]

Der BGH stellte Kriterien auf, die für die Anerkennung einer AG aus berufsrechtlicher Sicht erforderlich sind. Hierbei wand der BGH zwar nicht die §§ 59c ff. BRAO analog an, er stellte aber die Anforderungen an die berufsrechtliche Zulässigkeit einer Rechtsanwalts-AG „*in Anlehnung an die Bestimmungen*" zur GmbH auf.[278]

---

274 *Weipert/Oepen*, Rechtsformen für die gemeinsame Ausübung des Anwaltsberufes, S. 269; abrufbar unter: http://anwaltverein.de/downloads/Ratgeber/Rechtsformen.pdf (abgerufen am 30.12.2014). Zum Meinungsstand über den zulässigen Umfang dieses Regress-Verzichts vgl. hierzu Henssler, in: Henssler/Prütting, BRAO, § 59j BRAO Rn. 11.

275 Vgl. *Henssler*, in: Henssler/Streck, Hdb. des Sozietätsrechts, A Rn. 60.

276 *Henssler*, in: Henssler/Streck, Hdb. des Sozietätsrechts, A Rn. 60.

277 Zunächst durch das BayObLG vom 27.03.2000 – 3 ZBR 331/99, NJW 2000, 1647; später auch durch den BGH vom 10.01.2005 – AnwZ (B) 27 u. 28/03, NJW 2005, 1568.

278 BGH vom 10.01.2005 – AnwZ (B) 27 u. 28/03, NJW 2005, 1568, 1569. Der BGH entschied nur, dass eine Rechtsanwalts-AG unter gewissen Voraussetzungen einen Anspruch auf Zulassung hat. Ob auch eine Verpflichtung zur Zulassung besteht, entschied der BGH nicht. Das OLG Hamm entschied, dass es bei der Rechtsanwalts-AG mangels gesetzlicher Anordnung keine Zulassungspflicht gebe und daher anders als bei der GmbH auch reine Organisations-AGs zulässig seien (OLG Hamm vom 26.06.2006 – 15 W 213/05, NJW 2006, 3434). Solche nicht zugelassenen AGs sind nicht postulationsfähig und das Haftungsprivileg bezieht sich nur auf die außergerichtliche Tätigkeit (vgl. *Henssler*, in: Henssler/Streck, Hdb. des Sozietätsrechts, E Rn. 9). Da davon auszugehen ist, dass es solche reinen Organisations-AGs

b. Gründungsanforderungen

Die Gründungsanforderungen für eine Rechtsanwalts-AG richten sich zunächst nach dem Aktienrecht. Hiernach können ein oder mehrere Rechtsanwälte durch Gesellschaftsvertrag in Form einer notariell beurkundeten Satzung eine Rechtsanwalts-AG gründen (vgl. §§ 2, 23 AktG). Gem. § 7 AktG muss das Grundkapital 50.000 EUR betragen und entsprechende Aktien müssen durch die Gründer übernommen werden. Zudem muss die Bestellung eines Aufsichtsrats erfolgen, der den geschäftsführenden Vorstand wählt. Die Gesellschaft ist gem. § 36 AktG zur Eintragung ins Handelsregister anzumelden.[279]

c. Berufsrechtliche Voraussetzungen

Da es bis heute keine gesetzliche Regelung zur Rechtsanwalts-AG gibt, sind die genauen berufsrechtlichen Anforderungen noch ungeklärt.[280] Der BGH betonte lediglich die *„Anlehnung"* an die Regelungen zur GmbH.[281] Eine analoge Anwendung scheitert zum einen aufgrund des bewussten Regelungsverzichts des Gesetzgebers an einer planwidrigen Regelungslücke[282] und zum anderen daran, dass angesichts des Schutzes der AG durch Art. 12 GG nicht generell alle Regelungen zur Anwalts-GmbH analog auf die AG angewandt werden dürfen, sondern nur solche, welche die notwendigen Mindestanforderungen für eine anwaltliche Berufsausübung in Kapitalgesellschaften darstellen.[283]

Einigkeit besteht darin, dass die in der AG tätigen Rechtsanwälte weisungsfrei und eigenverantwortlich tätig sein müssen und das Gebot der aktiven Berufsausübung gilt. Ferner ist die Beteiligung der AG an anderen Berufsausübungszusammenschlüssen unzulässig, der Aktionärskreis ist auf die in der AG beruflich tätigen Rechtsanwälte bzw. Angehörige anderer sozietätsfähiger Berufe beschränkt.[284] Seit

---

nicht gibt (vgl. *Bayer/Hofmann*, AG 2009, R 81), beziehen sich die folgenden Ausführungen ausschließlich auf die zugelassene Rechtsanwalts-AG.

279 Vgl. ausführlich zu den umfangreichen formellen Vorgaben etwa *Krafka/Kühn*, in: Krafka/Kühn, Registerrecht, B Rn. 1271 f.

280 *Hensser*, in: Henssler/Prütting, BRAO, Vor § 59c BRAO Rn. 22; *ders.* in: Henssler/Streck, Hdb. des Sozietätsrechts, A Rn. 37.

281 BGH vom 10.01.2005 – AnwZ (B) 27 u. 28/03, NJW 2005, 1568, 1569.

282 OLG Hamm vom 26.06.2006 – 15 W 213/05, NJW 2006, 3434; OLG Nürnberg vom 10.06.2003 – 3 U 588/03, OLGR Nürnberg 2003, 298; *Kreße*, NJ 2013, 45, 47 (a.A. *Henssler*, in: Henssler/Streck, Hdb. des Sozietätsrechts, E Rn. 5; *Passarge*, Die AG als neue Rechtsform für anwaltliche Zusammenschlüsse, S. 69: lehnen Analogie nicht wegen bewusstem Regelungsverzicht ab).

283 *Henssler*, in: Henssler/Prütting, BRAO, Vor § 59c Rn. 23; *ders.*, in: Henssler/Streck, Hdb. des Sozietätsrechts, E Rn. 6.

284 *Brüggemann*, in: Feuerich/Weyland, BRAO, Vor §§ 59c ff. BRAO Rn. 9, 10; *Henssler*, in: Henssler/Prütting, BRAO, Vor § 59c BRAO Rn. 24; *ders.*, in: Henssler/Streck, Hdb. des Sozietätsrechts, E Rn. 10; *von der Recke*, in: Büchting/Heussen, Beck'sches Rechtsanwalts-Hdb., § 59 Rn. 120. Über die Verfassungsmäßigkeit der Begrenzung

das BVerfG die Mehrheitserfordernis des § 59e Abs. 2 Satz 1 BRAO und § 59f Abs. 1 Satz 1 BRAO für verfassungswidrig erklärt hat, soweit sie dem Zusammenschluss zwischen Rechts- und Patentanwälten im Wege stehen[285] und selbige Erwägungen auch für den Zusammenschluss mit den anderen sozietätsfähigen Berufen gilt, ist es nicht erforderlich, dass die Mehrheit der Aktien und Stimmrechte Rechtsanwälten zustehen muss.[286]

Die Geschäftsanteile in Form von Aktien sind an Angehörige der sozietätsfähigen Berufe frei übertragbar und eine notarielle Beurkundung ist in diesem Zusammenhang nicht notwendig.[287]

Bezüglich der Berufshaftpflichtversicherung wies der BGH in seiner o.g. Entscheidung lediglich darauf hin, dass eine *hinreichende* Berufshaftpflichtversicherung bestehen müsse und verwies hierzu auf §§ 59d Nr. 3, 59j BRAO. Unstreitig ist, dass die Versicherung gegenüber derjenigen des Einzelanwaltes erhöht sein muss; ob sie der Höhe nach derjenigen der Rechtsanwalts-GmbH entsprechen muss, ist streitig.[288]

d. *Haftungsverfassung*

Nach der allgemeinen aktienrechtlichen Regel haftet den Gläubigern der AG nur das Gesellschaftsvermögen (vgl. § 1 Abs. 1 Satz 2 AktG), so dass eine persönliche Haftung der Rechtsanwälte auch für berufshaftungsrechtliche Verbindlichkeiten nur in absoluten Ausnahmefällen (z.B. aufgrund einer Sachwalterhaftung oder eines Rechtsformmissbrauchs) in Betracht kommt.[289]

4. *Haftungsgefahren im Zusammenhang mit der Insolvenz der Gesellschaft*

Anders als die Geschäftsführer der GbR und PartG[290] sind die Geschäftsführer der GmbH bzw. Vorstandsmitglieder der AG gem. § 15a InsO verpflichtet, spätestens drei Wochen nach Eintritt der Zahlungsunfähigkeit oder Überschuldung einen Insolvenzantrag zu stellen. Kommen sie dieser Pflicht nicht nach, kann dies – neben

---

der sozietätsfähigen Berufe durch § 59a BRAO ist unter 1 BvL 6/13 ein Verfahren vor dem BVerfG anhängig (Vorlage durch BGH vom 16.05.2013 – II ZB 1/11, WM 2013, 1417).

285 BVerfG vom 14.01.2014 – 1 BvR 2998/11 und 1 BvR 236/12, NJW 2014, 613.

286 So etwa noch *Henssler*, in: Henssler/Prütting, BRAO, Vor § 59c BRAO Rn. 34. Vgl. zur Entscheidung des BVerfG bereits unter 1. Teil, A. II. 2. B. cc.

287 *Henssler*, in: Henssler/Prütting, BRAO, Vor § 59c BRAO Rn. 21, 35.

288 *Henssler*, in: Henssler/Prütting, BRAO, Vor § 59c BRAO Rn. 24; *Vollkommer/Greger/Heinemann*, Anwaltshaftungsrecht, § 22 Rn. 5; für einen dem § 59j BRAO entsprechenden Versicherungsschutz etwa: *von der Recke*, in: Büchting/Heussen, Beck'sches Rechtsanwalts-Hdb., § 59 Rn. 120; *Passarge*, NJW 2005, 1835, 1836 will 1 Mio. EUR ausreichen lassen ab.

289 *Vollkommer/Greger/Heinemann*, Anwaltshaftungsrecht, § 22 Rn. 5.

290 Diese haben gem. § 15 InsO lediglich das Recht zur Stellung eines Insolvenzantrags.

strafrechtlichen Konsequenzen aus § 15a Abs. 4 InsO – auch eine persönliche Schadensersatzpflicht gem. § 823 Abs. 2 BGB i.V.m. § 15a InsO nach sich ziehen.[291]

5. *Rechnungslegung und Publizitätsvorschriften*

Die Rechtsanwalts-Kapitalgesellschaft ist als Formkaufmann – unabhängig von ihrer tatsächlich nicht gewerblichen Tätigkeit – Handelsgesellschaft (vgl. § 13 Abs. 3 GmbHG, § 3 Abs. 1 AktG) und unterliegt daher den handelsrechtlichen Buchführungspflichten (vgl. § 238 HGB).[292] Auch sind GmbH und AG zur Aufstellung von Bilanzen und Jahresabschlüssen verpflichtet (vgl. §§ 242 f., 264 f. HGB i.V.m. §§ 42, 42a GmbHG bzw. §§ 150 f. AktG).

Der Jahresabschluss muss zudem auch gem. § 325 HGB im Bundesanzeiger bekannt gemacht werden und ist gem. § 8b Abs. 2 Nr. 4 HGB für jedermann im Unternehmensregister einsehbar.[293] Für kleine und mittelgroße Kapitalgesellschaften (vgl. § 267 HGB) gelten die Erleichterungen der §§ 274a, 326 HGB.

Die handelsrechtlichen Pflichten bedeuten für die anwaltlichen Kapitalgesellschaften zum einen buchhalterischen Mehraufwand und zum anderen, dass aufgrund der Publizitätspflichten die finanziellen Angelegenheiten der Gesellschaft der Öffentlichkeit zugänglich sind.

6. *Steuerliche Behandlung*

Die Rechtsanwalts-GmbH und -AG sind als Kapitalgesellschaften nicht steuertransparent, sondern die Gesellschaften selbst sind Steuersubjekte. Sie unterliegen als Kapitalgesellschaften der Körperschaftssteuer (vgl. § 1 Abs. 1 Nr. 1 KStG). Der Steuersatz beträgt gem. § 23 Abs. 1 KStG 15% des zu versteuernden Einkommens der GmbH, welches nach dem EStG ermittelt wird.[294] Anders als durch das abzugsfähige (angemessene) Geschäftsführer- oder Vorstandsgehalt, kann das Einkommen nicht durch Gewinnausschüttungen vermindert werden.[295]

Die Einkünfte der Gesellschaften unterliegen ferner der Gewerbesteuer, da Kapitalgesellschaften gem. § 2 Abs. 2 Satz 1 GewStG unabhängig vom Vorliegen einer tatsächlich nur freiberuflichen Tätigkeit der Gewerbesteuer unterliegen.[296] Anders als bei Personengesellschaften besteht eine Pflicht zur Aktivierung offener Forderungen, so dass Gewinne versteuert werden müssen bevor sie tatsächlich angefallen sind.[297]

---

291 Bei der AG trifft die Schadensersatzpflicht gem. § 93 Abs. 3 Nr. 6 AktG die Vorstandsmitglieder.

292 *Senf/Jerant*, in: Peres u.a., Sozietätsrecht, § 31 Rn. 7.

293 *Senf/Jerant*, in: Peres u.a., Sozietätsrecht, § 31 Rn. 8.

294 *Senf/Jerant*, in: Peres u.a., Sozietätsrecht, § 31 Rn. 13, 27.

295 Im Einzelnen hierzu: *Senft/Jeran*, in: Peres u.a., Sozietätsrecht, § 31 Rn. 14, 15.

296 *Senft/Jerant*, in: Peres u.a., Sozietätsrecht, § 31 Rn. 36.

297 *Henssler*, in: Henssler/Streck, Hdb. des Sozietätsrechts, A Rn. 75.

Die Gesellschaften unterliegen dem KStG und daneben unterliegen die ausgeschütteten Gewinne an die Gesellschafter der Einkommensteuer.[298] Um eine doppelte Besteuerung zu vermeiden, erfolgt die Besteuerung des Gesellschafters nach dem sog. Teileinkünfteverfahren nach dem 40% der kapitalgesellschaftlichen Einkünfte steuerfrei behandelt werden (vgl. § 3 Nr. 40 a) – i) EStG).[299]

7. Zwischenfazit zu anwaltlichen Kapitalgesellschaften

Die Gründung anwaltlicher Kapitalgesellschaften erfordert die Hinzuziehung eines Notars sowie die Aufbringung des Grund- bzw. Stammkapitals. Die Gründung einer AG ist aufgrund der mangelnden gesetzlichen Regelung ferner noch mit einigen Rechtsunsicherheiten verbunden.

Die anwaltlichen Kapitalgesellschaften sind mit finanziellem und organisatorischem Mehraufwand verbunden. Die Gesellschaften müssen neben der Kapitalaufbringung auch eine erhöhte Berufshaftpflichtversicherung unterhalten, sind körperschafts- und gewerbesteuerpflichtig und zur Einhaltung der handelsrechtlichen Buchführungs- und Veröffentlichungspflichten verpflichtet.

Teilweise ist der interdisziplinäre Zusammenschluss noch durch berufsrechtliche Mehrheitserfordernisse erschwert, die aber auf verfassungsrechtlichem Prüfstand stehen und teils bereits beseitigt wurden.

Die Haftung für berufshaftungsrechtliche und sonstiger Verbindlichkeiten der anwaltlichen Kapitalgesellschaften ist auf das Gesellschaftsvermögen beschränkt und die Gesellschafter daher vor einer persönlichen Inanspruchnahme umfassend geschützt. Mit der Haftungsbeschränkung auf das Gesellschaftsvermögen gehen aber die Insolvenzantragspflicht und damit zusammenhängende Haftungsgefahren einher.

B. Andere diskutierte Formen des Zusammenschlusses

I. Die KG und die GmbH & Co. KG

Die Rechtsprechung und die ganz überwiegenden Meinungen in der Literatur gehen davon aus, dass Rechtsanwälten die Kommanditgesellschaft (folgend: KG) als Berufsausübungsgemeinschaft *de lege lata* nicht zur Verfügung steht. Im Gegensatz zur GmbH und AG, die unabhängig vom konkreten Zweck der Gesellschaft kraft gesetzlicher Fiktion Handelsgesellschaften sind (vgl. § 13 Abs. 3 GmbHG, § 3 Abs. 1 AktG), setzt die KG als Gesellschaftszweck den Betrieb eines Handelsgewerbes voraus, vgl. § 161 HGB. Da Rechtsanwälte als Angehörige der freien Berufe gem. § 2 Abs. 2 BRAO kein Gewerbe ausüben, stehen ihnen die Personenhandelsgesellschaften nicht offen.[300]

---

298 *Senft/Jerant*, in: Peres u.a., § 31 Rn. 13, 28, 31.

299 *Henssler*, in: Henssler/Streck, Hdb. des Sozietätsrechts, A Rn. 67 (zu dem bis 2007 noch geltenden Halbeinkünfteverfahren), D Rn. 292.

300 *Henssler*, in: Henssler/Prütting, BRAO, Vor §§ 59c BRAO Rn. 43.

Anders als bei anderen freien Berufen wie den Steuerberatern und Wirtschaftsprüfern ist für Rechtsanwälte die KG auch nicht durch eine gesetzliche Sonderregelung (wie § 27 Abs. 2 WiPrO[301] oder § 49 Abs. 2 StBerG[302]) eröffnet.

1. *Mindermeinung pro Zulässigkeit der KG für Rechtsanwälte* de lege lata

Vereinzelte Stimmen in der Literatur halten die Rechtsanwalts-KG für *de lege lata* zulässig.[303]

Teils wird dieses Ergebnis über eine sehr weite Auslegung der *„Gesellschaft..., die nur eigenes Vermögen verwaltet"* in § 105 Abs. 2, 2. Alt. HGB erreicht. Anstelle der herkömmlichen Auslegung des *„nur"* i.S.v. *„ausschließlich"* versteht *Schmidt* unter den in § 105 Abs. 2, 2. Var. HGB genannten Gesellschaften alle Außengesellschaften, egal ob gewerblich oder *„nur eigenes Vermögen verwaltend"*.[304] Damit erfasse die Norm als Auffangnorm alle mit gesetzlich zulässigem Zweck gebildeten Personengesellschaften, die nicht schon unter § 105 Abs. 1 HGB fallen.[305]

Andere wollen die Zulässigkeit der Rechtsanwalts-KG dadurch erreichen, dass ihre Entstehung in einen zwei-schrittigen Prozess aufgespalten wird. In einem ersten Schritt soll von Rechtsanwälten eine KG zum Betrieb eines Handelsgewerbes gegründet werden. Dies sei möglich, wenn zum Gesellschaftszweck etwa die treuhänderische Tätigkeit von Rechtsanwälten, die nicht freiberuflicher Art ist, bestimmt werde. Die so gegründete KG könne neben der gewerblichen auch nichtgewerbliche Tätigkeiten ausüben. Als Treuhandgesellschaft könne diese Gesellschaft auch berufsrechtlich zugelassen werden.[306] Als Komplementär einer GmbH & Co. KG scheide eine Rechtsanwalts GmbH aufgrund von § 59c Abs. 2 BRAO (Verbot der Beteiligung von Rechtsanwaltsgesellschaften an anderen Berufsausübungsgesellschaften) zwar

---

301 § 27 Abs. 2 WiPrO: *Offene Handelsgesellschaften und Kommanditgesellschaften können als Wirtschaftsprüfungsgesellschaften anerkannt werden, wenn sie wegen ihrer Treuhandtätigkeit als Handelsgesellschaften in das Handelsregister eingetragen worden sind.*

302 § 49 Abs. 2 StBerG: *Offene Handelsgesellschaften und Kommanditgesellschaften können als Steuerberatungsgesellschaften anerkannt werden, wenn sie wegen ihrer Treuhandtätigkeit als Handelsgesellschaften in das Handelsregister eingetragen worden sind.*

303 Etwa *Schmidt*, DB 2009, 271 und DB 2011, 2477; *Leuering/Rubner*, NJW-Spezial 2010, 591.

304 *Schmidt*, DB 2009, 271 und DB 2011, 2477; ähnlich *Römermann*, AnwBlatt 2011, 97, 99 der wegen § 105 Abs. 2, 2. Var. HGB die gewerbliche Tätigkeit als Rechtsfolge der Qualifizierung als KG und nicht als deren Voraussetzung begreift.

305 *Schmidt*, in: MünchKomm-HGB, § 105 Rn. 58 f.

306 *Leuering/Rubner*, NJW-Spezial 2010, 591.

aus; mit einer Steuerberater-GmbH sei die Bildung einer Rechtsanwalts- und Steuerberater GmbH & Co. KG jedoch schon *de lege lata* möglich.[307]

Gegen den Ansatz *Schmidts* spricht, dass seine wie er selbst einräumt „*nicht gerade naheliegende*“[308] Auslegung zwar noch vom Wortlaut gedeckt sein mag, aber gegen den klar erkennbaren Willen des Gesetzgebers verstößt, der mit der Regelung des § 105 Abs. 2, 2. Var. HGB die Personenhandelsgesellschaften nicht für die freien Berufe öffnen wollte.[309]

Auch der Ansatz der Zweischrittigkeit überzeugt nicht, da die Einordnung einer Gesellschaft als Handelsgesellschaft voraussetzt, dass der prägende Schwerpunkt der Gesellschaftstätigkeit gewerblich ist.[310]

2. Ablehnung durch die Rechtsprechung

In der Praxis steht die KG und damit auch die GmbH & Co. KG Rechtsanwälten nicht zur Verfügung, da sie durch die höchstrichterlichen Rechtsprechung abgelehnt und von den Berufskammern nicht als Rechtsanwaltsgesellschaft anerkannt wird. Der Anwaltssenat des BGH hat letztmalig im Jahre 2011 entschieden, dass die GmbH & Co. KG Rechtsanwälten nicht offen steht.[311] Die Argumente, mit denen die Rechtsprechung in der Vergangenheit die Zulässigkeit der Rechtsanwalts-GmbH und Rechtsanwalts-AG begründete (Art. 12 GG, Art. 3 GG), können in diesem Falle nicht für eine Zulässigkeit der KG für Rechtsanwälte herangezogen werden.

Anders als bei der GmbH und der AG, die gesellschaftsrechtlich zu jedem beliebigen Zweck gegründet werden können, kann eine anwaltliche KG schon aus handels- und gesellschaftsrechtlichen Gründen nicht existieren. Wie auch der BGH erläutert, knüpft § 161 Abs. 1 HGB ebenso wie § 105 Abs. 1 HGB für die oHG an das Vorliegen eines Handelsgewerbes, d.h. i.S.d § 1 Abs. 2 HGB an einen Gewerbebetrieb an.[312] Ein Handelsgewerbe ist gem. § 2 Abs. 2 BRAO für Rechtsanwälte unmissverständlich nicht gegeben. Die weite Auslegung *Schmidt's* lehnt der BGH ab, indem er betont, dass eine KG *de lege lata* nicht zu nichtgewerblichen Zwecken gegründet werden könne. Eine solche KG unterliege daher auch nicht dem Schutz des Art. 12 GG. Ebenso wenig können sich einzelne Rechtsanwälte auf Art. 12 GG berufen, da dieser nicht die Freiheit des einzelnen schützte, sich zur Berufsausübung in jeder nur möglichen Gesellschaftsform zusammenzuschließen.[313]

---

307 *Leuering/Rubner*, NJW-Spezial 2010, 591, 592.

308 *Schmidt*, DB 2009, 271, 273.

309 Nach der Gesetzesbegründung zu § 105 Abs. 2 HGB sollten Vermögensverwaltungsgesellschaften wie Immobilienfonds, Objektgesellschaften, Besitzgesellschaften und Holding als Personenhandelsgesellschaften zugelassen werden können; BT-Drs. 13/8444, S. 39.

310 Vgl. BGH vom 18.07.2011 – AnwZ (Brfg) 18/10, NJW 2011, 3036, Rn. 9.

311 BGH vom 18.07.2011 – AnwZ (Brfg) 18/10, NJW 2011, 3036.

312 BGH vom 18.07.2011 – AnwZ (Brfg) 18/10, NJW 2011, 3036 Rn. 4, 5.

313 BGH vom 18.07.2011 – AnwZ (Brfg) 18/10, NJW 2011, 3036 Rn. 13–16.

Auch der Gleichheitssatz gebiete es nach dem BGH nicht, die Rechtsanwalts-KG zuzulassen, auch wenn Steuerberatern und Wirtschaftsprüfern die Personenhandelsgesellschaften gem. § 27 Abs. 2 WiPrO und § 49 Abs. 2 StBerG offen stehen und sie auch in der Form der GmbH & Co. KG zulässig sind (vgl. § 28 Abs. 1 Satz 2 WiPrO[314], § 50 Abs. 1 Satz 2 StBerG[315]). Obwohl der Beruf des Steuerberaters und des Wirtschaftsprüfers ebenso wie der des Rechtsanwaltes zu den freien Berufen gehört und ihre Tätigkeit kein Gewerbe ist (vgl. § 1 Abs. 2 Satz 2 WiPrO, § 32 Abs. 2 Satz 2 StBerG), ist der Gesellschaftszweck des Betriebes eines Handelsgewerbes für Wirtschaftsprüfer und Steuerberater nicht grundsätzlich ausgeschlossen. Anders als bei Rechtsanwälten existiere eine gesetzliche Öffnung für die Personenhandelsgesellschaften, wenn sie wegen ihrer Treuhandtätigkeit – einer gewerblichen Tätigkeit, die nach § 2 Abs. 3 Nr. 3 WiPrO oder § 57 Abs. 3 Nr. 3 StBerG mit dem jeweiligen Berufsbild vereinbar ist – ins Handelsregister eingetragen worden sind. Die Ansicht des Gesetzgebers, der Beruf des Rechtsanwaltes sei weniger gewerblich geprägt als die Berufe des Wirtschaftsprüfers und Steuerberaters, sei kein Verstoß gegen Art. 3 GG.[316]

II. Die KG für Steuerberater und Wirtschaftsprüfer

Obwohl § 27 Abs. 2 WiPrO bzw. § 49 Abs. 2 StBerG statuieren, dass Wirtschaftsprüfern und Steuerberatern die KG als Berufsausübungsgesellschaft zur Verfügung steht, herrschte bis vor kurzem Rechtsunsicherheit, inwiefern Wirtschaftsprüfer und Steuerberater die KG in der Praxis tatsächlich zur Berufsausübung nutzen können.

In der Literatur wurde ehemals vorherrschend vertreten, dass Steuerberatern und Wirtschaftsprüfern die KG *de lege lata* nur dann offenstehe, wenn sie überwiegend – und nicht nur in Randbereichen – gewerblich tätig sind. Nur dann könne die KG *„wegen ihrer Treuhandtätigkeit"* i.S.d. § 27 Abs. 2 WiPrO bzw. § 49 Abs. 2 StBerG ins Handelsregister eingetragen werden.[317] Dies entspringe den allgemeinen handelsrechtlichen Grundsätzen zur Maßgeblichkeit der schwerpunktmäßigen Tätigkeit bei der Einordnung von gemischten Betrieben.[318] Die berufsrechtlichen Regelungen der WiPrO und des StBerG änderten nichts an der handelsrechtlichen Beurteilung nach dem Schwerpunkt der Tätigkeit – sie modifizieren nicht die Voraussetzungen für

314 § 28 Abs. 1 S. 2 WiPrO: *Persönlich haftende Gesellschafter und Gesellschafterinnen können auch Wirtschaftsprüfungsgesellschaften oder in einem anderen Mitgliedstaat der Europäischen Union oder Vertragsstaat des Abkommens über den Europäischen Wirtschaftsraum zugelassene Prüfungsgesellschaften sein.*

315 § 50 Abs. 1 S. 2 WiPrO: *Persönlich haftender Gesellschafter kann auch eine Steuerberatungsgesellschaft sein, die die Voraussetzungen des § 50a erfüllt.*

316 BGH vom 18.07.2011 – AnwZ (Brfg) 18/10, NJW 2011, 3036 Rn. 19, 21, 24.

317 *Henssler*, NZG 2011, 1121, 1128; *Leitzen*, DNotZ 2013, 596; *Römermann*, GmbHR 2012, 64, 67; *Schüppen*, BB 2012, 873, 874; *Tersteegen*, NZG 2010, 651, 654; a.A.: *Arens*, DStR 2013, 1102 (Anm. zu OLG Dresden – 12 W 865/12); *Juretzek*, DStR 2013, 2792 (Anm. zu KG – 12 W 94/12).

318 *Henssler*, NZG 2011, 1121, 1128; *Tersteegen*, NZG 2010, 651.

die Anerkennung einer Handelsgesellschaft, sondern statuieren nur, dass sie berufsrechtlich zulässig ist.[319] Da in der Praxis eine schwerpunktmäßige Treuhandtätigkeit von Wirtschaftsprüfern und Steuerberatern die Ausnahme ist, stünde die KG diesen Berufsgruppen nach dieser Auffassung in der Regel nicht zur Verfügung.[320]

Soweit diese Frage bislang Gegenstand gerichtlicher Entscheidung gewesen ist, nahm auch die Rechtsprechung mit paralleler Argumentation eine überwiegende treuhänderische Tätigkeit als Voraussetzung für die Anerkennung einer Steuerberater oder Wirtschaftsprüfer KG an.[321]

Wäre eine überwiegende gewerbliche Tätigkeit zwingende Voraussetzung für eine KG, wären die nicht überwiegend gewerblich tätigen eingetragenen Wirtschaftsprüfer- und Steuerberater-KGs (dies wird der Großteil sein) gem. § 395 Abs. 1 FamFG von Amts wegen zu löschen.[322] Da den Gesellschaften die für PartG erforderliche konstitutive Eintragung ins Partnerschaftsregister fehlt, würde es sich bei den Gesellschaften faktisch um GbRs handeln mit der Folge der uneingeschränkten persönlichen Haftung der Gesellschafter aus § 128 HGB analog.[323] Dies würde für die Gesellschafter der vermeintlichen KG eine unerkannte Haftungsgefahr bedeuten.[324]

Diese Rechtsunsicherheit und Haftungsgefahr wurde durch eine Entscheidung des BGH beseitigt, der entschied, dass eine überwiegende Treuhandtätigkeit kein zwingendes Kriterium für die Zulässigkeit einer KG von Steuerberatern ist.[325] Der BGH bestätigt zwar im Grundsatz, dass eine gemischt tätige Personenhandelsgesellschaft nur eintragungsfähig ist, wenn die gewerbliche Tätigkeit überwiegt – machte jedoch für den Fall der Freiberufler-Personengesellschaft eine begründete Ausnahme. Aus der historischen Gesetzesauslegung leitete der BGH überzeugend ab, dass der Gesetzgeber die Personenhandelsgesellschaften für Wirtschaftsprüfer und Steuerberater öffnen wollte und sich dabei bewusst war, dass diese Größtenteils

319 *Tersteegen*, NZG 2010, 651, 652.

320 *Leitzen*, DNotZ 2013, 596; *Schüppen*, BB 2012, 873, 874.

321 Für die Eintragung einer KG OLG Dresden vom 6.12.2012 – 12 W 865/12, DStR 2013, 1102 (jedoch aufgehoben durch Beschluss des BGH vom II ZB 2/13); KG vom 27.09.2013 – 12 W 94/12, DStR 2013, 2792 (Ablehnung der Umwandlung einer GmbH & Co. KG in eine KG wegen überwiegender freiberuflicher Tätigkeit).

322 *Schüppen*, BB 2012, 873, 874; *Tersteegen*, NZG 2010, 651, 652.

323 *Henssler*, NZG 2011, 1121, 1128, 1129; *Römermann*, GmbHR 2012, 64, 67; *Tersteegen*, NZG 2010, 651, 652.

324 Aufgrund dieser früheren Rechtsunsicherheit hat die Wirtschaftsprüferkammer im Zusammenhang mit dem Gesetzgebungsverfahren zur PartG mbB eine Änderung des § 27 WiPrO dahingehend angeregt, dass klargestellt werden sollte, dass dieser der Regelung des § 105 HGB als lex specialis vorgehen solle (vgl. Stellungnahme der Wirtschaftsprüferkammer vom 15.03.2012 zum RefE des BMJ zur Einführung einer PartG mbB, S. 9). Diesem Vorschlag wurde vor allem mit Verweis auf die geplante PartG mbB nicht entsprochen, die auch für Wirtschaftsprüfer und Steuerberater eine Alternative zur PartG mbB darstellt (so auch *Ruppert*, DStR 2013, 1623, 1624).

325 BGH vom 15.07.2014 – II ZB 2/13, WM 2014, 1957.

nicht überwiegend treuhänderisch tätig sind.[326] Der BGH versteht daher § 27 WiPrO und § 49 Abs. 2 StBerG als dem § 105 Abs. 2 HGB vorgehende Spezialregelungen ohne, dass der allgemeine Grundsatz des Überwiegens der treuhänderischen Tätigkeit angewendet werden müsste.

Steuerberatern und Wirtschaftsprüfern steht danach auch bei schwerpunktmäßiger freiberuflicher Tätigkeit der Zusammenschluss zu einer KG offen.

C. Zusammenfassender Vergleich der Berufsausübungsgesellschaften

Angesichts der im Gesetzgebungsverfahren zur PartG mbB angenommenen „*Lücke im System des deutschen Gesellschaftsrechts*"[327], bietet sich eine vergleichende Betrachtung der vor Einführung der PartG mbB zur Verfügung stehenden Organisationsformen an.

I. Haftungsrechtlicher Vergleich

Ziel der eingeführten PartG mbB ist nach der Gesetzesbegründung insbesondere eine deutsche Alternative zur LLP zu schaffen.[328] Als Ursache für den „*Trend*" zur LLP macht die Gesetzesbegründung vor allem haftungsrechtliche Aspekte aus.[329] Aus diesem Grund werden die vor Einführung der PartG mbB zur Verfügung stehenden Zusammenschlussmöglichkeiten insbesondere in haftungsrechtlicher Hinsicht verglichen.

Die GmbH und die AG bieten als Kapitalgesellschaften mit gesetzlicher Haftungsbeschränkung auf das Gesellschaftsvermögen den Gesellschaftern den umfassendsten Schutz vor einer persönlichen Haftung.

Die GbR birgt mit der akzessorischen Haftung für alle Verbindlichkeiten der Gesellschaft die größten Risiken für die Gesellschafter – insbesondere auch für Fehler von (sogar berufsfremden) Mitgesellschaftern –, persönlich in Anspruch genommen zu werden (wenn und soweit die Berufshaftpflichtversicherung nicht greift). Auch wenn bei der GbR dem Gedanken des § 254 BGB entsprechend im Innenverhältnis der schadensverursachende Gesellschafter allein verantwortlich ist, ändert dies nichts daran, dass im Außenverhältnis zunächst einmal alle Gesellschafter das finanzielle Risiko einer Inanspruchnahme tragen. Die Möglichkeiten der Haftungsbeschränkung durch AGB oder Einzelvereinbarungen eignen sich aufgrund ihrer hohen Anforderungen in der Praxis nicht, einen umfassenden Haftungsschutz zu gewähren.

Einen sichereren Weg, nicht für fremdes Verschulden haften zu müssen, bietet dagegen die PartG mit der gesetzlichen Handelndenhaftung (§ 8 Abs. 2 PartGG), da diese die Gesamtschuld im Außenverhältnis gesetzlich ausschließt. Allerdings

326 BGH vom 15.07.2014 – II ZB 2/13, WM 2014, 1957, 1958 [14], [16].
327 Vgl. etwa *Seibert*, DB 2013, 1710.
328 RegE zum Gesetz zur Einführung einer PartG mbB, BT-Drs. 17/10487, S. 1.
329 RegE zum Gesetz zur Einführung einer PartG mbB, BT-Drs. 17/10487, S. 16.

gewährt diese Haftungsbeschränkung aufgrund der weiten Auslegung des „*Befasstseins*" durch die Rechtsprechung insbesondere in Kanzleien, in denen eine Vielzahl von Berufsträgern gemeinsam ein Mandat bearbeitet, nur eingeschränkt Schutz vor einer persönlichen Inanspruchnahme.

Bei beiden Gesellschaftsformen besteht aufgrund der begrenzten Nachhaftung gem. § 160 HGB analog für den austretenden und auch gem. § 130 HGB analog für den eintretenden Gesellschafter die Gefahr, für nicht selbst verursachte berufsrechtliche Verbindlichkeiten (bei der PartG mbB nur soweit ein Befassen vorliegt) durch vor dem Eintritt bzw. nach dem Austritt begangene Verbindlichkeiten haften zu müssen.[330]

Die Ursache dafür, dass die meisten anwaltlichen Zusammenschlüsse, trotz der durch wenig Mehraufwand erreichbaren vorteilhafteren Haftungsverfassung der PartG, in der GbR verbleiben, ist keine Folge einer bewussten Entscheidung gegen die PartG, sondern vielmehr Folge eines unreflektierten Verbleibens in der althergebrachten Zusammenschlussform.[331]

II. Steuerlicher Vergleich

Der Vergleich der steuerlichen Belastung bei den Kapital- und Personengesellschaften ergibt, dass für die einzelnen Gesellschafter die Besteuerung bei der steuerlich transparenten Personengesellschaft vorteilhafter ist.[332] Ob die steuerliche Mehrbelastung aufgrund der Körperschafts- und Gewerbesteuerpflicht den Vorteil der Haftungsbeschränkung auf das Gesellschaftsvermögen aufwiegt, ist eine individuelle Entscheidung.

III. Sonstiger Aufwand

1. *Gründungsaufwand*

Im Gegenzug für die Freistellung von der persönlichen Haftung müssen die Gesellschafter der Kapitalgesellschaften die Stammeinlage bzw. das Grundkapital aufbringen. Wobei diese Belastung angesichts der Möglichkeit der Unternehmergesellschaft (haftungsbeschränkt) nicht unumgänglich ist.[333]

---

330 Wenn man mit der h.M. davon ausgeht, dass berufshaftungsrechtliche Verbindlichkeiten bereits mit der Entstehung des Mandatsverhältnisses „*begründet*" i.S.d. § 160 HGB sind.

331 *Kilian*, AnwBlatt 2013, 13; *ders.* AnwBlatt 2012, 895, 897 mit Hinweisen auf eine entsprechende Studie des Soldan Instituts.

332 *Senf/Jerant*, in: Peres u.a., Sozietätsrecht, § 2 Rn. 6–9; *Schnittker/Leicht*, BB 2010, 2971, 2973 (zum gesamten steuerlichen Aspekt).

333 Vgl. zur Möglichkeit der Rechtsanwaltsgesellschaft UG (haftungsbeschränkt) *Bormann*, in: Gaier/Wolf/Göcken, Anwaltliches Berufsrecht, § 59c BRAO Rn. 4a; *Henssler*, in: Henssler/Streck, Hdb. des Sozietätsrechts, D Rn. 13.

Ferner ist für die GmbH und die AG ein notariell beurkundeter Gesellschaftsvertrag notwendig und auch bei dessen Änderung und der Änderung des Gesellschafterbestandes ist die Hinzuziehung eines Notares erforderlich.

2. *Versicherungspflicht der Gesellschaft*

Als weiterer kostenintensiver Aspekt des Ausgleiches für den Ausschluss der persönlichen Haftung muss die GmbH eine erhöhte Berufshaftpflichtversicherung mit einer Mindestversicherungssumme von 2,5 Mio. EUR unterhalten. Diese finanziellen Belastungen führen nach Einschätzung einiger dazu, dass die Kapitalgesellschaften für kleinere Zusammenschlüsse kaum attraktiv sind.[334]

Der Aspekt der Haftpflichtversicherung wird allerdings nur für solche Gesellschaften ins Gewicht fallen, die nicht ohnehin schon über eine höhere Haftpflichtversicherung verfügen. Eine Vielzahl der Rechtsanwälte die etwa im wirtschaftsrechtlichen Bereich mit hohen Streitwerten agieren, unterhält sowieso einen weit über die gesetzlichen Mindestanforderungen hinausgehenden Versicherungsschutz, so dass sich für diese die Versicherungspflicht der GmbH nicht als Mehrbelastung darstellt.[335]

IV. Eignung für interdisziplinäre Zusammenschlüsse

Für interdisziplinäre Zusammenschlüsse stellten Kapitalgesellschaften aufgrund der Mehrheitserfordernisse bislang nicht immer einen gangbaren Weg dar. Für Zusammenschlüsse von Patent- und Rechtsanwälten besteht allerdings aufgrund der o.g. Entscheidung des BVerfG kein diesbezüglicher Hinderungsgrund mehr.[336] Es ist ferner davon auszugehen, dass die Mehrheitserfordernisse auch für die anderen interdisziplinären Zusammenschlüsse nicht Bestand haben werden und die Kapitalgesellschaften ihren diesbezüglichen Nachteil gegenüber den Personengesellschaften verlieren werden.

V. Fazit

Da die KG und damit auch die GmbH & Co. KG Rechtsanwälten verwehrt sind, bot das deutsche Recht Rechtsanwälten vor Einführung der PartG mbB keine Zusammenschlussmöglichkeiten, die eine *„ideale Kombination aus personengesellschaftsrechtlichen Elementen und einer effizienten Haftungsbeschränkung“*[337] bieten.

334 So etwa *Henssler*, in: Henssler/Prütting, BRAO, Vor § 59c BRAO Rn. 10; *Kleine-Cosack*, BRAO, § 59j BRAO Rn. 4.

335 Kleinsozietäten mit 2–4 Gesellschaftern sind mit ca. 1,4 Mio. EUR versichert; mit 6–10 Gesellschafter mit ca. 2,05 Mio. EUR und mit über 11 Gesellschaftern mit 7,5 Mio. EUR; vgl. Pressemitteilung des Soldan Institutes vom 22.02.2012 unter: http://www.soldaninstitut.de/index.php?id=31&tx_ttnews[tt_news]=18&cHash=9502b1a80d41154ebbe418b83fd315f5 (abgerufen am: 30.12.2014).

336 BVerfG vom 14.01.2014 – 1 BvR 2998/11 und 1 BvR 236/12, NJW 2014, 613.

337 *Römermann/Praß*, NZG 2012, 601, 602.

Die zur Verfügung stehenden Zusammenschlüsse gewähren entweder eine umfassende Haftungsbeschränkung auf das Gesellschaftsvermögen, welches aber mit der Körperschaftssteuer- und Gewerbesteuerpflicht, aufwändigeren Gründung, erhöhten Versicherungspflicht und handelsrechtlichen Buchführungs- und Publizitätspflichten einhergeht oder aber die transparente Besteuerung einer Personengesellschaft, keine erhöhte Versicherungspflicht, keine Buchführungspflichten, dafür aber eben die akzessorische Haftung der Gesellschafter, die allenfalls bezüglich berufshaftungsrechtlicher Verbindlichkeiten auf den handelnden Partner beschränkt werden kann.

Forderte man eine transparent besteuerte Gesellschaftsform mit einer Haftungsbeschränkung auf das Gesellschaftsvermögen, bestand im deutschen Recht vor Einführung der PartG mbB eine Regelungslücke für Rechtsanwälte.

2. Teil: Die britische LLP als Berufsausübungsgesellschaft für deutsche Rechtsanwälte

Die PartG mbB wurde vor allem geschaffen, um deutschen Rechtsanwälten eine Alternative zur britischen LLP zu bieten. Der Gesetzgeber geht von einem „*Trend [...] zur LLP*“[338] aus, da die Praxis mit der LLP die Hoffnung verbinde eine Haftungsbeschränkung auf das Gesellschaftsvermögen in Kombination mit der steuerlichen Behandlung und weiterer vorteilhafter Aspekte einer Personengesellschaft zu erhalten.[339]

Die bislang durch deutsche Personengesellschaften in Form der Handelndenhaftung zu Verfügung stehende Haftungsbeschränkung wurde insbesondere für größere Sozietäten, in denen in Teams gearbeitet wird, als unzureichend eingestuft.[340]

Im Folgenden wird zunächst einleitend ein Einblick in das britische Gesellschaftsrecht gegeben und in aller Kürze entscheidende Gesichtspunkte der britische LLP erläutert. Im Anschluss an die Darstellung der generellen Zulässigkeit der Verlegung einer britischen LLP nach Deutschland, werden eingehend die Anforderungen und Rechtsfolgen einer in Deutschland tätigen LLP (zur Vereinfachung wird im Folgenden von einer „*deutschen*“ LLP gesprochen) dargestellt.

Abschließend erfolgt zur Herausarbeitung der Vor- und Nachteile der LLP gegenüber den vor Einführung der PartG mbB zur Verfügung stehenden anwaltlichen Berufsausübungsgemeinschaften ein vergleichender Überblick mit den im 1. Teil dargestellten Gesellschaftsformen.

A. Die britische Limited Liability Partnership

Die LLP wurde in England, Schottland und Wales durch den Limited Liability Partnership Act 2000 (folgend LLP Act 2000) als Gesellschaftsform eingeführt und steht seit dem 1.04.2001 nicht nur Freiberuflern als Organisationsform zur Verfügung. Vergleichbar mit den Beweggründen zur Einführung der PartG mbB in Deutschland, war ein Grund für die Einführung der LLP die Besorgnis des britischen Gesetzgebers, dass britische Freiberuflergesellschaften zunehmend in nicht britischen Gesellschaftsformen (insb. die LLP aus New Jersey und der Isle of Man) abwandern könnten.[341] Sie ist heute die in Großbritannien dominierende Gesellschaftsform für

---

338 RegE zum Gesetz zur Einführung einer PartG mbB, BT-Drs. 17/10487, S. 1, 16.

339 RegE zum Gesetz zur Einführung einer PartG mbB, BT-Drs. 17/10487, S. 16.

340 RegE zum Gesetz zur Einführung einer PartG mbB, BT-Drs. 17/10487, S. 1, 15.

341 Vgl. *Schnittker/Bank*, LLP in der Praxis, Rn. 30, 31; *Bank*, Die britische LLP, S. 45. Zu den verschiedenen Nachteilen der zuvor in Großbritannien zur Verfügung stehenden Gesellschaftsformen für Anwälte vgl.: *Bank*, Die britische LLP, 48, 49; *Schnittker*, Englische LLP, S. 14, 15.

Rechtsanwälte.[342] Bis zu diesem Zeitpunkt organisierten sich Rechtsanwälte in den meisten Fällen als *partnership*.[343]

I. Grundzüge des britischen Gesellschaftsrechts

Das britische Gesellschaftsrecht setzt sich aus zwei eigenständigen Rechtsfeldern, dem *company law* als Recht der Kapitalgesellschaften und dem *partnership law* als dem Recht der Personengesellschaften, zusammen. Sie werden als eigenständige Rechtsbereiche begriffen und nicht wie nach deutschem Verständnis als Teile des Gesamtgebietes Gesellschaftsrecht.[344]

1. Partnership Law

Unter den Personengesellschaften unterscheidet man zwischen *ordinary partnerships* und *limited partnerships.*

Erstere sind nicht rechtsfähig und besitzen keine Rechtspersönlichkeit.[345] Sie entstehen bereits ohne förmliche Voraussetzungen, wenn mehrere Personen beabsichtigen zur Gewinnerzielung gemeinsam ein Geschäft zu betreiben, vgl. sec. 1 (1) Partnership Act 1890.

Für Verbindlichkeiten der *ordinary partnerhip* haften neben dem Gesellschaftsvermögen auch die Gesellschafter unbeschränkt persönlich als Gesamtschuldner (*jointly and severally*), vgl. sec. 12 Partnership Act 1890.[346] Die *ordinary partnership* ähnelt in ihrer Haftungsverfassung damit der deutschen GbR bzw. oHG.

Bei der registerpflichtigen *limited partnership* haften nicht alle Gesellschafter, sondern nur – mindestens ein – *general partner* unbeschränkt. Die anderen Gesellschafter – die sog. *limited partner* – haften nur mit der von ihnen geleisteten Einlage, vgl. sec. 4 (2) Limited Partnership Act 1907.[347] Diese haftungsbeschränkten Gesellschafter sind von der Geschäftsführung und Vertretungsbefugnis für die Gesellschaft ausgeschlossen.[348] Die *limited partnership* ähnelt in ihrer Haftungsverfassung also der deutschen KG.[349]

2. Company Law

Anders als die deutsche GmbH und AG, deren gesetzlicher Rahmen jeweils durch spezielle Regelwerke, das GmbHG und das AktG, abgesteckt wird, geht man in

342 *Schnittker/Bank*, LLP in der Praxis, Rn. 271.
343 *Triebel/Otte/Kimpel*, BB 2005, 1233, 1234.
344 *Just*, Englisches Gesellschaftsrecht, S. 5.
345 Vgl. sec. 4 (1) Partnership Act 1890; *Schnittker/Bank*, LLP in der Praxis, Rn. 15.
346 *Schnittker/Bank*, LLP in der Praxis, Rn. 19; *Triebel/Otte/Kimpel*, BB 2005, 1233.
347 *Schnittker/Bank*, LLP in der Praxis, Rn. 20.
348 Vgl. sec. 6 (1) Limited Partnership Act (1907); *Bank*, Die britische LLP, S. 35.
349 *Bank*, Die britische LLP, S. 36.

Großbritannien vom Prinzip einer einheitlichen Körperschaft – der *company* – aus, welche gemeinsam im Companies Act 1985 und 2006[350] geregelt werden. Die verschiedenen britischen Kapitalgesellschaften sind nach diesem Verständnis nur verschiedene Ausprägungen derselben Kapitalgesellschaft.[351]

Die am weitesten verbreitete Form der Kapitalgesellschaft ist die *company limited by Shares (Ltd.)*[352] Sowohl bei der *private company limited by shares* als auch der *public company limited by shares* scheidet eine persönliche Haftung der Gesellschafter nach Erbringung ihrer Einlage aus, vgl. sec. 3 (1) Companies Act 2006 (folgend: CA 2006).

Die *public* und die *private company limited by shares* unterscheiden sich insbesondere dadurch, dass nur die Anteile der Ersteren zum börslichen Handel zugelassen sind und nur dieses eine Mindestkapital von 50.000 GBP aufweisen muss.[353] Sucht man ein deutsches Pendant, so ist in Bezug auf die Eignung zum öffentlichen Handel die *private Ltd.* mit der GmbH (angesichts des für die *private Ltd.* nicht erforderlichen Mindestkapitals in Form der UG[354]) und die AG mit der *public Ltd.* vergleichbar.

II. Gründungsvoraussetzungen

Die Gründung der LLP in England erfordert von Gesetzes wegen keinen schriftlichen Gesellschaftsvertrag[355], setzt aber die Errichtung einer Gründungsurkunde (sog. *incorporation document*) durch mindestens zwei Personen, die gemeinsam ein auf Gewinnerzielung ausgerichtetes Geschäft betreiben wollen, voraus, sec. 2 (1) (a) LLP Act 2000.[356] Eine Begrenzung auf eine bestimmte Anzahl von Gesellschaftern gibt es für die LLP nicht mehr.[357]

---

350 Der CA 2006 ersetzte in weiten Teile den CA 1985.

351 *Bank*, Die britische LLP, S. 36; *Just*, Die englische Ltd., Rn. 11.

352 Daneben gibt es noch die *companies limited by guarantee*, bei denen die Haftung nicht durch Anteile (*shares*) sondern durch eine garantierte Summe (*guarantee*) beschränkt wird; vgl. *Just*, Die englische Ltd., Rn. 12; eine *company* ohne Haftungsbeschränkung ist die *unlimited company*, vgl. sec. 3 (4) CA 2006.

353 *Bank*, Die britische LLP, S. 37; *Just*, Die englische Ltd., Rn. 11; *ders*, Englisches Gesellschaftsrecht, S. 6; *Schnittker/Bank*, LLP in der Praxis, Rn. 25.

354 Hintergrund der durch das MoMiG eingeführten UG (haftungsbeschränkt) war auch die Schaffung eines deutschen Konkurrenzmodells zur britischen Ltd., vgl. *Büsching*, in: Römermann, MünchHdb. GmbH-Recht, § 1 Rn. 40; *Rieder*, in: MünchKomm-GmbHG, § 5a GmbHG Rn. 1.

355 *Leicht*, BB 2010, Special 3, 14.

356 *Bank*, Die britische LLP, S. 59, 61. Gibt es später über einen Zeitraum von sechs Monaten nur einen Gesellschafter, so haftet dieser Alleingesellschafter persönlich neben der LLP für deren Verbindlichkeiten, vgl. sec. 4 (1), schedule 2 LLP Regulations 2001 i.V.m. sec. 24 CA 1985.

357 Seit 2002 besteht für keine Berufsgruppe mehr eine Regelung bezüglich der Höchstzahl von Gesellschaftern, vgl. hierzu: *Bank*, Die britische LLP, S. 47.

In der Gründungsurkunde sind die sog. *designated members* der Gesellschaft zu benennen[358], die insbesondere für die Wahrnehmung administrativer Aufgaben und die Einhaltung von Registerpflichten verantwortlich sind.[359]

Eine Ausfertigung der Gründungsurkunde und eine Konformitätserklärung (sog. *statement of compliance*), durch welche die Führung eines legalen Geschäfts und die Einhaltung der Gründungsvorschriften versichert werden, müssen an den *Registrar of Companies*[360] übermittelt werden.[361] Zudem ist eine Eintragungsgebühr in Höhe von 20 bzw. 50 GBP zu entrichten.[362]

Ein Mindest- oder Stammkapitel, wie es für deutsche Kapitalgesellschaften erforderlich ist, muss für die LLP nicht eingezahlt werden.[363] Vor dem Hintergrund, dass sich das Außenverhältnis der LLP grundsätzlich nach den Regeln der *companies* richtet, ist dies allerdings keine Besonderheit der LLP, da das britische Gesellschaftsrecht auch für die *private limited company by shares* kein Stammkapital als Ausgleich für den Ausschluss der persönlichen Haftung vorsieht.[364]

Nach den SRA Practice Framework Rules[365] müssen juristische Personen, die Rechtsanwälte für ihre Berufsausübung wählen, vom Rat der Law Society als *recognised body* anerkannt werden.[366] Die anwaltliche LLP muss als *recognised body* gemäß den Solicitors' Indemnity Insurance Rules 2012[367] auch eine Berufshaftpflichtversicherung abschließen, welche die LLP und auch deren Mitglieder abdeckt.[368]

Mit Eintragung der Gesellschaft in das *Companies Register* und der Aushändigung der Urkunde (*certificate*) über die Errichtung der LLP durch den *Registrar* entsteht die LLP als rechtsfähige Körperschaft, vgl. sec. 3 (1) (a), (b) LLP Act 2000.[369]

---

358 Sec. 2 (2) (f) LLP Act 2000; werden sie (mind. zwei) nicht benannt, muss erklärt werden, dass alle Mitglieder *designated members* sind.

359 *Kilian*, in: Henssler/Streck, Hdb. des Sozietätsrechts, G Rn. 84.

360 Eine dem Wirtschaftsministerium unterstellte Verwaltungsbehörde, die das Handelsregister führt – Companies House.

361 *Bank*, Die britische LLP, S. 59, 64.

362 *Schnittker/Bank*, LLP in der Praxis, Rn. 41; *Triebel/Otte/Kimpel*, BB 2005, 1233, 1234; *Bank*, BB 2010, Special 3, 4, 7.

363 *Kilian*, in: Henssler/Streck, Hdb. des Sozietätsrechts, G Rn. 86; *Bank*, BB 2010, Special 3, 4, 7.

364 *Schnittker*, Englische LLP, S. 44; ein solches ist nur für die *public limited company* vorgesehen.

365 Abrufbar unter: http://www.sra.org.uk/solicitors/handbook/practising/content.page (abgerufen am 30.12.2014).

366 Noch zur entsprechenden Regelung in den Solicitors' Incorporated Practice Rules 2005 noch *Bank*, Die britische LLP, S. 60 Fn. 143.

367 Abrufbar unter: http://www.sra.org.uk/solicitors/handbook/indemnityins/content.page (abgerufen am 30.12.2010) (zur Höhe der Versicherung vgl. dortigen Appendix 1).

368 *Bettinger*, Englische LLP, S. 52 (zur entsprechenden früheren Regelung in den Solicitors' Indemnity Insurance Rules 2005).

369 *Bank*, Die britische LLP, S. 59, 65; *Triebel/Otte/Kimpel*, BB 2005, 1233, 1234.

III. Innenverhältnis und Gesellschafterwechsel

Das Innenverhältnis der LLP ist gesetzlich kaum reguliert. Die Rechte und Pflichten der Mitglieder untereinander und gegenüber der Gesellschaft richten sich nach den Vereinbarungen, die die Mitglieder hierüber getroffen haben (vgl. sec. 5 (1) (a) LLP Act 2000), also dem Gesellschaftsvertrag (*agreement*).[370] Es stellt sich daher als sehr flexibel dar und kann individuell ausgestaltet werden.[371]

Die Vertragsfreiheit ist bezüglich der Ausgestaltung dieses *agreements* kaum durch zwingendes Recht eingeschränkt.[372] Soweit ein Gesellschaftsvertrag nicht existiert bzw. soweit dieser in einer bestimmten Fragestellung lückenhaft ist, richtet sich das Innenverhältnis gem. sec. 5 (1) (b) LLP Act 2000 nach den für diesen Fall erlassenen Regelungen der Limited Liability Partnership Regulations 2001.[373]

Ein neues Mitglied kann durch Vereinbarung mit den übrigen Mitgliedern aufgenommen werden. Fehlt es an einer abweichenden Regelung im *agreement*, ist nach den Auffangbestimmungen die Zustimmung aller Mitglieder erforderlich.[374] Das Ausscheiden ist durch Kündigung der Mitgliedschaft unter angemessener Fristsetzung möglich, soweit der Gesellschaftsvertrag keine abweichenden Regelungen enthält (vgl. sec. 4 (3) LLP Act 2000). Bei ausdrücklicher vertraglicher Vereinbarung ist gem. sec. 8 LLP Regulations 2001 auch der Ausschluss eines Mitgliedes durch Mehrheitsentscheidung möglich. Die Veränderung im Gesellschafterbestand muss gem. sec. 9 (1) (a) LLP Act 2000 binnen 14 Tagen beim *Registrar* angemeldet werden.

Die Geschäftsführungsbefugnis obliegt – bei Fehlen einer abweichenden Vereinbarung – jedem Gesellschafter (vgl. sec. 7 (3) LLP Regulations 2001).

Fehlt es an einer abweichenden Regelung im Gesellschaftsvertrag, sind die Gesellschafter zu gleichen Teilen am Vermögen und Gewinn der LLP beteiligt, sec. 7 (2) LLP Regulations 2001. Ebenso wenig wie ein Mindestkapital für die Gründung der LLP vorausgesetzt wird (vgl. Teil 2 A. II.), wird bei einer bestehenden LLP die Kapitalerhaltung reguliert. In der LLP können die Gesellschafter im weiten Umfang freie Vereinbarungen darüber treffen, wie das Gesellschaftskapital an sie ausgezahlt werden soll.[375]

---

370 *Schnittker*, Englische LLP, S. 58.

371 *Bettinger*, Englische LLP, S. 56, 57.

372 *Leicht*, BB 2010, Special 3, 14; zu den im Einzelnen zwingenden Regelungsgegenständen *Schnittker/Bank*, LLP in der Praxis, Rn. 78.

373 *Bank*, Die britische LLP, S. 77; *Triebel/Otte/Kimpel*, BB 2005, 1233, 1234. LLP Regulations 2001 abrufbar unter: http://www.legislation.gov.uk/uksi/2001/1090/contents/made (abgerufen am 30.12.2014).

374 Sec. 7 (5) LLP Regulation 2001; *Kilian*, in: Henssler/Streck, Hdb. des Sozietätsrechts, G Rn. 100.

375 *Schnittker*, Englische LLP, S. 44.

IV. Haftungsverfassung der LLP

1. *Vertragliche Haftung*

Die Vertragspartner schließen den Vertrag in aller Regel nur mit der LLP selbst und nicht mit ihren Gesellschaftern. Gemäß sec. 6 LLP Act 2000 ist grundsätzlich jeder Gesellschafter ein sog. *agent* der Gesellschaft, was bedeutet, dass er die organschaftliche Einzelvertretungsmacht hat.[376] Der vom Gesellschafter geschlossene Mandatsvertrag verpflichtet ohne ausdrückliche abweichende Regelung daher nicht den vertragsschließenden Gesellschafter, sondern ausschließlich die Gesellschaft vertraglich.[377]

Das rechtsgeschäftliche Handeln der einzelnen Rechtsanwälte, die den Vertrag durch ihre Tätigkeit erfüllen, wird der Gesellschaft nach den Grundsätzen der Stellvertretung (*agency)* zugerechnet, solange sich der *agent* im Rahmen seiner Vertretungsmacht bewegt.[378] Wird das Handeln zugerechnet, trifft die Haftung für fehlerhafte Beratungsleistung (sog. *negligent misstatement*) ausschließlich die Gesellschaft und nicht den tatsächlich handelnden Gesellschafter.[379] Grundsätzlich ist daher eine vertragliche Inanspruchnahme der Mitglieder neben der LLP als Vertragspartner ausgeschlossen.[380]

Eine persönliche vertragliche Haftung kommt lediglich in den Fällen in Betracht, in denen das Mitglied der LLP aufgrund besonderer Vereinbarung ausnahmsweise selbst Vertragspartei ist (Einzelmandat) oder in denen das Mitglied der LLP nicht offenlegt, für die LLP zu handeln (sog. verdeckte Stellvertretung).[381]

2. *Keine gesellschaftsrechtliche akzessorische Haftung der Gesellschafter*

Die Gesellschafter der LLP haften nicht akzessorisch für Verbindlichkeiten der Gesellschaft.[382] Eine dem § 128 HGB entsprechende Regelung ist dem Recht der LLP fremd.

Nur ausnahmsweise kann es aufgrund der sog. gesellschaftsrechtlichen Durchgriffshaftung (sog. „*lifting the corporate veil*") zur persönlichen Haftung der Gesellschafter

376 *Bank*, Die britische LLP, S. 95; *Kilian*, in: Henssler/Streck, Hdb. des Sozietätsrechts, G Rn. 104.

377 Vgl. *explanatory notes* zum LLP Act 2000 Nr. 15; *Schnittker/Bank*, LLP in der Praxis, Rn. 127.

378 *Bettinger*, Englische LLP, S. 58; *Schnittker*, Englische LLP, S. 41; zu Einzelheiten der agency vgl. *Bank*, in: Die britische LLP, S. 94, 95.

379 *Bank*, Die britische LLP, S. 107; *Bettinger*, Englische LLP, S. 58; *Schnittker/Bank*, LLP in der Praxis, Rn. 126, 127.

380 *Schnittker* spricht insoweit von einer „*haftungsbeschränkenden Wirkung*" der LLP, *Schnittker*, Englische LLP, S. 41.

381 *Schnittker/Bank*, LLP in der Praxis, Rn. 129; zu diesen Ausnahmefällen ausführlich: *Bank*, Die britische LLP, S. 107–109.

382 *Becker*, AnwBlatt 2011, 860; *Henssler/Mansel*, NJW 2007, 1393, 1394.

kommen. Diese für die *company* entwickelte Rechtsfigur zur ausnahmsweisen Begründung einer persönlichen Haftung, kann auch auf die LLP übertragen werden, da diese in ihrer außenrechtlichen Struktur einer *company* nahe kommt.[383] Die Durchgriffshaftung ermöglicht aus Gründen der materiellen Gerechtigkeit in Ausnahmefällen einen Durchgriff auf die Gesellschafter einer Gesellschaft mit eigener Rechtspersönlichkeit.[384] Hieran werden jedoch von den englischen Gerichten so hohe Anforderungen gestellt, dass diese Rechtsfigur des Haftungsdurchgriffs in der Praxis kaum eine Rolle spielt[385] und daher auch für die Gesellschafter einer LLP kaum eine reale Haftungsgefahr darstellt.[386]

3. *Deliktsrechtliche Haftung*

Für den in einer britischen LLP tätigen Anwalt kommt, unabhängig von seiner Stellung als Gesellschafter der LLP oder angestellter Anwalt – eine persönliche Haftung für Berufsfehler in Form der deliktische Haftung aus dem sog. *tort of negligence* in Betracht.[387]

a. Haftung aus tort of negligence

Eine Haftung für anwaltliche Beratungsfehler kommt in Betracht, wenn hierdurch der deliktische Tatbestand des sog. *tort of negligence* erfüllt ist. Das britische Recht erkennt bei Schäden wegen fehlerhafter Auskunft oder Beratungsleistung eine deliktische Haftung auch für reine Vermögensschäden (*pure economic loss*) an.[388] Voraussetzung hierfür ist, dass bei der Übernahme einer persönlichen Leistungsverantwortung eine besondere persönliche Sorgfaltspflicht (*duty of care*) verletzt wurden und diese Verletzung (*breach*) in einem kausalen Schaden (*damage*) resultiert.[389]

aa. Sorgfaltspflicht (*duty of care*)

Bei der Erbringung von Dienstleistungen wird eine *duty of care* insbesondere bejaht, wenn eine besondere Verantwortung für die Vertragsdurchführung übernommen

---

383 *Bank*, Die britische LLP, S. 144; *Bettinger*, Englische LLP, S. 190; *Schnittker*, Englische LLP, S. 51.

384 *Schnittker/Bank*, LLP in der Praxis, Rn. 143.

385 *Schnittker/Bank*, LLP in der Praxis, Rn. 143; *Triebel/Otte/Kimpel*, BB 2005, 1233, 1236.

386 *Bettinger*, Englische LLP, S. 190; *Schnittker/Bank*, LLP in der Praxis, Rn. 143. Ein solcher Durchgriff wird allenfalls angenommen, wenn die Gesellschaft als Vehikel betrügerisch missbraucht wird um unrechtmäßige Ziele zu erreichen (vgl. *Bettinger*, Englische LLP S. 47; *Kilian*, in: Henssler/Streck, Hdb. des Sozietätsrechts, G Rn. 107; *Schnittker/Bank*, LLP in der Praxis, Rn. 143, 144; *Spahlinger/Wege*, in: Spahlinger/Wegen, Internat. Gesellschaftsrecht, E Rn. 1342).

387 Hierauf verweisend auch die *explanatory notes* zum LLP Act 2000 Nr. 15.

388 *Bank*, Die britische LLP, S. 100, 110; *Bettinger*, Englische LLP, S. 64; *Schnittker/Bank*, LLP in der Praxis, Rn. 133; *Schnittker*, Englische LLP, S. 53.

389 *Schnittker/Bank*, LLP in der Praxis, Rn. 133; *Henssler/Mansel*, NJW 2007, 1393, 1394.

wurde (*assumption of personal responsibility*) und der Vertragspartner sich hierauf berechtigterweise verlassen hat (*reasonable reliance on assumption*).[390]

Für die Haftung von *company directors* einer *limited* hat die Rechtsprechung entschieden, dass die Übernahme einer besonderen Verantwortung (*assumption of responsibility*) aufgrund der eigenständigen Rechtspersönlichkeit der *company* nur angenommen werden kann, wenn besondere objektive Anhaltspunkte darauf hinweisen.[391] Die *directors* treten erkennbar als Vertreter der Gesellschaft als eigenständiger Rechtspersönlichkeit auf und bringen schon durch ihre Rechtsformwahl zum Ausdruck, dass sie nicht gewillt sind, persönlich Verantwortung zu übernehmen.[392] Das Trennungsprinzip der juristischen Person, die sog. *salomon doctrine*[393], welche die eigenständige Rechtspersönlichkeit von Gesellschaften gegenüber den Gesellschaftern betont, soll nicht dadurch umgangen werden können, dass eine persönliche Haftung der Gesellschafter über eine vorschnelle Bejahung einer persönlichen Verantwortungsübernahme der Gesellschafter angenommen wird.[394]

Diese Grundsätze zur Feststellung einer *duty of care* und persönlichen Haftung von *company directors* einer *limited*[395] lassen sich auch auf die LLP übertragen, da diese im Außenverhältnis einer *company* gleicht.[396] Auch die Erläuterungen zum LLP Act 2000 (*explanatory notes*[397]) verweisen für die deliktische Haftung des LLP Gesellschafters auf die besondere Bedeutung der *assumption of responsibility*.[398]

---

390 Ausführlich: *Bank*, Die britische LLP, S. 110–140; *Bettinger*, Englische LLP, S. 80, 82. Vgl. auch *Harvey/Cooke*, P.N. 2006, 22(2), 106, 107; *Henssler/Mansel*, in: FS Horn, S. 403, 407; *Kilian*, in: Henssler/Streck, Hdb. des Sozietätsrechts, G Rn. 109; *Schnittker/Bank*, LLP in der Praxis, Rn. 135; *Schnittker*, Englische LLP, S. 53; *Triebel/Otte/Kimpel*, BB 2005, 1233, 1235.

391 Williams v Natural Life Health Foods Ltd [1998] 1 W.L.R 830 *Bank*, Die britische LLP, S. 122; *Schnittker*, Englische LLP, S. 56; *Schnittker/Bank*, LLP in der Praxis, Rn. 136.

392 *Schnittker/Bank*, LLP in der Praxis, Rn. 136.

393 Geht zurück auf Salomon v Salomon & Co [1897] A.C. 22.

394 Williams v Natural Life Health Food Ltd [1998] 1 W.L.R. 830, 835 B-C (Lord Steyn); *Bank*, Die britische LLP, S. 120.

395 Hedley Byrne and Co Ltd v Heller & Partner Ltd [1964] A.C. 465, Williams v Natural Life Health Foods Ltd [1998] 1 W.L.R. 830.

396 *Bank*, Britische LLP, S. 104; *Bettinger*, Englische LLP, S. 80; *Schnittker/Bank*, LLP in der Praxis, Rn. 134.

397 *Explanatory notes* sind Erläuterungen zu Gesetzesentwürfen.

398 Nr. 16 lautet: *„Should the courts consider the case of a negligent member of an LLP whose conduct has resulted in economic loss for his client, the courts' decision cannot be forecast with certainty. But, recent case law suggests that in deciding whether such a member was potentially liable to a client, the courts would have regard to various factors including whether the member of the LLP assumed personal responsibility for the advice, whether the client relied on the assumption of responsibility and whether such reliance was reasonable."*

Folglich sind grundsätzlich auch bei der LLP besondere Anhaltspunkte erforderlich, um vom Vorliegen einer persönlichen Verantwortungsübernahme auszugehen.[399]

bb. Anforderungen an die duty of care bei Freiberuflern (*professions*)

Bei der Beurteilung der Frage, wann von einer besonderen Verantwortungsübernahme auszugehen ist, spielt es eine große Rolle, ob es sich um einen anwaltlichen Gesellschafter handelt. Das Verhältnis zwischen Anwalt und Mandant ist nach traditionellem britischem Verständnis per se von ganz besonderem gegenseitigem Vertrauen geprägt.[400] Allein aufgrund seiner besonderen Qualifikation und Fähigkeiten nimmt er das Vertrauen des Mandanten in besonderem Maße für sich in Anspruch.[401] Demnach liegt es nahe, die Anforderungen an die besondere Verantwortungsübernahme bei einer anwaltlichen LLP anders zu beurteilen als bei einer sonstigen.

Es liegt noch keine britische Rechtsprechung zu der Frage vor, ob aufgrund des besonderen Vertrauens bei einem in einer LLP tätigen Rechtsanwalt grundsätzlich – auch ohne das Vorliegen besonderer Anhaltspunkte – von der Übernahme besonderen Verantwortung ausgegangen werden kann. Eine jüngere Entscheidung einer anderen Common Law Jurisdiktion legt ein solches Verständnis aber nahe.[402]

Die Literatur geht einhellig davon aus, dass allein die Rechtsformwahl der LLP die Übernahme besonderer Verantwortung durch den anwaltlichen Gesellschafter nicht ausschließt, sondern aufgrund des traditionellen britischen Verständnisses der freien Berufe auch bei Anwälten, die in einer LLP tätig sind, grundsätzlich von der Übernahme einer solchen besonderen Verantwortung und damit grundsätzlich von einer persönlichen Haftung für berufliches Fehlverhalten auszugehen ist.[403] Anderes kann nur gelten, wenn die in der LLP tätigen Personen durch besondere Erklärungen

---

399 *Bank*, Die britische LLP, S. 121, 125, 129; *Schnittker/Bank*, LLP in der Praxis, Rn. 136; *Schnittker*, Englische LLP, S. 56.

400 Bristol and West Building Society v Mothew [1997] 2 W.L.R. 436: „*a relationship of personal trust and confidence*"; *Whittaker*, J.B.L. 2002, Nov 601, 607: „*close and reliant relationship*".

401 *Bank*, Die britische LLP, S. 130, 131; *Schnittker/Bank*, LLP in der Praxis, Rn. 137; *Henssler/Mansel*, in: FS Horn, S. 403, 407.

402 Eine jüngere Entscheidung aus Hong Kong geht von einer grundsätzlichen persönlichen Verantwortungsübernahme durch einen anwaltlichen Gesellschafter einer LLP aus, Yazhou Travel Investment Co Ltd v Bateson Starr [2005] P.N.L.R. 31, 571, 584 („*I venture to suggest that in most cases, simply because of the personal nature of the solicitor-client relationsship, there will be such a special relationship. The solicitor deals directly with the client, takes instructions from him and gives advice. The client sees the solicitor as 'my solicitor' and relies on him as such, whether he is a partner or an employee....*").

403 So einhellig: *Bank*, Die britische LLP, S. 133; *Bettinger*, Englische LLP, S. 95, 98; *Schnittker/Bank*, LLP in der Praxis, Rn. 139; *Schnittker*, Englische LLP, S. 56; *Becker*, AnwBlatt 2011, 860; *Henssler/Mansel*, in: FS Horn, S. 403, 407; *Mather*, JIBFL November 2010, 587, 588; Stellungnahme der AFP Consulting, (2004) LS Gaz, 4 Jun, 37 (2).

oder Verhaltensweisen zum Ausdruck bringen, dass sie kein persönliches Vertrauen in Anspruch nehmen wollen.[404]

Bei einem in einer LLP tätigen Anwalt ist daher aufgrund des traditionellen Verständnisses der freien Berufe allein aufgrund der Berufsträgereigenschaft des Anwaltes trotz der eigenständigen Rechtspersönlichkeit der LLP von einer Sorgfaltspflicht i.S.d. *duty of care* auszugehen ohne zusätzliche objektive Anhaltspunkte zu fordern.[405] Auch der Entwurf der *explanatory notes* zum LLP Act[406] (der sich noch auf die LLP als ausschließlich für Freiberufler zur Verfügung stehende Gesellschaft bezog) geht davon aus, dass grundsätzlich eine persönliche Haftung für Beratungsfehler aufgrund des besonderen persönlichen Vertrauens besteht.[407] Dass die Rechtsform der LLP in der endgültigen Gesetzesfassung dann auch für Gewerbetreibende geöffnet wurde, indiziert nicht, dass sich an der Beurteilung persönlicher Verantwortungsübernahme durch Freiberufler etwas ändern sollte.[408]

b. Haftung der LLP neben dem deliktisch haftenden Gesellschafter

Neben die nach den obigen Grundsätzen bestehende persönliche Haftung tritt die Haftung der LLP, wenn die haftungsbegründende Handlung in Ausübung der Tätigkeit für die LLP geschah und ihr so zugerechnet wird. Die LLP haftetet in diesem Falle im selben Umfang wie der Gesellschafter, vgl. sec. 6 (4) LLP Act 2000. Es haftet also das Gesellschaftsvermögen der LLP akzessorisch; die übrigen Gesellschafter haften jedoch nicht persönlich.[409]

c. Zwischenfazit zur deliktischen Haftung

Der in einer LLP tätige Anwalt haftet grundsätzlich für fehlerhafte Berufsausübung persönlich aus *tort of negligence*, wenn er aufgrund seiner beruflichen Stellung besonderes persönliches Vertrauen für sich in Anspruch nimmt. Neben ihm haftet

---

404 Zu entsprechenden Haftungsvermeidungsstrategien vgl. *Harvey/Cooke*, P.N. 2006, 22(2), 106, 115, 116; *Mather*, JIBFL November 2010, 587, 588; *Schnittker/Bank*, Die LLP in der Praxis, Rn. 141.

405 *Bank*, Die britische LLP, S. 132; *Henssler*, in: FS Busse, S. 128, 130; *Henssler/Mansel*, in: FS Horn, S. 403, 408.

406 Abrufbar unter: http://www.publications.parliament.uk/pa/ld199900/ldbills/006/en/00006x--.htm (abgerufen am 30.12.2014).

407 In Ziffer 10 heißt es:„*...Its members benefit from limited liability because the LLP is a separate legal person. The LLP and not its members will be liable to third parties. However, a negligent member's personal assets will still be at risk. By way of example, under the general law, a professional person owes a duty of care to his client. Negligent advice given in breach of that duty by a member of an LLP will, in general, give rise to a potential liability on the part of that member as well as the LLP.*"

408 Im Ergebnis auch *Schnittker/Bank*, LLP in der Praxis, Rn. 137; *Henssler*, in: FS Busse, S. 128, 130.

409 *Henssler/Mansel*, in: FS Horn, S. 403, 405; *Kilian*, NZG 2000, 1008, 1013; *Triebel/Otte/Kimpel*, BB 2005, 1233, 1235.

auch das Vermögen der LLP. Eine persönliche Haftung der übrigen Gesellschafter besteht hingegen nicht.

4. *Haftung im Zusammenhang mit der Insolvenz der Gesellschaft*

Auch bei einer Insolvenz der LLP bestehen nach britischem Recht gewisse Gefahren der persönlichen Haftung für die geschäftsführenden Gesellschafter.[410]

Wusste etwa der geschäftsführende Gesellschafter oder hätte er wissen können, dass eine Insolvenz der Gesellschaft nicht mehr abzuwenden sein wird (sog. *wrongful trading*) und kommt es zu einer Liquidation, haftet dieser Gesellschafter der Insolvenzmasse auf Schadensersatz.[411]

Eine Pflicht zur Stellung eines Insolvenzantrages gibt es im britischen Recht nicht.[412] Daher ist die britische Haftung anders als die deutsche Insolvenzverschleppungshaftung (vgl. Teil 1 C. I. 4.) nicht an eine Frist gebunden und kann demnach schon sehr viel früher einsetzen.[413]

Die praktische Relevanz dieser Haftung wegen *wrongful trading* wird nicht einheitlich beurteilt und teils aufgrund der Entlastungsmöglichkeit, alles zur Vermeidung von Gläubigerbenachteiligung Erforderliche getan zu haben, als gering angesehen[414], teils als nicht zu unterschätzen bezeichnet.[415]

Ferner kommt eine persönliche Haftung der Gesellschafter wegen Entnahmen trotz ausreichender Anhaltspunkte für eine Insolvenz bzw. der zur Insolvenz führende Vermögensentzug (sog. *withdrawals*) in Betracht.[416] Auch wer angesichts der Insolvenz bewusst entgegen den Gläubigerinteressen handelt, kann sich schadensersatzpflichtig machen.[417] Aufgrund der erforderlichen betrügerischen Absicht greift auch dieser Tatbestand in der Praxis jedoch äußerst selten ein.[418]

---

410 In aller Ausführlichkeit zu den insolvenzrechtlichen Haftungsgefahren nach britischem Recht vgl. *Bank*, Die britische LLP, ab S. 158.

411 Sec. 214 (1) Insolvency Act i.V.m. Schedule 3 LLP Regulations 2001; hierzu auch *Schnittker*, Englische LLP, S. 46 auch hinweisend auf die Möglichkeit der persönlichen Haftung aufgrund einer im Gesellschaftsvertrag vereinbarten Nachschusspflicht.

412 *Servatius*, in: Henssler/Strohn, Gesellschaftsrecht, Internationales Gesellschaftsrecht Rn. 177.

413 *Schlegel*, in: MünchKomm-InsO, Anhang Länderberichte, England und Wales 6. 2 Rn. 38.

414 *Schlegel*, in: MünchKomm-InsO, Anhang Länderberichte, England und Wales 6. 2 Rn. 38.

415 *Triebel/Otte/Kimpel*, BB 2005, 1233, 1237.

416 Sec. 241A Insolvency Act i.V.m. Schedule 3 LLP Regulations 2001; *Schnittker*, Englische LLP, S. 46, 47; *Triebel/Otte/Kimpel*, BB 2005, 1233, 1237.

417 Sec. 213 Insolvency Act i.V.m. Schedule 3 LLP Regulations 2001.

418 *Schnittker/Bank*, LLP in der Praxis, Rn. 154; *Triebel/Otte/Kimpel*, BB 2005, 1233, 1237.

5. *Zwischenfazit zur Haftungsverfassung*

Der anwaltliche Gesellschafter der LLP haftet grundsätzlich persönlich aus Deliktsrecht (*tort of negligence*) für mindestens fahrlässiges berufliches Fehlverhalten. Kann das Verhalten der Gesellschaft zugerechnet werden, haftet neben dem fehlerhaft handelnden Gesellschafter das Vermögen der LLP, nicht aber die übrigen Gesellschafter persönlich.

Im Ergebnis ähnelt diese Haftungsverfassung damit derjenigen der einfachen PartG. Auch bei dieser haftet der tatsächlich handelnde Gesellschafter persönlich gem. § 8 Abs. 2 PartGG neben der PartG (vgl. Teil 1 C. I. 2. e. bb.).[419] Im Unterschied zur Handelndenhaftung des § 8 Abs. 2 PartGG, die unabhängig von einem konkreten Verursachungsbeitrag oder einem Verschulden schon ein *„Befassen"* mit dem Mandat für eine persönliche Haftung ausreichen lässt, verlangt die britische Haftung aus *tort of negligence* jedoch eine eigene Schadensersatz auslösende Pflichtverletzung des die Sorgfaltspflicht treffenden Berufsträgers.[420]

V. Publizitäts-, Buchführungs- und Bilanzierungspflichten

Das britische Recht bestimmt für die LLP weitgehende Publizitäts- und Offenlegungspflichten.

Die Publizitätspflichten (*financial disclosure requirements*) der LLP entsprechen denen der *company*.[421] Die LLP muss tagesaktuelle Bücher über Ein- und Ausgaben (*accounting records*) führen und zum Ende eines jeden Geschäftsjahres einen Jahresabschluss (*annual account*) aufstellen,[422] der eine Bilanz und eine Gewinn- und Verlustrechnung nebst dazugehörigen Anmerkungen enthalten muss. Hieran schließt sich grundsätzlich zwingend eine Abschlussprüfung (*audit*) durch einen oder mehrere Abschlussprüfer an.[423]

Der Jahresabschluss (Bilanz, Gewinn- und Verlustrechnung, Anmerkungen) muss dem *Registrar* beim *Companies House* binnen einer Frist von zehn Monaten nach Ende des Geschäftsjahres von den *designated members* der LLP übermittelt werden.[424]

---

419 *Becker*, AnwBlatt 2011, 860.

420 *Henssler/Mansel*, in: FS Horn, S. 403, 408; diese kann jedoch auch in einer fehlerhaften Überwachung desjenigen liegen, an den die Aufgabenerfüllung delegiert wurde, vgl. *Bank*, Die britische LLP, S. 136.

421 *Schnittker/Bank*, LLP in der Praxis, Rn. 261; *Schnittker*, Englische LLP, S. 67; *Triebel/Otte/Kimpel*, BB 2005, 1233, 1238.

422 Wie umfangreich dieser Jahresabschluss zu sein hat, richtet sich nach der Größe der LLP, vgl. hierzu im Detail *Bank*, Die britische LLP, S. 251, 252.

423 Ausnahmen gelten hier für kleine „LLPs" vgl. sec. 382 CA 2006 gelten Erleichterungen vgl. sec. 477 CA 2006, vgl. *Bank*, Die britische LLP, S. 252 (zu den ähnlichen Regelungen im CA 1985).

424 *Schnittker/Bank*, LLP in der Praxis, Rn. 270.

Diese Dokumente sind uneingeschränkt der Öffentlichkeit zugänglich, da jedermann Einsicht verlangen kann.[425]

Bei Einführung der LLP wurde befürchtet, dass diese Offenlegungs- und Rechnungslegungsvorschriften Freiberufler von der Wahl einer LLP als Organisationsform abhalten würde.[426] Schließlich wurde in den Offenlegungs- und Publizitätspflichten der *company* eine wesentliche Ursache für deren mangelnde Beliebtheit gesehen. Diese Befürchtung hat sich mithin nicht als zutreffend erwiesen. Zahlenmäßig überholte die LLP unter zusammengeschlossenen Freiberuflern in Großbritannien bereits wenige Jahre nach der Einführung der LLP die sonst traditionell von Freiberuflern gewählte Gesellschaftsform der *partnership*.[427]

Pflichtverletzungen im Bereich der Publizitäts- und Rechnungslegungsvorschriften können im Extremfall zur Löschung der Gesellschaft führen und für die Gesellschafter strafrechtliche Konsequenzen haben.[428]

VI. Einordnung der LLP ins System des britischen Gesellschaftsrechts

Betrachtet man nur die Bezeichnung als „*partnership*", gehört die LLP im System des britischen Gesellschaftsrechts zu den Personengesellschaften (*partnership*) und nicht zu den Kapitalgesellschaften (*company*).[429]

Mit Blick auf die inhaltliche Ausgestaltung und die gesetzliche Regelungssystematik ist jedoch eine eindeutige Zuordnung der LLP als Personen- oder als Kapitalgesellschaft nicht ohne weiteres möglich.

Einerseits ist die LLP als juristische Person ausgestaltet, vgl. sec. 1 (2) LLP Act 2000 („*A limited liability partnership is a body corporate...*"), die unbeschränkt rechtsfähig und in ihrem Bestand unabhängig von einem Mitgliederwechsel ist.[430] Zudem haften für Verbindlichkeiten der Gesellschaft allein das Gesellschaftsvermögen und nicht die Gesellschafter persönlich.[431] Dies sind für eine *company* typische Merkmale.[432]

---

425 Vgl. sec. 1085 CA 2006; vgl. zum früheren sec. 709 CA 1985: *Bank*, Die britische LLP, S. 254.

426 *Schnittker/Bank*, LLP in der Praxis, Rn. 271.

427 *Schnittker/Bank*, LLP in der Praxis, Rn. 271.

428 *Schnittker/Bank*, LLP in der Praxis, Rn. 260; vgl. auch das *guidance book* der britischen Registerbehörde Kapitel 2, abrufbar unter: http://companieshouse.gov.uk/about/gbhtml/gpllp3.shtml#ch2 (abgerufen am 30.12.2014).

429 Zum separaten Verständnis dieser beiden Rechtsgebiete nach britischem Recht vgl. Teil 2 A. I.

430 *Weller/Kienle*, DStR 2005, 1060, 1063; vgl. *explanatory notes* zum Limited Liability Partnership Act 2000, Nr. 13 *"will continue in existence in spite of any change in membership"*.

431 Die bejahte persönliche Haftung aus *tort* ist eine Haftung des Gesellschafters selbst für eigenes Verschulden und keine Haftung für die Verbindlichkeiten der Gesellschaft.

432 *Henssler/Mansel*, in: FS Horn, S. 403, 404.

Dementsprechend konstatiert auch Nr. 13 der *explanatory notes* zum LLP Act 2000, dass die LLP in ihrer Eigenschaft als juristische Person einer Körperschaft ähnlicher sei als einer Personengesellschaft.[433] Diese Ähnlichkeit zur *company* spiegelt sich auch in den auf die LLP anzuwendenden Gesetzen wieder. So bestimmt sec. 1 (5) LLP Act 2000, dass für die LLP *partnership law* grundsätzlich unanwendbar ist und auch das Außenverhältnis der LLP richtet sich nach *company law*.[434]

Auf der anderen Seite weist die LLP aber auch typische Merkmale einer *partnership* auf. So ist ihr Innenverhältnis flexibel ausgestaltet und sie wird auch steuerlich nicht wie eine Körperschaft, sondern wie eine Personengesellschaft behandelt.[435] Die LLP kombiniert also typische Elemente beider Bereiche.[436]

Manche verstehen die LLP, wohl aufgrund des ausdrücklichen Hinweises in den *explanatory notes* auf die Nähe zur *company*, eher als Sonderform der *company*.[437]

Die ganz h.M. ordnet die LLP richtigerweise weder als Sonderform der *company* noch der *partnership* ein, sondern als eine neue eigenständige Gesellschaftsform,[438] die ein Hybrid bzw. eine zwitterartige Ausgestaltung zwischen Körperschaft und Personengesellschaft darstellt.[439] Für diese Sichtweise einer neuartigen Gesellschaftsform spricht auch der Gesetzeswortlaut, in dem es in sec. 1 (1) LLP Act 2000 heißt: *"There shall be a new form of legal entity known as a limited liability partnership."*

B. Anerkennung der britischen LLP in Deutschland

Die Anerkennung und Behandlung ausländischer Gesellschaften in Deutschland richtet sich nach deutschem Kollisionsrecht. Eine ausdrückliche gesetzliche Regelung, dem Recht welchen Staates in Deutschland tätige ausländische Gesellschaften unterliegen, existiert nicht. Grundsätzlich kommen als Anknüpfungspunkte zur Bestimmung des Gesellschaftsstatutes der Sitz der Gesellschaft (Sitztheorie) und der Gründungsort der Gesellschaft (Gründungstheorie) in Frage.[440]

---

433 Vgl. explanatory notes zum LLP Act 2000 Nr. 13: *"...existence as a separate legal entity makes it more closely akin to a company than to a partnership".*

434 *Bank*, Die britische LLP, S. 54.

435 *Bank*, Die britische LLP, S. 53, 54.

436 Vgl. explanatory notes zum LLP Act 2000, Nr. 3 *"...it combines the organizational flexibility and tax status of a partnership with limited liability for its members.";* *Triebel/Otte/Kimpel*, BB 2005, 1233, 1234.

437 *Bank*, Die britische LLP, S. 55 m.w.N.

438 So auch *Bank*, Die britische LLP, S. 56.

439 *Bank*, Die britische LLP, S. 54; *Hartung/Bargon*, AnwBlatt 2011, 84 (*Hybrid*); *Just*, Englisches Gesellschaftsrecht, S. 11 (*Zwitter*); *Triebel/Otte/Kimpel*, BB 2005, 1233.

440 *Weller*, in: MünchKomm-GmbHG, Einleitung Rn. 319.

I. Sitztheorie

Nach der Sitztheorie ist das Recht desjenigen Staates das maßgebliche Statut, in welchem die Gesellschaft ihren Sitz hat; wobei unter Sitz nicht der in der Satzung bestimmte Sitz verstanden wird, sondern vielmehr der tatsächliche Verwaltungssitz, also derjenige Ort, an dem tatsächlich die Unternehmensleitung betreffenden Entscheidungen getroffen werden.[441]

Bei einer in Großbritannien wirksam gegründeten LLP, die ausschließlich in Deutschland tätig ist, käme man unter Anwendung der Sitztheorie zur Anwendung deutschen Gesellschaftsrechts. Aufgrund des hier geltenden *numerus clausus* der Gesellschaftstypen, würde die aus England hierher verlegte LLP als solche nicht anerkannt.[442] Früher wurden solche ausländischen Gesellschaften daher als nicht rechtsfähige Gebilde betrachtet.[443]

Seit 2002 lehnt die Rechtsprechung diese gravierenden Folgen der strengen Sitztheorie ab.[444] Statt ausländischen Gesellschaften gleichsam mit dem Grenzübertritt die Rechtsfähigkeit abzusprechen, sollen ausländische Gesellschaft nach denjenigen Regeln des deutschen Gesellschaftsrechts beurteilt werden, die ihren Eigenschaften am ähnlichsten sind (sog. *„modifizierte"* oder *„neue"* Sitztheorie).[445] Wenn die nach deutschem Recht zwingenden Gründungsvorschriften – etwa für die deutsche GmbH die Stammkapitalaufbringung und konstitutive Eintragung ins Handelsregister – nicht eingehalten werden, unterstehen die ausländischen Gesellschaften letztlich aufgrund des kleinsten gemeinsamen Nenners den Vorschriften über die GbR oder oHG und die Gesellschafter unterliegen dementsprechend der unbeschränkten, persönlichen und akzessorischen Haftung nach § 128 HGB (analog).[446]

Der modifizierten Sitztheorie zu Folge wäre danach eine in England wirksam gegründete LLP nach einer Sitzverlegung nach Deutschland hier als GbR zu behandeln, mit der Folge der unbeschränkten persönlichen akzessorischen Haftung der Gesellschafter für die Verbindlichkeiten der Gesellschaft. Bei Eintragung ins Partnerschaftsregister käme auch eine Behandlung als PartG in Betracht. Ein *„Import"* der LLP nach Deutschland unter Beibehaltung ihrer insbesondere haftungs- bzw. steuerrechtlichen Vorteile wäre danach also nicht möglich.

---

441 *Servatius*, in: Henssler/Strohn, Gesellschaftsrecht, Internationales Gesellschaftsrecht Rn. 15.

442 *Weller*, in: MünchKomm-GmbHG, Einleitung Rn. 325.

443 *Weller*, in: MünchKomm-GmbHG, Einleitung Rn. 326; vgl. etwa zur liechtensteinischen Einzelpersonenanstalt BGH vom 21.03.1986 – V ZR 10/85, NJW 1986, 2194.

444 Vgl. hierzu BGH vom 1.07.2002 – 2 ZR 380/00, NJW 2002, 3539.

445 *Weller*, in: MünchKomm-GmbHG, Einleitung Rn. 328; *Servatius*, in: Henssler/Strohn, Gesellschaftsrecht, Internationales Gesellschaftsrecht Rn. 16.

446 *Servatius*, in: Henssler/Strohn, Gesellschaftsrecht, Internationales Gesellschaftsrecht Rn. 16.

II. Gründungstheorie bei Niederlassungsfreiheit

Nach der Gründungstheorie ist das Recht des Gründungsstaates das entscheidende Statut.[447] Hiernach ist eine in Großbritannien gegründete LLP auch nach einer Sitzverlegung nach Deutschland nach dem britischen Gesellschaftsrecht zu behandeln und demnach als solche in Deutschland anzuerkennen.

In Deutschland sind jedenfalls Gesellschaften aus dem EU-Ausland, die sich auf die Niederlassungsfreiheit aus Art. 49 i.V.m. Art. 54 AEUV berufen können, nach verschiedenen Urteilen des EuGH nach dem Gründungstatut zu beurteilen.

In der wegweisenden *Centros*-Entscheidung urteilte der EuGH bereits 1999[448], dass es gegen die Niederlassungsfreiheit verstoße, wenn einer Gesellschaft, die nach dem Recht eines Mitgliedsstaates wirksam gegründet wurde, die Eintragung einer Zweigniederlassung in einem anderen Mitgliedstaat mit der Begründung versagt werde, die gesellschaftsrechtlichen Voraussetzungen dieses zweiten Mitgliedsstaates seien nicht erfüllt. Die einmal wirksam nach dem Recht eines Mitgliedsstaates gegründete Gesellschaft, sei in der gesamten Europäischen Union rechts- und parteifähig und könne sich aufgrund der Niederlassungsfreiheit in jedem anderen Mitgliedsstaat niederlassen. Dieser dürfe die Anerkennung nicht verweigern; auch nicht wenn die Gründung im Ausland allein erfolge, um bestimmte gesellschaftsrechtliche Anforderungen, die das Recht dieses Mitgliedsstaates aufstellt, zu umgehen. Dies allein stelle nämlich keine missbräuchliche Ausnutzung des Gemeinschaftsrechts dar, so dass den Betroffenen eine Berufung auf die Niederlassungsfreiheit nicht verwehrt werden dürfe.[449]

Diese Linie der *Centros*-Entscheidung fortsetzend, entschied der EuGH wenige Jahre später, dass ein Mitgliedsstaat die Rechtsfähigkeit einer nach dem Recht eines anderen Mitgliedsstaates wirksam gegründeten Gesellschaft anerkennen müsse, auch wenn der tatsächliche Verwaltungssitz in diesen Mitgliedsstaat verlegt wurde und die Gesellschaft in diesem nicht neu gegründet wurde.[450] In der *Überseering*-Entscheidung stellte der EuGH Voraussetzungen für eine Beschränkung der Niederlassungsfreiheit auf. Es lasse sich zwar nicht ausschließen, dass im Einzelfall Gründe des Gemeinwohls, des Arbeitnehmer-, Gläubiger- oder Minderheitsgesellschafterschutzes oder des Fiskus eine Beschränkung der Niederlassungsfreiheit rechtfertigen könnten. Auch solche Gründe könnten jedoch nicht dazu führen, dass einer nach dem Recht eines Mitgliedsstaates wirksam gegründeten Gesellschaft in einem anderen Mitgliedsstaat die Rechts- und Parteifähigkeit abgesprochen werde.[451]

Die Niederlassungsfreiheit schützt nach diesen Entscheidungen des EuGH also auch das Recht, in einem Mitgliedsstaat eine Gesellschaft zu gründen und diese unmittelbar nach der Gründung in einen anderen Mitgliedsstaat zu verlegen. Auch

---

447 *Weller*, in: MünchKomm-GmbHG, Einleitung Rn. 333.
448 EuGH vom 9.03.1999 – Rs. C 212/97 (*Centros*), NJW 1999, 2027.
449 EuGH vom 9.03.1999 – Rs. C 212/97 (*Centros*), NJW 1999, 2027, 2028.
450 EuGH vom 5.11.2002 – Rs. C 208/00 (*Überseering*), NJW 2002, 3614.
451 EuGH vom 5.11.2002 – Rs. C 208/00 (*Überseering*), NJW 2002, 3614, 3617.

dann, wenn einzig das Ziel verfolgt wird, strengere Gründungsvoraussetzungen des letzteren Mitgliedsstaates, etwa in Form von Mindestkapitalerfordernissen, zu umgehen, ist die Gesellschaft durch die Niederlassungsfreiheit geschützt.

In einer weiteren Entscheidung aus dem Jahre 2003 entschied der EuGH aufbauend auf die o.g. Entscheidungen, dass es Mitgliedsstaaten auch nicht durch eine spezielle Gesetzgebung für Auslandsgesellschaften möglich sei, diesen die Einhaltung der Gründungsvoraussetzungen nationaler Gesellschaften aufzuzwingen. Durch eine solche Regelung werde die Niederlassungsfreiheit unzulässig eingeschränkt.[452]

Nach dieser Rechtsprechung des EuGH wäre die Beurteilung einer in Deutschland agierenden, nach dem Recht eines anderen Mitgliedsstaates gegründeten Gesellschaft nach dem Sitzstatut europarechtswidrig. Daher wird die Sitztheorie von deutschen Gerichten – sofern sich die ausländischen Gesellschaften auf die Niederlassungsfreiheit berufen können – auch nicht mehr vertreten. In anderen Fällen bleibt der BGH grundsätzlich bei der Beurteilung nach den Grundsätzen der (modifizierten) Sitztheorie.[453]

III. Zwischenergebnis

Die in Großbritannien von deutschen Rechtsanwälten gegründete LLP kann unmittelbar nach ihrer Gründung ohne Weiteres ihren Verwaltungssitz nach Deutschland verlegen und allein dort eine Tätigkeit ausüben, ohne ihre Gestalt als LLP zu verlieren.[454]

C. Besonderheiten der *„deutschen"* LLP

Für die *„deutsche"* LLP gelten in Abweichung von den britischen Regelungen einige Besonderheiten. Wie auch bei den deutschen Zusammenschlussmöglichkeiten werden im Folgenden insbesondere solche Eigenheiten der *„deutschen"* LLP untersucht, die für die Auswahlentscheidung der Rechtsform als relevant eingeschätzt werden. Dies sind insbesondere die Haftungsverfassung, steuerliche Aspekte sowie der mit der LLP verbundene Aufwand.

Im Rahmen der *„deutschen"* LLP sind viele Fragen noch nicht abschließend geklärt.[455] Zur Vermeidung einer Ausuferung ist es nicht Gegenstand dieser Ausarbeitung die diesbezüglich offenen Fragen eindeutig zu beantworten. Sie beschränkt sich vielmehr darauf, die ungeklärten Aspekte mit ihren verschiedenen Lösungsansätzen darzustellen und die Konsequenzen dieser rechtlichen Unsicherheiten für die Attraktivität der LLP in der Praxis herauszuarbeiten.

---

452 EuGH vom 30.09.2003 – Rs. C-167/01 (*Inspire Art*), NJW 2003, 3331, 3333.

453 Vgl. BGH vom 29.01.2003 – VII ZR 155/02, BB 2003, 810, 811; BGH vom 27.10.2008 – II ZR 158/06, BeckRS 2008, 25561.

454 *Schnittker/Bank*, LLP in der Praxis, Rn. 5.

455 Etwa die der persönliche Haftung der Gesellschafter, der Postulationsfähigkeit, der Registerpflicht, der Versicherungspflicht etc. vgl. unten. Teil 3 C. I., III., IV.

I. Haftung von in Deutschland tätigen Mitgliedern der LLP

Die zuvor dargestellte Haftungsverfassung der LLP kommt bei einer in Deutschland tätigen LLP nicht uneingeschränkt zur Anwendung. Bei der Beurteilung ist aufgrund der unterschiedlichen kollisionsrechtlichen Anknüpfung nach den verschiedenen Haftungsgrundlagen zu unterscheiden.

1. Vertragliche Haftung

Die Beurteilung der vertraglichen Haftung der in Deutschland tätigen Gesellschafter der LLP richtet sich nach Art. 4 Abs. 1 lit. b) der Rom-I Verordnung nach dem gewöhnlichen Aufenthalt des Dienstleisters und damit nach deutschem Recht.[456] Im Regelfall der vertraglichen Verpflichtung der LLP selbst scheidet eine vertragliche Haftung der Gesellschafter der LLP für berufliche Fehlberatung aus, da diese nicht Vertragspartei sind.[457]

Eine Parallele zu der im britischen Deliktsrecht bestehenden Haftung aus *tort of negligence*, die auf der Inanspruchnahme besonderen Vertrauens beruht, könnte man im deutschen Vertragsrecht an die Herleitung einer vertraglichen Haftung aus *culpa in contrahendo* über §§ 280 Abs. 1, 241 Abs. 2, 311 Abs. 3 Satz 2 BGB denken.[458]

Das Schuldverhältnis i.S.d. § 311 Abs. 3 Satz 2 BGB setzt entweder die Inanspruchnahme besonderen persönlichen Vertrauens oder ein unmittelbares eigenes wirtschaftliches Interesse der Nicht-Vertragspartei voraus.[459] Deutsches und britisches Verständnis der freien Berufe stimmen darin überein, dass das besondere Vertrauensverhältnis zwischen Freiberufler und Auftraggeber ein charakteristisches Merkmal der freien Berufe ist.[460] Nach deutschem Verständnis genügt aber die Tätigkeit als Rechtsanwalt allein gerade noch nicht, um die sog. Expertenhaftung[461] aufgrund der Inanspruchnahme besonderen Vertrauens zu begründen.[462] Das zwischen einem Rechtsanwalt und einem Mandanten typischerweise bestehende Vertrauensverhältnis reicht daher nicht aus, um ein Schuldverhältnis i.S.d. § 311 Abs. 3 BGB

---

456 Zum ehemaligen Art. 28 Abs. 2 S. 2 EGBGB *Weller/Kienle*, DStR 2005, 1102, 1106; zum selben Ergebnis kommt man über eine Anknüpfung an den Ort der Niederlassung der Kanzlei nach Art. 19 Rom I-Verordnung.

457 *Weller/Kienle*, DStR 2005, 1102, 1106.

458 Auf die Ähnlichkeit hinweisend auch: *Kilian*, in: Henssler/Streck, Hdb. des Sozietätsrechts, G Rn. 108.

459 *Grüneberg*, in: Palandt, § 311 BGB Rn. 61, 63.

460 Zum britischen Verständnis vgl. etwa *Bank*, Die britische LLP, S. 130 und Teil 2 A. IV. 3. a. bb., zum deutschen vgl. etwa *Brüggemann*, in: Feuerich/Weyland, BRAO, § 2 BRAO Rn. 3.

461 *Emmerich*, in: MünchKomm-BGB, § 311 BGB Rn. 182.

462 Ausführlich zum Unterschied zwischen Haftung aus §§ 280 Abs. 1, 241 Abs. 2, 311 Abs. 3 BGB und *tort of negligence Bank*, Die britische LLP, S. 404 f.; *Henssler/Mansel*, NJW 2007, 1393, 1396; *Triebel/Silny*, NJW 2008, 1034, 1035; zum britischen Verständnis ausführlicher auch schon unter Teil 2 A. IV. 3. a. bb.

zu begründen. Es müssen vielmehr besondere Umstände hinzutreten, aus denen sich ergibt, dass der Rechtsanwalt eine über das „*normale Vertrauen hinausgehende Gewähr für die Seriosität und Erfüllung des Auftrages*" übernimmt.[463]

Ebenso wenig erfüllt ein Rechtsanwalt allein durch seine Stellung als Gesellschafter einer Sozietät die zweite Variante des § 311 Abs. 3 Satz 2 BGB des besonderen eigenen wirtschaftlichen Interesses. Insoweit entspricht es der ständigen Rechtsprechung des BGH, dass das bloße eigene Interesse eines Gesellschafters am Erfolg des Unternehmens hierzu nicht ausreicht.[464]

Dem deutschen Recht ist damit eine grundsätzliche persönliche Haftung von Rechtsanwälten aufgrund der Inanspruchnahme besonderen Vertrauens fremd.[465]

Die vertragliche Haftung des deutschen LLP Gesellschafters scheidet daher grundsätzlich aus.

2. *Gesellschaftsrechtliche Haftung*

Nach der Gründungstheorie, der nach den o.g. Entscheidungen des EuGH[466] jedenfalls bei der Beurteilung des Gesellschaftsstatuts von EU-Auslandsgesellschaften zu folgen ist, richtet sich das Gesellschaftsstatut der in Deutschland tätigen LLP nach ihrem Gründungsort, also nach britischem Recht. Das britische Kollisionsrecht nimmt diese Verweisung auf das Heimatrecht auch an.[467]

Nach britischem Recht scheidet eine persönliche gesellschaftsrechtliche Haftung der Gesellschafter aus.[468] Eine dem § 128 HGB entsprechende akzessorische Haftung gibt es in Großbritannien nicht und eine Anwendung der deutschen Normen selbst ist durch die Berufung des britischen und nicht des deutschen Gesellschaftsstatutes ausgeschlossen.

Die gesellschaftsrechtliche Durchgriffshaftung (*lifting the corporate veil*) auf die Gesellschafter kommt nur in den oben dargestellten Ausnahmefällen in Betracht.[469]

3. *Deliktische Haftung*

Die deliktische Haftung des Gesellschafters einer in Deutschland tätigen LLP richtet sich gem. Art. 4 Abs. 1 Rom II-Verordnung nach dem Recht des Landes in dem der Schaden eintritt, bzw. gemäß Abs. 2 nach dem gemeinsamen gewöhnlichen Aufenthalt

---

463 Vgl. OLG Nürnberg vom 21.02.2008 – 6 U 2208/07, NJW-RR 2009, 140.

464 *Grüneberg*, in: Palandt, § 311 BGB Rn. 65; vgl. auch BGH vom 6.06.1994 – II ZR 292/91, NJW 1994, 2220, 2221.

465 Auf diesen Unterschied zum englischen Verständnis verweisend auch: *Becker*, AnwBlatt 2011, 860, 861.

466 Vgl. Teil 2 B.

467 In Großbritannien herrscht die Gründungstheorie; vgl. *Bank*, Die britische LLP, S. 339; *Weller/Kienle*, DStR 2005, 1102, 1106.

468 Vgl. Teil 2 A. IV. 2.

469 *Linardatos*, VersR 2013, 1488, 1496.

des Anspruchstellers und des Schädigenden und damit bei einer in Deutschland tätigen LLP in der Regel nach deutschem Recht.[470]

Nach deutschem Recht kommt eine deliktische Haftung für fehlerhafte berufliche Beratung nur in Ausnahmefällen in Betracht. § 823 Abs. 1 BGB erfasst reine Vermögensschäden nicht. § 826 BGB bzw. §§ 823 Abs. 2 BGB i.V.m. einem Schutzgesetz erfassen zwar auch reine Vermögensschäden, setzen aber eine vorsätzliche sittenwidrige Schädigung oder den Verstoß gegen ein Schutzgesetz, etwa durch Veruntreuung von Mandantengeldern, voraus. Die Haftung nach deutschem Deliktsrecht erfasst daher nicht die üblichen Haftungsfälle wegen fahrlässiger beruflicher Fehlberatung.[471]

Die nach britischem Recht grundsätzlich bestehende deliktische Haftung des fehlerhaft beratenden Anwaltes einer LLP aus *tort of negligence* (Teil 2 A. IV. 3. a.) kann auf die in Deutschland tätige LLP keine Anwendung finden, da das britische Deliktsrecht nicht anwendbar ist.

4. Zwischenfazit: Privilegierung durch divergierendes Kollisionsrecht

Die gesellschaftsrechtliche Haftung des in Deutschland tätigen Gesellschafters der LLP richtet sich nach britischem, die deliktische und vertragliche Haftung nach deutschem Recht. Da die grundsätzlich nach britischem Recht bestehende persönliche Haftung des LLP-Gesellschafters für fehlerhafte Beratungsleistungen aus *tort of negligence* daher ebenso wenig anwendbar ist wie die akzessorische Haftung des § 128 HGB (analog) nach deutschem Recht, haftet der in Deutschland tätige Gesellschafter der LLP weniger streng als ein in Großbritannien tätiger LLP-Gesellschafter.[472]

5. Vermeidung der Privilegierung durch kollisionsrechtliche Anpassung?

Ob diese durch das Zusammenspiel von deutschem Deliktsrecht und britischem Gesellschaftsrecht entstehende Privilegierung zu akzeptieren ist oder über das kollisionsrechtliche Institut der Anpassung vermieden werden muss, wird in der Literatur nicht einheitlich beurteilt und ist bislang nicht Gegenstand gerichtlicher Verfahren gewesen.[473] Auch die Begründung zum Regierungsentwurf zur Einführung der PartG mbB lässt ausdrücklich dahinstehen, ob eine solche Haftungsprivilegierung anzunehmen ist oder nicht.[474]

---

470 *Kreße*, NJ 2013, 45, 48.

471 *Schnittker/Bank*, LLP in der Praxis, Rn. 190; *Henssler/Mansel*, NJW 2007, 1393, 1396; *dies.*, in: FS Horn, 403, 413.

472 *Bank*, Die britische LLP, S. 404; *Rinkler*, in: Fischer u.a. Hdb. der Anwaltshaftung, § 1 Rn. 473; *Schnittker*, Englische LLP, S. 117.

473 *Henssler*, NJW 2014, 1761, 1763.

474 RegE zum Gesetz zur Einführung einer PartG mbB, BT-Drs. 17/10487, S. 13, 14 „*ob diese Erwartung zutrifft mag dahinstehen*".

a. Das kollisionsrechtliche Institut der Anpassung

Eine kollisionsrechtliche Anpassung kann erforderlich werden, wenn ein von einer Rechtsordnung einheitlich und in sich schlüssig geregelter Sachzusammenhang auseinandergerissen wird, weil verschiedene Kollisionsnormen zur Anwendung kommen, die sich jeweils nur auf einen rechtlichen Teilbereich des Gesamtsachverhaltes erstrecken.[475] Die Anwendung verschiedener Kollisionsnormen kann dazu führen, dass ein Sachverhalt, der nach dem Recht zweier Staaten jeweils schlüssig geregelt ist, sich teils nach dem Recht des einen und teils nach dem Recht des anderen Staates beurteilt. So kann es zu Disharmonien kommen, wenn sich die beiden Rechtsordnungen widersprechen (Normenhäufung) oder durch die Anwendung der verschiedenen Rechtsordnungen eine Lücke entsteht (Normenmangel).[476] Die Anpassung kann entweder über eine einheitliche Anknüpfung des gesamten Sachverhaltes erfolgen oder durch eine Anpassung des nach dem Kollisionsrecht anzuwendenden Sachrechtes.[477]

b. Anpassung bei der Gesellschafterhaftung der „deutschen“ *LLP*

aa. Anpassungslage

Befürworter der Notwendigkeit einer Anpassung bejahen eine Anpassungslage, da der Verzicht des britischen Gesellschaftsrechts auf eine persönliche Haftung der Gesellschafter im Gesamtzusammenhang des britischen Systems gesehen werden müsse. Der Verzicht auf die gesellschaftsrechtliche Haftung werde gleichsam durch die grundsätzliche deliktische Haftung von Freiberuflern aus *tort of negligence* kompensiert.[478]

Es wird argumentiert, dass die persönliche Haftung eines Gesellschafters einer freiberuflichen Organisationsform für Fehler bei der Berufsausübung sowohl in der britischen als auch der deutschen Rechtsordnung vorgesehen sei. In der britischen Rechtsordnung ergebe sich die Haftung aus Deliktsrecht (*tort of negligence*) und in der deutschen Rechtsordnung ergebe sie sich aus der gesellschaftsrechtlichen Haftung des § 8 PartGG. Die LLP sei hier mit dem Haftungskonzept der PartG zu vergleichen (und nicht etwa mit der GmbH), da diese der LLP am ähnlichsten und damit maßgeblich sei.[479] Die divergierende Anknüpfung von Gesellschafts- und Deliktrecht und die damit einhergehende teilweise Anwendung des britischen und teilweise Anwendung des deutschen Rechts auf verschiedene Aspekte eines in beiden Rechtsordnung insgesamt stimmig geregelten Sachverhaltes, führe zu einem Ergebnis, dass

---

475 *Schotten/Schmellenkamp*, IPR in der Praxis, § 3 Rn. 50.

476 Ausführlich zum Konzept der Angleichung: *Schotten/Schmellenkamp*, IPR in der Praxis, § 3 Rn. 50.

477 *Schotten/Schmellenkamp*, Das IPR in der Praxis, § 3 Rn. 50.

478 *Henssler/Mansel*, NJW 2007, 1393, 1396; *dies.*, in: FS Horn, S. 402, 418.

479 *Henssler/Mansel*, NJW 2007, 1393, 1397; *dies.*, in: FS Horn, S. 403, 416.

weder nach der britischen noch nach der deutschen Rechtsordnung gewollt sei.[480] Damit widerspreche das Ergebnis des Ausschlusses der persönlichen Haftung für Fehler bei der Berufsausübung des in Deutschland tätigen Gesellschafters der LLP den Wertungen beider Rechtsordnungen.[481]

bb. Art der Anpassung

Die Befürworter einer Anpassung wollen den angenommenen Wertungswiderspruch beseitigen, indem sie den deliktischen Tatbestand des *tort of negligence* als gesellschaftsrechtlich qualifizieren.[482] Da das Gesellschaftsstatut das britische Recht ist, wären dann auch auf in Deutschland tätige Gesellschafter der LLP die Grundsätze des *tort of negligence* anwendbar und sie unterlägen grundsätzlich einer persönlichen Haftung für berufliches Fehlverhalten.

c. Akzeptanz der Haftungsprivilegierung

Die herrschende Meinung im Schrifttum lehnt jedoch eine kollisionsrechtliche Anpassung ab und belässt es bei dem oben beschriebenen, durch strikte Anwendung des Kollisionsrechts gefundenen Ergebnis der Haftungsprivilegierung des deutschen LLP-Gesellschafters.[483] Die haftungsrechtliche Privilegierung des deutschen LLP-Gesellschafters wird vielmehr als besonderes Attraktivitätsmerkmal der LLP für deutsche Anwälte verstanden.[484]

Gegen eine Anpassungslage wird eingewandt, dass die ausgeschlossene persönliche Haftung der Gesellschafter dem deutschen Rechtssystem gerade nicht grundsätzlich widerspreche – dies zeige schon die Zulässigkeit der Rechtsanwalts-GmbH und -AG. Auch die anwaltlichen Kapitalgesellschaften kennen keine persönliche Haftung für berufliche Fehler und daher widerspreche das durch die oben dargestellte divergierende Anknüpfung gefundene Ergebnis nicht grundsätzlich den Wertungen des deutschen Rechtes, weshalb kein Normenmangel im Sinne einer Anpassungslage vorliege.[485] Teilweise wird als Kompensation der fehlenden

---

480 *Henssler/Mansel*, NJW 2007, 1393, 1397; *dies.*, in: FS Horn, S. 403, 418.

481 *Henssler/Mansel*, NJW 2007, 1393, 1397; *dies.*, in: FS Horn, S. 403, 418.

482 So etwa *Henssler/Mansel*, NJW 2007, 1393, 1397; *dies.*, in: FS Horn, S. 403, 419; diesen im Ergebnis zustimmend auch *Bettinger*, Englische LLP, S. 435.

483 *Bank*, Die britische LLP, S. 407 f; *Kilian*, in: Henssler/Streck, Hdb. des Sozietätsrechts, G Rn. 114; *Schnittker*, Englische LLP, S. 124; *Schnittker/Bank*, LLP in der Praxis, Rn. 191 ff.; *Bank*, BB 2010, Special 3, 4, 9; *Henssler*, NJW 2014, 1761, 1764; *Triebel/Silny*, NJW 2008, 1034, 1035; ohne nähere Begründung der Ablehnung der Anpassung auch *Triebel/Otte/Kimpel*, BB 2005, 1233, 1235; *Weller/Kienle*, DStR 2005, 1102.

484 *Bank*, BB 2010, Special 3, 4, 9; *Becker*, AnwBlatt 2011, 860; *Weller/Kienle*, DStR 2005, 1102, 1107.

485 *Schnittker*, Englische LLP, S. 117–123; *Rehm*, BB 2010, Special 3, 10, 14.

persönlichen Haftung der Gesellschafter eine entsprechende Anwendung des § 59j BRAO auch auf die LLP gefordert.[486]

Gegen eine Anpassung spricht auch, dass die mögliche deliktische Haftung der in einer britischen LLP tätigen Anwälte nicht als Grundsatzentscheidung des britischen Rechts verstanden werden kann, dass Anwälte für berufliche Fehler prinzipiell immer persönlich haften müssen.[487] Die von der Gesellschaftsform und auch der Gesellschafterstellung unabhängige Haftung aus *tort of negligence* setzt die Inanspruchnahme besonderen Vertrauens voraus, die zwar bei Anwälten nach britischen Verständnis vermutet, jedoch nicht unwiderlegbar ist.[488]

Mit der Einführung der PartG mbB wurden die Argumente der Befürworter der Anpassung entkräftet. Da mit der PartG mbB nunmehr nach deutschem Recht eine Personengesellschaft mit ausgeschlossener persönlicher Haftung für Berufsfehler existiert, ist die Argumentation, der Haftungsausschluss widerspreche den Grundsätzen des deutschen und des britischen Rechts zusätzlich erschwert.[489] Eine prinzipielle Unvereinbarkeit des Ausschlusses der persönlichen Haftung der Gesellschafter der LLP mit den Grundsätzen des deutschen Personengesellschaftsrechts kann nicht mehr angenommen werden, da auch bei der PartG mbB die Haftung für berufliches Fehlverhalten auf das Gesellschaftsvermögen beschränkt ist.[490] Unbeabsichtigt hat die eigentlich als Konkurrenzmodell zur „*deutschen*" LLP geschaffene PartG mbB der LLP insofern eine größere Rechtssicherheit beschert.[491]

d. Stellungnahme zur Anpassung

Es wurde aufgezeigt, dass die Frage der persönlichen Haftung aufgrund der streitigen Frage der Anpassung nicht mit Sicherheit beantwortet werden kann. Für den späteren Vergleich zwischen der in Deutschland tätigen LLP und der PartG mbB muss aber festgelegt werden, ob von einer Haftungsprivilegierung ausgegangen werden soll oder nicht. Da die Alternativtauglichkeit der PartG mbB gegenüber der LLP *für die Praxis* untersucht werden soll, muss entscheidend sein, wie die überwiegende Praxis die Haftungssituation der deutschen LLP wahrnimmt.

Die Praxis scheint mit der herrschenden Meinung im Schrifttum von dem Ausschluss der persönlichen Haftung und damit einer Ablehnung der Anpassung

---

486 *Kreße*, NJ 2013, 45, 48; zur Frage der Versicherungspflicht der LLP vgl. Teil 3 C. V.

487 In diese Richtung auch *Schnittker/Bank*, LLP in der Praxis, Rn. 193.

488 Vgl. zu den Haftungsvermeidungsstrategien oben Teil 2 A. IV. 3. a. bb.

489 In diese Richtung auch *Henssler*, NJW 2014, 1761, 1764, 1765; auch *Vollkommer/Greger/Heinemann*, Anwaltshaftungsrecht, § 22 Rn. 11, die eine Anpassung jedenfalls bei einer der PartG mbB entsprechenden Versicherung ablehnen).

490 *Henssler*, NJW 2014, 1761, 1765.

491 *Henssler*, NJW 2014, 1761, 1765 spricht gar von „*Aufwertung*" der LLP durch die Schaffung der PartG mbB; *Pleister*, AnwBlatt 2012, 801.

auszugehen.[492] Auch der Gesetzgeber – obwohl er selbst die Frage ausdrücklich offen lässt[493] – geht davon aus, dass die Praxis eine Haftungsbeschränkung annimmt, denn gerade aus diesem Grund hält er ein Konkurrenzmodell für erforderlich.[494] Zudem lässt sich eine Anpassung seit Einführung der PartG mbB nur schwer mit dem Argument des Widerspruchs zum deutschen System ablehnen.

Danach bietet die LLP speziell für deutsche Sozietäten durch das Auseinanderfallen der Statute einen besonderen Vorteil gegenüber deutschen Gesellschaftsformen. Dieser Vorteil ist bei der Beurteilung, ob die PartG mbB eine Alternative bieten kann, zu berücksichtigen. Die PartG mbB muss sich also nicht nur an der Konzeption des britischen LLP selbst messen lassen, sondern auch an den Besonderheiten der in Deutschland tätigen LLP.

6. *Haftung im Insolvenzfall*

a. *Haftung nach deutschem Insolvenzrecht*

Ebenfalls noch nicht abschließend geklärt ist die Frage, ob die *„deutsche"* LLP der Insolvenzantragspflicht gem. § 15a InsO unterliegt[495] und den Gesellschaftern bei der Verletzung dieser Pflicht eine persönliche Haftung in Form der Insolvenzverschleppungshaftung (§ 823 Abs. 2 BGB i.V.m. § 15a InsO) droht.

Nach Art. 4 Abs. 2 der Europäischen Insolvenzverordnung[496] findet das Recht desjenigen Staates Anwendung, nach dessen Recht das Insolvenzverfahren eröffnet wird. Dies ist gem. Art. 3 Abs. 1 der Europäischen Insolvenzverordnung derjenige Staat, in dem der Schuldner den Mittelpunkt seiner Interessen hat. Für eine *„deutsche"* LLP kommt damit deutsches Insolvenzrecht zur Anwendung.[497]

Fraglich und umstritten ist aber, ob die Antragspflicht gem. § 15a InsO insolvenzrechtlich, deliktsrechtlich oder gesellschaftsrechtlich zu qualifizieren ist. Nur letzteres hätte eine Unanwendbarkeit des § 15a InsO für die in Deutschland tätige

492 So verweisen mehrere „deutsche" LLPs in den Impressen ihrer online Auftritte darauf, dass keine persönliche Haftung der Gesellschafter für Verbindlichkeiten der Gesellschaft bestehe. Z.B. Spirit Legal LLP https://www.spiritlegal.com/de/impressum.html; Alpers & Wessel LLP http://www.alpers-wessel.de/impressum.html; Commeo LLP http://www.commeo-law.com/de/impressum#panel-1; (abgerufen am 30.12.2014).

493 RegE zum Gesetz zur Einführung einer PartG mbB, BT-Drs. 17/10487, S. 14: *„Ob diese Erwartung zutrifft, mag dahinstehen"*.

494 *Henssler*, NJW 2014, 1762, 1765.

495 *Linardatos*, VersR 2013, 1488, 1497.

496 VO (EG) Nr. 1346/2000 vom 29.05.2000.

497 Die Vermutung des Art. 3 Abs. 1 Satz 2 Europäische Insolvenzverordnung (bei juristischen Personen liege der Mittelpunkt der Interessen an ihrem satzungsmäßigen Sitz) ist bei der ausschließlich in Deutschland tätigen LLP als widerlegt anzusehen, da hier der Verwaltungssitz der Interessensmittelpunkt ist, vgl. *Schnittker/Bank*, LLP in der Praxis, Rn. 247.

LLP zur Folge, da sich die gesellschaftsrechtlichen Fragestellung in diesem Zusammenhang nach britischem Recht beurteilen (vgl. oben Teil 2 C. I. 2.).

aa. Insolvenzrechtliche Qualifikation

Seit dem Gesetz zur Modernisierung des GmbH-Rechts und zur Bekämpfung von Missbräuchen vom 23.10.2008 (MoMiG) ist die Antragspflicht nicht mehr in den einzelnen Gesetzen über die verschiedenen Gesellschaftsformen, sondern rechtsformneutral in der Insolvenzordnung geregelt.[498] Grund für die Verschiebung der Regelung in die Insolvenzordnung war nach der Gesetzesbegründung, dass Sinn und Zweck der Insolvenzantragspflicht insolvenzrechtlicher und nicht gesellschaftsrechtlicher Natur sei.[499] Mit der Verschiebung in die Insolvenzordnung wurde insbesondere das Ziel verfolgt, auch Auslandsgesellschaften dieser Pflicht zu unterwerfen.[500]

Für eine insolvenzrechtliche Qualifikation wird vorgebracht, dass der Zweck der Antragspflicht, nämlich die rechtzeitige Einleitung des Insolvenzverfahrens und der Schutz der Gläubiger vor einer Schmälerung der Haftungsmasse, insolvenzrechtlicher Natur sei.[501] Durch die mit der Verletzung der Antragspflicht einhergehende Ersatzpflicht der Geschäftsführer werde die Wirkung des Insolvenzverfahrens gleichsam vorverlagert.[502]

Daher wird von der h.M. eine insolvenzrechtliche Qualifikation der Antragspflicht angenommen[503]; folgerichtig wäre auch der Geschäftsführer der LLP zur Stellung eines Insolvenzantrages verpflichtet.

Vereinzelt wird in der insolvenzrechtlichen Anknüpfung eine Verletzung der Niederlassungsfreiheit gesehen.[504] Die wohl h.M. sieht die Niederlassungsfreiheit

---

498 Vgl. zur früheren Regelung der Insolvenzantragspflicht in § 64 Abs. 2 GmbHG a.F., § 92 Abs. 2 AktG a.F.

499 BT-Drs. 16/6140, S. 55.

500 BT-Drs. 16/6140, S. 55; *Hirte*, in: Uhlenbruck, InsO, § 15a InsO Rn. 2; *Mönning*, in: Nerlich/Römermann, InsO, § 15a InsO Rn. 20.

501 BT-Drs. 16/6140, S. 55; LG Kiel vom 20.04.2006 – 10 S 44/05, NZI 2006, 482, 483; *Eidenmüller*, in: Eidenmüller, Ausländische Kapitalgesellschaften, § 9 Rn. 26 (m.w.N. und Hinweis auf h.M. in Fn. 26).

502 KG Berlin vom 24.09.2009 – 8 U 250/08, NZI 2010, 542, 543.

503 KG Berlin vom 24.09.2009 – 8 U 250/08, NZI 2010, 542, 543 (m.w.N.); LG Kiel vom 20.04.2006 – 10 S 44/05, NZI 2006, 482, 483; *Bußhardt*, in: Braun, InsO, § 15a InsO Rn. 4; *Eidenmüller*, in: Eidenmüller, Ausländische Kapitalgesellschaften, § 9 Rn. 26; *Servatius*, in: Henssler/Strohn, Gesellschaftsrecht, Internationales Gesellschaftsrecht Rn. 177; *Römermann/Praß*, NZG 2012, 601, 608; *Schnittker/Leicht*, BB 2010, 2975.

504 Etwa *Klöhn*, MünchKomm-InsO, § 15a InsO Rn. 56; *Schnittker/Bank*, LLP in der Praxis, Rn. 254, 255 (die dies allerdings mit einem ausreichenden Schutz über die Normen des Gründungsstaates begründen; die Anwendung des Insolvency Act auf die deutsche LLP wird aber von der h.M. abgelehnt); zweifelnd an Vereinbarkeit auch *Hirte*, in: Uhlenbruck, InsO, § 15a InsO Rn. 3.

durch eine Anwendung des § 15a InsO auf die in Deutschland tätige LLP jedoch mit verschiedenen Argumentationen als nicht verletzt an.[505]

bb. Gesellschaftsrechtliche Qualifikation

Teilweise wird bezweifelt, dass die Regelungen zur Insolvenzantragspflicht und Insolvenzverschleppungshaftung insolvenzrechtlich zu qualifizieren sind. Insbesondere genüge die Verschiebung der entsprechenden gesetzlichen Regelungen aus den Gesetzen über die einzelnen Gesellschaftsformen in die Insolvenzordnung nicht, um eine insolvenzrechtliche Qualifikation zu begründen.[506]

Die Antragspflicht sei eine gesellschaftsrechtliche Handlungspflicht, was sich bereits daran zeige, dass eine Insolvenzverschleppungshaftung auch außerhalb eines Insolvenzverfahrens angenommen werden könne.[507] Die Bestimmung der Pflichten der Organe der Gesellschaft sei elementarer Bestandteil des Gesellschafts- und eben nicht des Insolvenzrechts.[508]

Bei einer gesellschaftsrechtlichen Anknüpfung wären die Geschäftsführer der LLP nicht zur Stellung eines Insolvenzantrages verpflichtet und müssten eine Haftung wegen Insolvenzverschleppung nach deutschem Recht nicht fürchten.

Sie unterlägen allerdings den Haftungstatbeständen des Insolvency Act (*wrongful trading* etc.; vgl. Teil 2 A. IV. 4.), soweit diese gesellschaftsrechtlich zu qualifizieren sind.

b. Haftung nach dem britischem Insolvency Act

Auch die Qualifikation der britischen Haftungstatbestände aus dem Insolvency Act ist streitig. Nach wohl h.M. werden diese jedoch insolvenzrechtlich qualifiziert und sind auf die deutsche LLP daher nicht anwendbar.[509]

---

505 LG Kiel vom 20.04.2006 – 10 S 44/05, NZI 2006, 482, 483 (Niederlassungsfreiheit nicht berührt); KG Berlin vom 24.09.2009 – 8 U 250/08, NZI 2010, 542, 543 (zieht die Grundsätze der *Keck*-Rechtsprechung heran, sieht hierin nur tätigkeitsbezogene Beschränkung, die Auslandsgesellschaften ebenso wie Inlandsgesellschaften trifft; jedenfalls sei die Anwendung gerechtfertigt, da sonst ein Normenmangel drohe); *Eidenmüller*, in: Eidenmüller, Ausländische Kapitalgesellschaften, § 9 Rn. 29 (ebenso zu *Keck*-Grundsätzen); jedenfalls für Scheinauslandsgesellschaften unbedenklich: *Mönning*, in: Nerlich/Römermann, InsO, § 15a InsO Rn. 22; *Servatius*, in: Henssler/Strohn, Gesellschaftsrecht, Internationales Gesellschaftsrecht Rn. 177 (nimmt anderenfalls einen Normenmangel an).

506 *Bettinger*, Englische LLP, S. 312; *Hirte*, in: Uhlenbruck, InsO, § 15a InsO Rn. 3; *Henssler*, in: FS Busse, S. 127, 149; i.Erg. *Schnittker/Bank*, LLP in der Praxis, Rn. 252, 253.

507 *Bettinger*, Englische LLP, S. 312.

508 *Klöhn*, in: MünchKomm-InsO, § 15a InsO Rn. 56; Gesellschaftsrechtliche Anknüpfung der Insolvenzverschleppungshaftung als h.M. bezeichnend *Henssler/Mansel*, in: FS Busse, S. 403, 411.

509 LG Kiel vom 20.04.2006 – 10 S 44/05, NZI 2006, 482, 483; *Servatius*, in: Henssler/Strohn, Gesellschaftsrecht, Internationales Gesellschaftsrecht Rn. 172, 173, 181

Andere wollen die Vorschriften zur englischen Insolvenzverschleppungshaftung wie etwa *wrongful trading* aus dem Insolvency Act etc. gesellschaftsrechtlich anknüpfen, da sie in ihrem Haftungsgrund nicht an das Insolvenzverfahren, sondern vielmehr an ein Fehlverhalten in der Person des Gesellschafters in seiner Organfunktion anknüpften. Daher sei es sachgerecht, diese Haftungsnormen nicht insolvenzrechtlich, sondern gesellschaftsrechtlich zu qualifizieren mit dem Ergebnis, dass die Haftungsnormen des Insolvency Act auch für den Gesellschafter einer in Deutschland tätigen LLP gelten.[510]

c. *Fazit für die deutsche LLP*

Der oben aufgezeigte Diskussionsstand macht deutlich, dass es derzeit auch bezüglich der insolvenzrechtlichen Behandlung der *„deutschen“* LLP und der damit verbundenen möglichen Haftungsgefahren für die Gesellschafter noch keine Rechtssicherheit gibt.

Aufgrund dessen wird es in der Praxis zur Vermeidung einer möglichen persönlichen Haftung aus § 823 Abs. 2 BGB i.V.m. § 15a InsO empfehlenswert sein, nach deutschem Recht einen Insolvenzantrag zu stellen, wenn zwingende Insolvenzgründe vorliegen.[511]

Wer die LLP als Rechtsform wählt, muss sich zudem angesichts der Rechtsunsicherheit über die mögliche Anwendung britischen Rechts insbesondere der Haftungsgefahr wegen *wrongful trading* bewusst sein (vgl. Teil 2 A. IV. 4.). Diese Haftung kann aufgrund der mangelnden Fristgebundenheit früher eingreifen als die deutsche Insolvenzverschleppungshaftung.

II. Steuerliche Behandlung

Ob die in Deutschland tätige LLP, wie eine deutsche Kapitalgesellschaft dem KStG unterliegt ist gesetzlich nicht geregelt.[512] In der Praxis wird anhand eines sog. Rechtstypenvergleich darüber entschieden, ob die ausländische Gesellschaft als Körperschaft oder Personengesellschaft zu besteuern ist.[513]

(zur Unanwendbarkeit des *wrongful trading* und *fraudulent trading* auf die in Deutschland tätige *Ltd.*).

510 *Schnittker/Bank*, LLP in der Praxis, Rn. 252 *„auch nach englischem Verständnis nicht zwingend insolvenzrechtlicher Natur“*; *Henssler/Mansel*, in: FS Horn, S. 403, 411, 412 (m.w.N.); *Triebel/Otte/Kimpel*, BB 2005, 1233, 1237.

511 Diese Empfehlung aussprechend auch: *Schnittker/Bank*, LLP in der Praxis, Rn. 256.

512 *Schnittker/Bank*, LLP in der Praxis, Rn. 303.

513 Verwaltungsschreiben des Bundesministeriums der Finanzen vom 19.03.2004 zur Einordnung der *Limited Liability Company* nach US-Recht, BStBl I 2004, 411 ff. (hierauf verweisend auch *Schnittker*, BB 2010, Special 3, 20, 21; *Schnittker/Bank*, LLP in der Praxis, Rn. 303). Ausführlich zu Methodik des Rechtstypenvergleichs vgl. *Schnittker*, Englische LLP, S. 134–188.

Im Rahmen dieses Rechtstypenvergleichs werden verschiedene Merkmale der Gesellschaft untersucht und anhand eines Vergleiches festgestellt, ob die ausländische Rechtsform nach ihrem Gesamtbild „*rechtlich und wirtschaftlich einer inländischen Körperschaft oder sonstigen juristischen Person gleicht*".[514] Anhand dieser Grundsätze wird beurteilt, ob die LLP als nach ausländischem Recht gegründete Rechtsform einer deutschen Körperschaft oder sonstigen juristischen Person i.S.d. § 1 Abs. 1 Nr. 1 oder Nr. 4 KStG gleichsteht.[515]

1. Zu untersuchende Merkmale nach dem Rechtstypenvergleich

Anhand der im Folgenden aufgezeigten Merkmale entscheidet die Finanzverwaltung, ob die LLP in ihrem Gesamtbild eher einer Personen- oder Kapitalgesellschaft entspricht, wobei sie die einzelnen Merkmale unterschiedlich gewichten kann.[516]

a. Zentralisierte Geschäftsführung und Vertretung

Bei der LLP ist – vorbehaltlich abweichender Regelungen im Gesellschaftsvertrag – jeder Gesellschafter allein zur Vertretung befugt (sec. 6 (1) LLP Act) und alle Gesellschafter gemeinsam zur Geschäftsführung berechtigt (vgl. sec. 7 (3) LLP Regulations). Liegt keine abweichende vertragliche Regelung vor, fehlt es bei der LLP daher an einer zentralisierten Geschäftsführung und Vertretung, wie sie für Körperschaften üblich ist.[517]

Grundsätzlich kann bei der LLP die Vertretung und Geschäftsführung auch auf einzelne Personen ausgelagert werden – auch gesellschaftsfremde. Eine solche Ausgestaltung hätte eher körperschaftlichen Charakter.

Bei Rechtsanwalts-Sozietäten wird insbesondere in kleineren und mittleren Zusammenschlüssen die Geschäftsführung von allen Gesellschaftern gemeinsam wahrgenommen und jeder ist allein vertretungsbefugt. In diesem Fall läge ein personengesellschaftliches Merkmal vor.[518]

---

514 Verwaltungsschreiben des Bundesministeriums der Finanzen vom 19.03.2004 zur Einordnung der *Limited Liability Company* nach US-Recht, BStBl I 2004, 411 ff.; dessen Grundsätze werden auch auf die LLP angewendet: Erlass Senatsverwaltung für Finanzen Berlin vom 19.01.2007, DStR 2007, 1034.

515 *Schnittker/Bank*, LLP in der Praxis, Rn. 303.

516 Vgl. zum Verfahren *Schnittker/Bank*, LLP in der Praxis, Rn. 348 f.; *Schnittker*, BB 2010, Special 3, 20, 21.

517 Verwaltungsschreiben des Bundesministeriums der Finanzen vom 19.03.2004 zur Einordnung der *Limited Liability Company* nach US-Recht, IV, BeckVerw 0497818, IV. 1.

518 *Schnittker*, BB 2010, Special 3, 20, 21, 22 auch zur Frage ab wann insb. bei größeren Zusammenschlüssen von einer zentralisierten Geschäftsführung und damit von einem körperschaftlichen Merkmal auszugehen ist.

b. *Persönliche Haftung der Gesellschafter*

Die persönliche Haftung der Gesellschafter der LLP ist aufgrund der eigenen Rechtspersönlichkeit und fehlenden akzessorischen Haftung grundsätzlich ausgeschlossen. Die Gesellschafter einer in Deutschland tätigen LLP haften insbesondere für berufliches Fehlverhalten nicht persönlich (jedenfalls soweit man hier eine Korrektur über das kollisionsrechtliche Institut der Anpassung ablehnt, vgl. oben Teil 2 C. I. 5.).

Bislang wurde die fehlende persönliche Haftung als eindeutig körperschaftliches Merkmal verstanden.[519] Seit der Gesetzgeber mit Einführung der PartG mbB aber auch eine Personengesellschaft geschaffen hat, die für die zentrale Haftungsgefahr der beruflichen Haftung eine Haftungsbeschränkung vorsieht, wird dem Ausschluss der persönlichen Haftung deutlich weniger Gewicht als Anzeichen für eine Körperschaft einzuräumen sein.[520]

c. *Übertragbarkeit der Anteile*

Fehlt eine abweichende Vereinbarung im Gesellschaftsvertrag, so ist nach den gesetzlichen Auffangregelungen der Anteil an der LLP nicht frei übertragbar, sondern nur mit der Zustimmung der übrigen Gesellschafter, sec. 7 (5) LLP Regulations. Eine ungehinderte Übertragbarkeit als wesentliches Merkmal der Körperschaft[521] liegt damit grundsätzlich nicht vor.

d. *Gewinnzuteilung erforderlich*

Im Gegensatz zu Personengesellschaften bedarf es bei Körperschaften eines Gesellschafterbeschlusses, damit einem Gesellschafter sein Gewinnanteil zugeteilt wird.[522] Bei Personengesellschaften erfolgt die Gewinnzuteilung ohne jeden Beschluss, einzig für die Verfügbarkeit kann ein Beschluss erforderlich sein.[523]

Über die Gewinnzuteilung finden sich weder im LLP Act noch in den LLP Regulations als Auffangbestimmung gesetzliche Regelungen. Wenn der Gesellschaftsvertrag nichts anderes bestimmt, wird vertreten, dass am Ende des Geschäftsjahres automatisch ein Anspruch auf die Gewinnzuteilung entsteht.[524] Dies wäre als personengesellschaftliches Element zu verstehen.

---

519 Verwaltungsschreiben des Bundesministeriums der Finanzen vom 19.03.2004 zur Einordnung der *Limited Liability Company* nach US-Recht, BStBl 2004 I S. 411 ff. IV. 2.; so auch noch *Schnittker*, BB 2010, Special 3, 20, 22.

520 In diese Richtung auch *Henssler*, NJW 2014, 1761, 1765, 1766.

521 Verwaltungsschreiben des Bundesministeriums der Finanzen vom 19.03.2004 zur Einordnung der *Limited Liability Company* nach US-Recht, BStBl 2004 I S. 411 ff. IV. 3.

522 Verwaltungsschreiben des Bundesministeriums der Finanzen vom 19.03.2004 zur Einordnung der *Limited Liability Company* nach US-Recht, BStBl 2004 I S. 411 ff. IV. 4.

523 *Schnittker/Bank*, LLP in der Praxis, Rn. 326.

524 *Schnittker/Bank*, LLP in der Praxis, Rn. 82; *Schnittker*, Englische LLP, S. 63 (m.w.N.).

e. *Kapitalaufbringung*

Da die Gründung der LLP weder von der Vereinbarung noch der Erbringung irgendwelcher Einlagen oder einem Mindestkapital abhängt, entspricht sie in dieser Hinsicht – jedenfalls solange nicht im Gesellschaftsvertrag etwas anderes vereinbart wird – einer Personengesellschaft.[525]

f. *Unbegrenzte Lebensdauer*

Eine begrenzte Lebensdauer der Gesellschaft (also ihr Erlöschen aufgrund eines bestimmten Ereignisses ohne Einfluss der Gesellschafter) ist nach der Finanzverwaltung ein personengesellschaftliches Indiz.[526]

Die LLP ist als eigenständige Rechtspersönlichkeit vom Bestand ihrer Gesellschafter unabhängig und bleibt vom Ausscheiden oder Tod eines Gesellschafters grundsätzlich unberührt. Auch wenn durch das Ausscheiden eines Gesellschafters nur noch ein Gesellschafter verbleibt, führt dies nicht zum Erlöschen der LLP.[527] Jedoch kann das Gericht in diesen Fällen die Abwicklung anordnen. Diese Auflösungsmöglichkeit bei nur einem verbleibenden Gesellschafter ist eher personengesellschaftliches Indiz, da die innere Verbundenheit der Gesellschafter anders als bei einer Körperschaft im Vordergrund steht.[528]

g. *Gewinnverteilung nach Kapitalanteilen*

Treffen die Gesellschafter der LLP keine gegenteiligen Regelungen, so wird der Gewinn nach Kopfteilen verteilt, sec. 7 (1) LLP Regulations. Dies ist im Gegensatz zur Gewinnverteilung nach Geschäftsanteilen eher typisch für eine Personengesellschaft.[529]

---

525 Vgl. Verwaltungsschreiben des Bundesministeriums der Finanzen vom 19.03.2004 zur Einordnung der *Limited Liability Company* nach US-Recht, BStBl 2004 I S. 411 ff. IV. 5.

526 Vgl. Verwaltungsschreiben des Bundesministeriums der Finanzen vom 19.03.2004 zur Einordnung der *Limited Liability Company* nach US-Recht, BStBl 2004 I S. 411 ff. IV. 6.

527 Der allein verbleibende Gesellschafter haftete aber persönlich, wenn er in Kenntnis seiner Alleingesellschafterstellung die Geschäfte sechs Monate fortsetzt, vgl. *Schnittker/Bank*, LLP in der Praxis, 2008, Rn. 43.

528 *Schnittker/Bank*, LLP in der Praxis, Rn. 340.

529 Vgl. Verwaltungsschreiben des Bundesministeriums der Finanzen vom 19.03.2004 zur Einordnung der *Limited Liability Company* nach US-Recht, BStBl 2004 I S. 411 ff. IV. 7.

h. Besondere Gründungsvoraussetzungen, Registerzwang

Die Finanzverwaltung führt aus, dass Kapitalgesellschaften erst durch die Eintragung im Handelsregister und im Gegensatz dazu Personenhandelsgesellschaften bereits mit Abschluss des Gesellschaftsvertrages entstehen.[530]

Die Gründung der LLP ist von der Eintragung ins Companies Register abhängig. Dies als typisch kapitalgesellschaftliches Element zu begreifen, scheidet jedoch angesichts der konstitutiven Wirkung der Eintragung der PartG ins Partnerschaftsregister aus.[531]

2. Steuerliche Behandlung der „deutschen" *LLP nach dem Rechtstypenvergleich*

In der Regel sind die in Deutschland tätigen freiberuflichen LLPs personengesellschaftlich organisiert[532], weshalb der oben dargestellte Rechtstypenvergleich regelmäßig zu einer transparenten Besteuerung als Personengesellschaft führt.[533] Seit Einführung der PartG mbB fällt insbesondere der Gesichtspunkt der ausgeschlossenen persönlichen Haftung nicht mehr als allein körperschaftstypisches Element ins Gewicht.

Es muss im Einzelfall der Gesellschaftsvertrag daraufhin untersucht werden, ob er nicht abweichende Regelungen aufweist, die eine Charakterisierung als kapitalgesellschaftlich erfordern.[534] Insofern ist die individuelle Ausgestaltung des Gesellschaftsvertrages maßgeblich.

Für die Attraktivität der LLP in Deutschland bedeutet dies, dass die Gesellschafter, bei entsprechend achtsamer Gestaltung des Gesellschaftsvertrages nach personengesellschaftlichen Grundsätzen die Vorteile einer transparenten Besteuerung in Anspruch nehmen können und die LLP nicht der Körperschaftssteuer unterliegt.[535]

---

530 Verwaltungsschreiben des Bundesministeriums der Finanzen vom 19.03.2004 zur Einordnung der *Limited Liability Company* nach US-Recht, BStBl 2004 I S. 411 ff. IV. 8.

531 So auch *Schnittker*, BB 2010, Special 3, 20, 23 „*..nur wenig aussagekräftig...*".

532 *Eichele*, in: Gaier/Wolf/Göcken, Anwaltliches Berufsrecht, § 8 EuRAG Rn. 19.

533 Erlass Senatsverwaltung für Finanzen Berlin vom 19.01.2007, DStR 2007, 1034; auf Besteuerung als Personengesellschaft bei entsprechender Ausgestaltung im Innenverhältnis hinweisend auch: *Hartung/Bargon*, AnwBlatt 2011, 84; *Henssler*, NJW 2014, 1761, 1765; *Leicht*, BB 2010, Special 3, 14, 15; *Schnittker/Leicht*, BB 2010, 2971, 2976; *Triebel/Otte/Kimpel*, BB 2005, 1233, 1239.

534 *Schnittker*, Englische LLP, S. 200; Erlass Senatsverwaltung für Finanzen Berlin vom 19.01.2007, DStR 2007, 1034.

535 *Leicht*, BB 2010, Special 3, 14; im Ergebnis auch für eine grundsätzliche Besteuerung als Personengesellschaft auch: *Henssler/Mansel*, NJW 2007, 1393, 1400; *Leicht*, BB 2010, Special 3, 14, 15; *Römermann/Praß*, NZG 2012, 601, 602.

III. Registrierungspflicht

Eine in Deutschland agierende LLP muss wie beschrieben zunächst die nach britischem Recht zur Gründung erforderliche Registrierungspflicht einhalten (vgl. hierzu bereits Teil 2 A. II.).

Noch nicht eindeutig geklärt ist allerdings die Frage nach einer Registrierungspflicht der in Deutschland tätigen LLP auch in einem deutschen Register. Der Rechtsausschuss des Bundestages geht davon aus, dass sich aus § 5 Abs. 2 PartGG i.V.m. § 13d HGB eine Eintragungspflicht der in Deutschland tätigen LLP ins Partnerschaftsregister ergebe.[536] Dies entspricht – jedenfalls für die freiberufliche LLP – auch der ganz herrschenden Meinung in der Literatur und auch der Auffassung der Registergerichte.[537]

Im Zusammenhang mit dieser Eintragung in das deutsche Partnerschaftsregister wird empfohlen, durch einen Zusatz deutlich zu machen, dass die Haftungsverfassung der LLP nicht derjenigen der PartG entspricht.[538] Zur Verminderung des Verwaltungsaufwandes hält man es darüber hinaus für ausreichend, wenn ausschließlich die in Deutschland tätigen Gesellschafter der LLP (und nicht auch die evt. im Ausland in anderen Niederlassungen tätigen Gesellschafter) eingetragen werden.[539]

Trotz dieser von der h.M. angenommenen Verpflichtung zur Eintragung sind die meisten LLPs in Deutschland nicht ins Partnerschaftsregister (auch nicht ins Handelsregister) eingetragen.[540] Als Konsequenz einer Verletzung der Eintragungspflicht käme lediglich gem. § 14 HGB (i.V.m. § 5 Abs. 2 PartGG) die Verhängung

---

536 BT-Drs. 17/13944, S. 15 (insofern ergebe sich kein *„struktureller Nachteil"* der eintragungspflichtigen PartG mbB gegenüber der in Deutschland tätigen LLP); *Seibert*, DB 2013, 1710, 1714.

537 *Kilian*, in: Henssler/Streck, Hdb. des Sozietätsrechts, G Rn. 91; *Henssler*, NJW 2014, 1761, 1762; *ders.* NJW 2009, 3136, 3137, (Fn. 20 verweist auf eine Tagung der Registergerichte); *Henssler/Mansel*, NJW 2007, 1393, 1399; *Lieder/Hoffmann*, NZG 2014, 127, 130; speziell zur Anwendbarkeit des § 13d HGB auch bei Sitzverlegung ins Inland: *Hopt*, in: Baumbach/Hopt, HGB, § 13d Rn. 1 (mit einer ausführlichen kollisionsrechtlichen Begründung einer Eintragungspflicht über die Substitution *Bettinger*, Englische LLP, S. 146, 147, 210); differenzierend nach gesellschaftsvertraglicher Ausgestaltung *Schnittker/Bank*, LLP in der Praxis, Rn. 59–61; *Weller/Kienle*, DStR 2005, 1102, 1103; gegen eine solche Differenzierung: *Kilian*, in: Henssler/Streck, Hdb. des Sozietätsrechts, G Rn. 92. Der BRAK- Ausschusses Internationale Sozietäten, BRAK-Mitt. 2009, S. 22f, nimmt nicht ausdrücklich eine Pflicht an, spricht aber die Empfehlung zur Eintragung ins Partnerschaftsregister aus und empfiehlt diese mit einem Hinweis auf die zur PartG abweichende Haftungsverfassung zu versehen. Es bei einer Empfehlung belassend auch *Dahns*, NJW-Spezial 2005, 333; *Leicht*, BB 2010, Special 3, 14, 18.

538 BRAK-Mitt. 2009, 22; *Leicht*, BB 2010, Special 3, 14, 18, 19.

539 Im Einzelnen hierzu *Henssler*, NJW 2014, 1761, 1762; *ders.*, NJW 2009, 3136, 3138.

540 *Henssler*, NJW 2014, 1761, 1762; *Henssler/Mansel*, NJW 2007, 1392, 1399.

eines Zwangsgeldes in Betracht. Die Konsequenz einer persönlichen Haftung kann aus einer Verletzung der Eintragungspflicht jedenfalls nicht gezogen werden.[541]

IV. Postulationsfähigkeit

Ob die in Deutschland tätige LLP ohne weiteres oder nur bei einer Eintragung ins Partnerschaftsregister postulationsfähig ist, wird nicht einheitlich beurteilt.[542] Teilweise wird angenommen, die Postulationsfähigkeit ergebe sich – unabhängig von einer Eintragung – unmittelbar aus der Niederlassungs- und Dienstleistungsfreiheit, da das Erfordernis einer Eintragung ins Partnerschaftsregister eine europarechtswidrige Diskriminierung darstelle.[543] Nach der überwiegenden Meinung im Schrifttum setzt die Postulationsfähigkeit der LLP jedoch die Eintragung in ein deutsches Register voraus.[544]

Der BGH hat diese Frage bislang offengelassen, jedoch entschieden, dass Prozesshandlungen des handelnden Rechtsanwaltes einer LLP bei Fehlen entgegenstehender Umstände so auszulegen seien, dass er sie nicht nur für die Gesellschaft, sondern auch für sich selbst tätigt.[545] So konnte der BGH die Prozesshandlung als wirksam behandeln ohne über die Postulationsfähigkeit der LLP entscheiden zu müssen.

Die Auslegung des BGH bewirkt für die Praxis, dass die Gesellschafter einer LLP auch ohne Eintragung in ein Register nicht Gefahr laufen, dass ihre vor Gericht vorgenommenen Prozesshandlungen unwirksam sind.[546]

---

541 BGH vom 14.03.2005 – 2 ZR 5/03, DStR 2005, 839, 841 zu dieser Konsequenz einer fehlenden Eintragung einer Ltd. ins Handelsregister; zur Möglichkeit des Zwangsgeldes auch *Bettinger*, Englische LLP, S. 217.

542 Für Postulationsfähigkeit nur bei Eintragung etwa: *Dahns*, NJW-Spezial 2005, 333; *Henssler*, NJW 2014, 1761, 1762; *ders.* NJW 2009, 3136, 3137; *Leicht*, BB 2010, Special 3, 14, 18; *Weller/Kienle*, DStR 2005, 1102, 1103. Für eine Postulationsfähigkeit unabhängig von einer Eintragung aus der europäischen Niederlassungs- und Dienstleistungsfreiheit: *Roth*, BB 2010, Special 3, 29.

543 *Roth*, BB 2010, Special 3, 29; BRAK-Mitt. 2009, 22.

544 *Dahns*, NJW-Spezial 2005, 333; *Henssler*, NJW 2014, 1761, 1762; *ders.* NJW 2009, 3136, 3137; *Leicht*, BB 2010, Special 3, 14, 18; *Weller/Kienle*, DStR 2005, 1102, 1103.

545 BGH vom 22.04.2009 – IV ZB 34/08, BeckRS 2009, 12123.

546 Teils wird auf Haftungsgefahren verwiesen, die sich aus der Auslegung des BGH ergeben: Kommt man unter Ablehnung der Postulationsfähigkeit ohne Eintragung dazu, dass Prozesshandlungen auch im eigenen Namen vorgenommen werden, so sind diese nicht von der Haftungsverfassung der Gesellschaft geschützt, da sie (auch) im Rahmen einer eigenständigen Geschäftsbesorgung getätigt werden. So *Henssler*, in: FS Busse, S. 128, 146; *ders.*, NJW 2009, 3136, 3138; *Kilian*, in: Henssler/Streck, Hdb. des Sozietätsrechts, G Rn. 70.

V. Berufshaftpflichtversicherung

Schließen sich deutsche Rechtsanwälte zu einer LLP zusammen, so gilt für sie ungeachtet der ausländischen Rechtsform die anwaltliche Versicherungspflicht gem. § 51 BRAO. Ob auch die LLP selbst nach deutschem Recht eine Berufshaftpflichtversicherung unterhalten muss, wie es gem. § 59j BRAO die Rechtsanwalts-GmbH und gem. § 51a BRAO die PartG mbB muss, ist noch nicht eindeutig geklärt und bislang in der Literatur kaum vertieft thematisiert worden.[547]

1. Herleitung aus den Regelungen zur Rechtsanwalts-GmbH

Teile der Literatur erwägen eine Versicherungspflicht nach dem Vorbild des § 59j BRAO.[548] Ohne vertiefte dogmatische Herleitung wird darauf verwiesen, dass es bei der LLP ebenso wie bei der GmbH an einer akzessorischen Haftung der Gesellschafter fehle und daher von einer Versicherungspflicht entsprechend den Vorgaben des § 59j BRAO auszugehen sei.[549]

Gegen eine entsprechende Anwendung der Versicherungspflicht aus § 59j BRAO wird allerdings eingewandt, dass eine Vergleichbarkeit zwischen GmbH und LLP insofern zweifelhaft sei, als es für die LLP – anders als für die GmbH – kein zwingendes Zulassungsverfahren (vgl. § 59g BRAO) gebe.[550] Wenn es aber keinen Zulassungszwang

---

547 Das Problem wird angesprochen etwa bei: *Grunewald*, GWR 2013, 393, 395; *Linardatos*, VersR 2013, 1488, 1497. Zu einer Versicherungspflicht tendierend: *Brügge*, in: Gräfe/Brügge, Vermögensschaden-HPV, A Rn. 321; *Kilian*, in: Henssler/Streck, Hdb. des Sozietätsrechts, G Rn. 106; *Kreße*, NJ 2013, 45, 48. Gegen eine Versicherungspflicht: Bundesrechtsanwaltskammer, BRAK-Mitt., 2009, 22; *Bettinger*, Englische LLP, S. 222 f.; *Sassenbach*, in: Terbille/Höre, MünchHdb. Versicherungsrecht, § 18 Rn. 24a; *Henssler*, NJW 2014, 1761, 1765; zum Erfordernis einer Berufshaftpflichtversicherung nach englischem Recht zur Anerkennung als recognised body vgl. Teil 2 A. II.

548 *Kilian*, in: Henssler/Streck, Hdb. des Sozietätsrechts, G Rn. 106, 51; *Henssler/Mansel*, NJW 2007, 1393, 1399; *Kreße*, NJ 2013, 45, 48. Vereinzelt wird eine Versicherungspflicht auch über eine entsprechende Anwendung des § 8 Abs. 2 EuRAG hergeleitet (dies andenkend *Brügge*, in: Gräfe/Brügge, Vermögensschaden-HPV, A Rn. 321). Nach § 8 Abs. 2 EurRAG ist die persönliche Haftung eines niedergelassenen europäischen Anwaltes durch die Rechtsform eines Zusammenschlusses, dem er im Herkunftsstaat angehört, nur ausgeschlossen, wenn und soweit er eine Berufshaftpflichtversicherung unterhält, die den Voraussetzungen des § 59j BRAO entspricht. Gegen die Herleitung einer Versicherungspflicht der LLP hieraus spricht aber, dass das EuRAG nach seinem Regelungsgehalt deutsche Rechtsanwälte gerade nicht erfassen will. Ausführlich zur Unanwendbarkeit des EuRAG vgl. *Bettinger*, Englische LLP, S. 219–223.

549 Vorsichtig formulierend: *Kilian*, in: Henssler/Streck, Hdb. des Sozietätsrechts, G Rn. 106, 51 *(...“wird davon auszugehen sein“)*; *Henssler/Mansel*, NJW 2007, 1393, 1399 *(„erscheint es vertretbar...“)*; *Kreße*, NJ 2013, 45, 48 *(„...liegt es ...nahe...“)*.

550 Vgl. *Bettinger*, Englische LLP, S. 274 m.w.N.

für die LLP gebe, könne auch die Versicherungspflicht der GmbH als Zulassungsvoraussetzung nicht auf die LLP übertragen werden.

Gegen eine analoge Anwendung der berufsrechtlichen Versicherungsregelungen wird auch der bewusste Regelungsverzicht des Gesetzgebers angeführt. Der Gesetzgeber ist sich bewusst gewesen, dass zur Versicherungspflicht ausländischer Berufsausübungsgemeinschaften keine gesetzliche Regelung existiert und hat dies hingenommen, so dass die Annahme einer planwidrigen Regelungslücke ausgeschlossen ist.[551] Eine Versicherungspflicht der LLP, die derjenigen der GmbH oder PartG mbB entspricht möge zwar wünschenswert sein, da aufgrund der ausgeschlossenen Haftung der Gesellschafter eine vergleichbare Interessenlage vorliege; eine solche Pflicht und die mit ihrer Verletzung verbundene Sanktionierung bedürfen jedoch einer klaren gesetzlichen Grundlage.[552]

Auch die Bundesrechtsanwaltskammer lehnt in einer Empfehlung des BRAK-Ausschusses Internationale Sozietäten eine Versicherungspflicht der LLP als solcher aus § 59j BRAO ab.[553] Versicherungsrechtlich ist die LLP danach wie eine PartG oder eine GbR zu behandeln.[554] Ungeachtet der fehlenden Versicherungspflicht empfiehlt der BRAK-Ausschuss aber eine freiwillige, angemessene Versicherung, die jedoch nicht den Anforderungen des § 59j BRAO entsprechen muss. Es soll auch eine internationale Versicherung genügen, die bei der Mehrheit der LLPs bereits vorhanden ist.[555]

Ebenso geht der Gesetzgeber davon aus, dass es keine Versicherungspflicht der LLP gibt, denn das Bundesministerium der Justiz plant nach Angaben des Referatsleiters Gesellschaftsrecht eine entsprechende Gesetzesänderung zur Einführung einer Versicherungspflicht der LLP.[556]

2. Folgen der Rechtsunsicherheit in der Praxis

Das Bestehen einer Versicherungspflicht *de lege lata* für die in Deutschland agierende LLP ist nach dem zuvor Gesagten zweifelhaft. Risikobewusste Gesellschafter werden jedoch – unabhängig von einer bestehenden Verpflichtung – bereits um das

---

551 *Henssler*, NJW 2014, 1761, 1765. Ohne Begründung eine Versicherungspflicht der LLP ablehnend auch: *Sassenbach*, in: Terbille/Höre, MünchHdb. Versicherungsrecht, § 18 Rn. 24a.

552 *Henssler*, in: Henssler/Prütting, BRAO, Anh. § 59c BRAO Rn. 27f (hält eine Versicherungspflicht zwar für wünschenswert, aber für *de lege lata* nicht herzuleiten); a.A. *Kilian*, in: Henssler/Streck, Hdb. des Sozietätsrechts, G Rn. 49.

553 BRAK-Mitt. 2009, 22; hierauf verweisend auch *Brügge*, in: Gräfe/Brügge, Vermögensschaden-HPV, A Rn. 321.

554 Im Ergebnis auch: *Sassenbach*, in: Terbille/Höre, MünchHdb. Versicherungsrecht, § 18 Rn. 24a.

555 BRAK Mitt. 2009, 22; *Eichele*, in: Gaier/Wolf/Göcken, Anwaltliches Berufsrecht, § 8 EuRAG Rn. 26.

556 *Seibert*, DB 2013, 1710, 1714 (Prof. Dr. Seibert ist Leiter des Referates Gesellschaftsrecht beim Bundesministerium der Justiz).

Gesellschaftsvermögen zu schützen für eine risikoangemessene Versicherung der Gesellschaft selbst Sorge tragen.[557] Die Frage nach einer Versicherungspflicht wird sich daher nur für diejenigen Gesellschaften stellen, die nicht ohnehin freiwillig einen Versicherungsschutz in einer dem § 59j BRAO entsprechenden Höhe zum Schutz der Gesellschaft abschließen.

Praktische Auswirkungen entfaltet die Frage einer bestehenden Versicherungspflicht der LLP ferner nur dann, wenn die Einhaltung einer solchen Pflicht auch wirksam kontrolliert werden kann oder ihre Verletzung nicht folgenlos ist. Eine *ex ante*-Kontrolle der Einhaltung der Versicherungspflicht durch ein Zulassungsverfahren wie bei der GmbH ist bei der LLP mangels eines zwingenden Zulassungsverfahrens nicht möglich.

Bei entsprechender Anwendung des § 59j BRAO auf die LLP müsste man bei einer fehlenden Versicherung eine persönliche Haftung der Gesellschafter gem. § 59j Abs. 4 BRAO in Höhe des fehlenden Versicherungsschutzes annehmen.[558] Teilweise wird auch eine persönliche Haftung der Gesellschafter der LLP wegen einer Verletzung der angenommenen Versicherungspflicht auch über § 823 Abs. 2 BGB i.V.m. § 59j BRAO hergeleitet.[559]

Entscheiden sich die Gesellschafter der deutschen LLP in der Praxis daher gegen den Abschluss einer Versicherung für die Gesellschaft selbst, gehen sie die Gefahr ein, dass sie – sollten die Gerichte eine entsprechende Pflicht doch bejahen – trotz der eigentlich vorliegenden Haftungsbeschränkung auf das Gesellschaftsvermögen einer persönlichen Haftung wegen Verletzung der Versicherungspflicht unterliegen.

VI. Eignung zum interprofessionellen Zusammenschluss

1. Beschränkung auf die sozietätsfähigen Berufe

Die Frage, inwiefern die LLP für interdisziplinäre Zusammenschlüsse geeignet ist, wird in der Literatur bislang nicht thematisiert.

Das deutsche Berufsrecht der Rechtsanwälte reguliert in § 59a Abs. 1 Satz 1 BRAO die Zulässigkeit von interprofessioneller Berufsausübung. Danach dürfen deutsche Rechtsanwälte sich nur mit den dort genannten sozietätsfähigen Berufen zur Berufsausübung zusammenschließen. Die Regulierung, deren Verfassungsmäßigkeit derzeit durch das BVerfG überprüft wird[560], adressiert den einzelnen deutschen Rechtsanwalt, so dass die Begrenzung zum Zusammenschluss nur mit

557 Dahingehend auch die Empfehlung der BRAK, BRAK-Mitt. 2009, 22, 23.

558 So etwa: *Kilian*, in: Henssler/Streck, Hdb. des Sozietätsrechts, G Rn. 50.

559 *Kreße*, NJ 2013, 45, 48, der diese Haftung als *ex post* Kontrolle der Versicherungspflicht versteht.

560 Verfahren anhängig beim BVerfG unter 1 BvL 6/13 (zuvor BGH II ZR 7/11).

sozietätsfähigen Berufen (soweit verfassungsrechtlich wirksam) auch den Rechtsanwalt betrifft, der sich mit anderen in einer LLP zusammenschließt.[561]

2. *Geltung der kapitalgesellschaftlichen Mehrheitserfordernisse für anwaltliche Gesellschaften*

Ferner ist bislang in der Literatur nicht thematisiert, ob auf die interprofessionelle LLP die Erfordernisse der mehrheitlichen anwaltlichen Geschäftsführung i.S.d. § 59f Abs. 1 Satz 1 BRAO und der mehrheitlichen anwaltlichen Gesellschafter i.S.d. § 59e BRAO – soweit sie nicht bereits vom BVerfG für nichtig erklärt wurden[562] – analog anzuwenden sind. Für die Beurteilung ausländischer Gesellschaften, die kapitalgesellschaftsähnlich sind, wird vertreten, dass eine analoge Anwendung der §§ 59c ff. BRAO – und damit wohl auch der Mehrheitserfordernisse – angezeigt sei.[563]

Es sprechen jedoch gewichtige Argumente gegen die Einordnung der *„deutschen"* LLP als kapitalgesellschaftsähnlich und damit gegen die Anwendung der Mehrheitserfordernisse der §§ 59e, f BRAO. Zum einen entspricht die innere Struktur der LLP im Regelfall eher derjenigen einer Personengesellschaft (vgl. hierzu Teil 2 C. II. 1.). Zum anderen wird man seit Einführung der PartG mbB den Ausschluss der persönlichen Haftung nicht mehr als zwingendes kapitalgesellschaftliches Element begreifen können.

Da die Mehrheitserfordernisse für Personengesellschaften nicht gelten, erscheint auch eine Anwendung auf die LLP nicht angebracht. Einer analogen Anwendung der Reglungen über die anwaltliche GmbH kann auch entgegengehalten werden, dass sie bei der GmbH als Zulassungsvoraussetzungen ausgestaltet sind. Für die deutsche LLP ist jedoch ein solches Zulassungsverfahren nicht vorgesehen, so dass in der Praxis im Übrigen auch keine Kontrolle der Einhaltung der Mehrheitsverhältnisse möglich wäre.

VII. Bilanzierungs- und Publizitätspflichten

Da die Bilanzierungs- und Buchführungspflichten der LLP an ihre Gesellschaftsform anknüpfen, sind auch sie gesellschaftsrechtlich zu qualifizieren, so dass auch die in Deutschland ansässige LLP uneingeschränkt den Anforderungen des britischen Rechts (vgl. hierzu Teil 2 A. V.) bezüglich der Erstellung eines Jahresabschluss etc. nachkommen muss.[564]

Ein Hinzutreten von nach deutschem Recht vorgeschriebenen Rechnungslegungsvorschriften scheidet von vorneherein aus. Dies würde nämlich zu einer

---

561 Vgl. *Hartung*, in: Henssler/Prütting, BRAO, § 59a BRAO Rn. 133, auf die Geltung des § 59a BRAO auch in der EWIV verweist.

562 BVerfG vom 14.01.2014 – 1 BvR 2998/11, NJW 2014, 613.

563 So *Henssler*, in: FS Busse, 128, 149.

564 *Bank*, Die britische LLP, S. 362; im Ergebnis auch: *Schnittker/Bank*, LLP in der Praxis, Rn. 271.

Doppelbelastung der LLP führen, die eine Beschränkung der Niederlassungsfreiheit darstellen würde.[565] Auch die handelsrechtlichen Pflichten finden bei einer freiberuflichen LLP schon mangels Kaufmannseigenschaft keine Anwendung, da sie kein Formkaufmann ist.[566]

Die „*deutsche*“ LLP muss demnach den zuvor erläuterten Pflichten nachkommen und u.a. tagesaktuelle Bücher führen und einen vollständigen Jahresabschuss erstellen. Kommt sie diesen Pflichten nicht nach, hat das nach englischen Recht unter Umständen sogar die Löschung der LLP und infolgedessen ihre Auflösung zur Folge.[567] Die britische Registerbehörde kann ein Löschungsverfahren einleiten, wenn Grund zu der Annahme besteht, dass die Gesellschaft nicht mehr am wirtschaftlichen Leben teilnimmt. Auch die Nichteinreichung der erforderlichen Unterlagen gibt Anlass zu einem solchen Verfahren.[568] Werden die Dokumente nicht nachgereicht, kann dies neben der Löschung der LLP auch strafrechtliche Konsequenzen für die Gesellschafter mit sich bringen.[569]

Die Löschung hat nach britischem Recht konstitutive Wirkung.[570] Die Frage, was in diesem Falle mit dem in Deutschland befindlichen Gesellschaftsvermögen und Geschäftsbetrieb geschieht, ist bislang selten thematisiert worden.[571] Man wird annehmen müssen, dass es sich in der Regel nach Löschung der LLP bei dem in Deutschland vorhandenen Gebilde um eine GbR handelt, da die Voraussetzungen für andere Gesellschaftsformen nach deutschem Recht nicht vorliegen dürften.[572]

---

565 *Schnittker/Bank*, LLP in der Praxis, Rn. 274.

566 *Schnittker/Bank*, LLP in der Praxis, Rn. 275ff.

567 *Schnittker/Bank*, LLP in der Praxis, Rn. 260. Die Nichteinreichung der Unterlagen kann von *Registrar* als Indiz für eine Aufgabe des Geschäftsbetriebes gewertet werden. Nach englischem Recht kann der *Registrar*, wenn Nachfragen unbeantwortet blieben, die Gesellschaft aus dem Register löschen, was nach englischem Recht konstitutive Wirkung hat; vgl. sec. 1000 CA 2006 i.V.m. sec. 50 Limited Liability Partnerships (Application of Companies Act 2006) Regulations 2009.

568 Vgl. zur britischen *Ltd.* AG Duisburg vom 14.10.2003 – 63 IN 48/03, NZG 2003, 1167; Kapitel 2 des *guidance book* der britischen Registerbehörde: abrufbar unter http://companieshouse.gov.uk/about/gbhtml/gpllp3.shtml (abgerufen am 12.07.2014).

569 Kapitel 2 des *guidance book* der britischen Registerbehörde: abrufbar unter http://companieshouse.gov.uk/about/gbhtml/gpllp3.shtml (abgerufen am 12.07.2014) „*If you want your LLP to remain on the register, you must reply promptly to any formal inquiry letter from the registrar and deliver any outstanding documents. Failure to do so may also result in the members being prosecuted*“.

570 AG Duisburg vom 14.10.2003 – 63 IN 48/03, NZG 2003, 1167, 1168; Schreiben des Bundesministerium der Finanzen vom 6.01.2014 http://www.bundesfinanzministerium.de/Content/DE/Downloads/BMF_Schreiben/Steuerarten/Koerperschaftsteuer_Umwandlungsteuer/2014-01-06-loeschung-limited.pdf?__blob=publicationFile&v=1 (abgerufen am 30.12.2014).

571 *Linardatos*, VersR 2013, 1488, 1496.

572 *Linardatos*, VersR 2013, 1488, 1497; *Schwarz*, DB 2013, 799. Jedenfalls, wenn – wie bei den meisten LLPs – keine Eintragung ins Partnerschaftsregister vorliegt.

Damit würden die Gesellschafter der Restgesellschaft in Form der GbR für alle Verbindlichkeiten der ehemaligen LLP unmittelbar und unbeschränkt persönlich gem. § 128 HGB analog mit ihrem persönlichen Vermögen haften.

Die Nichteinhaltung der britischen Offenlegungspflichten birgt demnach nicht nur die Gefahr registerrechtlicher oder strafrechtlicher Sanktionen, sondern auch die Gefahr des Verlustes des Haftungsausschlusses für Verbindlichkeiten der Gesellschaft.

D. Wege in die LLP

Wollen deutsche Rechtsanwälte, die bereits in einer deutschen Berufsausübungsgemeinschaft in Form der GbR oder PartG zusammengeschlossen sind, künftig in Form einer LLP tätig werden, ist in der Regel keine Auflösung der früheren Gesellschaft und Neugründung der LLP gewollt, sondern es soll der Geschäftsbetrieb der bestehenden Berufsausübungsgesellschaft auf die neu gegründete LLP im Wege der Gesamtrechtsnachfolge übertragen werden.[573]

Hierfür bietet sich in der Praxis der folgende Weg an:

Der bisherige Gesellschaftsvertrag der GbR oder PartG kann an die englischen gesellschaftsrechtlichen Erfordernisse angepasst werden (z.B. Festlegung des statutarischen Sitzes in England etc.). Für die *„Umwandlung"* muss dann der gesamte Geschäftsbetrieb der GbR oder PartG an die frisch gegründete LLP übertragen werden.[574] Wenn alle Geschäftsanteile der GbR oder PartG auf die zuvor gegründete LLP übertragen werden, führt dies gem. § 738 Abs. 1 BGB zur Anwachsung des gesamten Geschäftsbetriebes bei der LLP.[575] Hierzu wird nicht etwa die LLP – auch nicht für eine juristische Sekunde – Gesellschafterin der GbR oder PartG. Vielmehr vollziehen sich Übertragung und Anwachsung in einem einheitlichen Schritt.[576] Die bisherige Sozietät erlischt und die *„deutsche"* LLP ist Gesamtrechtsnachfolgerin der bisherigen deutschen Sozietät.[577]

Der Anwachsungsfolge des § 738 BGB steht nicht entgegen, dass es sich nur bei der erlöschenden Gesellschaft um eine deutsche Gesellschaft und bei der aufnehmenden um eine ausländische Gesellschaft handelt. Der Anwendungsbereich des

---

573 *Leicht*, BB 2010, Special 3, 14, 17.

574 *Leicht*, BB 2010, Special 3, 14, 17, 18; zur Möglichkeit der Steuerneutralität dieses Vorgehens bei einer Einbringung gegen Ausgabe von Anteilen an der LLP vgl. *Eilers*, BB 2010, Special 3 zu Heft 49, 27, 28.

575 *Leicht*, BB 2010, Special 3, 14, 17, 18; *Schlinker*, NJW 2011, 2091, 2092.

576 *Leicht*, BB 2010, Special 3, 14, 19: Würde die LLP für eine juristische Sekunde Gesellschafterin der PartG, stünde die Regelung des § 1 Abs. 1 Satz 3 PartGG entgegen. Diese Regelung müsste aber teleologisch reduziert werden, da sie nur die dauerhafte (und nicht die sekundenweise) Beteiligung einer juristischen Person an der PartG verbietet. (a.A. *Schlinker*, NJW 2011, 2091, 2093).

577 *Schlinker*, NJW 2011, 2091, 2092.

§ 738 BGB ist bereits dann eröffnet, wenn es sich bei der erlöschenden Gesellschaft um eine inländische Gesellschaft i.S.d. §§ 705 ff. BGB handelt.[578]

Durch den Wechsel in eine LLP werden die Gesellschafter nicht von jeglicher Haftung frei. Für die Gesellschafter der vorherigen GbR oder PartG gilt vielmehr die begrenzte Nachhaftung analog § 160 HGB, § 224 UmwG fünf Jahre lang für die bis zur Umwandlung begründeten Verbindlichkeiten der GbR oder PartG.[579]

Geht man mit der wohl h.M. davon aus, dass die Verbindlichkeiten aus Mandatsverhältnissen bereits mit Vertragsschluss begründet sind und nicht erst mit der Begehung der beruflichen Pflichtverletzung[580], so verbleibt es für alle bis zum Wechsel in die LLP abgeschlossenen Mandatsverhältnisse beim alten Haftungsregime.[581]

E. Zusammenfassung zur „*deutschen*" LLP

Nach der Rechtsprechung des EuGH zur Niederlassungsfreiheit steht es deutschen Rechtsanwälten offen, in Großbritannien eine LLP zu gründen und diese im Anschluss ausschließlich in Deutschland zu betreiben. Auch Rechtsanwälte, die bereits in einer deutschen Berufsausübungsgemeinschaft zusammengeschlossen sind, steht die Möglichkeit offen, die bisherige Sozietät im Wege der Gesamtrechtsnachfolge in eine LLP zu überführen.

Der Gründungsaufwand der LLP ist überschaubar, insbesondere ist kein Mindestkapital aufzubringen. Besonderen organisatorischen Aufwand verlangen jedoch die einzuhaltenden britischen Buchführungs-, Bilanzierungs- und Offenlegungspflichten.

Wohl prägnantestes Merkmal der „*deutschen*" LLP ist die von der ganz h.M. angenommene, einer Kapitalgesellschaft entsprechende Beschränkung der Haftung für sämtliche Verbindlichkeiten der Gesellschaft auf das Gesellschaftsvermögen, insbesondere auch für berufshaftungsrechtliche Verbindlichkeiten. In dieser Frage der Haftungsbeschränkung besteht noch keine absolute Rechtssicherheit im Sinne gesetzlichen Regelung oder höchstrichterlichen Entscheidung. Insbesondere nach Einführung der PartG mbB wird eine persönliche Haftung für berufshaftungsrechtliche Verbindlichkeiten über die kollisionsrechtliche Anpassung jedoch schwerlich zu begründen sein.

Ungeachtet dieses Ausschlusses der persönlichen Haftung aller Gesellschafter, welche – jedenfalls vor Einführung der PartG mbB – eine den Körperschaften vorbehaltene Eigenschaft war, wird die LLP im Regelfall des personengesellschaftlich

578 *Haase*, IStR 2006, 855, 856.

579 *Vollkommer/Greger/Heinemann*, Anwaltshaftungsrecht, § 22 Rn. 11; *Leicht*, BB 2010, Special 3, 14, 19; weitere Einzelheiten zur Haftung nach „*Umwandlung*" vgl. *Schlinker*, NJW 2011, 2091, 2093.

580 Vgl. hierzu schon Teil 1 C. I 1 d. cc. (2) und Teil 1 C. I 2. e. bb. (2).

581 Vgl. ausführlich zum Parallelproblem beim Wechsel in die PartG mbB unter Teil 3 F. II. 2.

ausgestalteten Innenverhältnisses steuerlich transparent behandelt und unterliegt nicht der Körperschaftssteuer.

Damit ermöglicht sie den Ausschluss der persönlichen Haftung der Gesellschafter in Kombination mit der steuerlichen Behandlung als Personengesellschaft.

Im Zusammenhang mit den bestehenden Haftungsgefahren ist zu beachten, dass diese im Insolvenzfall nicht mit Sicherheit prognostiziert werden können. Insbesondere ist eine Anwendung der britischen (nicht fristgebundenen und daher früher eingreifenden) Insolvenzverschleppungshaftung nicht auszuschließen.

Die ganz h.M. geht von einer Registerpflichtigkeit der LLP aus. Dieser Pflicht wird jedoch in der Praxis überwiegend nicht nachgekommen, ohne dass es infolgedessen zu praktischen Konsequenzen käme.

F. Die „deutsche" LLP im Vergleich zu den bisherigen deutschen Organisationsformen

Bei dem Vergleich wird, wie bei der Darstellung der einzelnen Zusammenschlussmöglichkeiten, besonderer Fokus auf diejenigen Merkmale gelegt, die für die Rechtsformwahlentscheidung von besonderer Bedeutung sind (vgl. Teil 1).

I. Haftungsrechtlicher Vergleich

Die Gesellschafter der LLP haften für Verbindlichkeiten der Gesellschaft nicht persönlich, dies gilt nach h.M. uneingeschränkt auch für berufshaftungsrechtliche Verbindlichkeiten. Die LLP ähnelt in dieser Hinsicht der GmbH und der AG, da diese als einzige deutsche anwaltliche Berufsausübungsgesellschaft eine umfassende Haftungsbeschränkung auf das Gesellschaftsvermögen vorsehen.

Im Gegensatz zur Haftungsbeschränkung der GmbH und AG ist die Haftungsbeschränkung der LLP aufgrund der nicht abschließend geklärten Frage der kollisionsrechtlichen Anpassung allerdings mit einer gewissen Rechtsunsicherheit behaftet.[582]

II. Steuerrechtlicher Vergleich

Im Regelfall der personengesellschaftlichen Ausgestaltung des Gesellschaftsvertrages der LLP wird diese steuerlich wie die deutschen Personengesellschaften behandelt. Diese transparente Besteuerung ist für die Gesellschafter vorteilhafter als die Besteuerung der Kapitalgesellschaften.[583] Aufgrund dieser unterschiedlichen steuerlichen Behandlung stellen die deutschen Kapitalgesellschaften trotz der dort bestehenden Haftungsbeschränkung keine Alternative zur LLP dar.[584]

582 *Römermann/Praß*, NZG 2012, 601, 602 bezeichnen die Wahl der LLP daher als *„zumindest riskant"*.

583 Vgl. zum ausführlichen Vergleich der Auswirkungen der steuerlichen Behandlung als Personen- oder Kapitalgesellschaft *Schnittker/Leicht*, BB 2010, 2971, 2974.

584 *Hellwig*, AnwBlatt 2011, 77, 83.

III. Gründungsaufwand

Bezüglich des Gründungsaufwandes ähnelt die LLP am ehesten der PartG, da eine konstitutive Eintragung in ein Register erforderlich ist. Mit der GbR hat sie gemein, dass ein schriftlicher Gesellschaftsvertrag nicht zwingend ist, jedoch in der Regel abgeschlossen wird.

Wie bei den deutschen Personengesellschaften muss für die LLP kein Mindestkapital aufgebracht werden.

Das Bestehen einer der anwaltlichen GmbH entsprechenden Versicherungspflicht und die Folgen einer Verletzung einer solchen eventuellen Pflicht sind nicht eindeutig geklärt.

IV. Buchführungs- und Offenlegungspflichten

Die in Deutschland tätige LLP unterliegt den Buchführungs- und Offenlegungspflichten des britischen Rechts. Insofern ist sie am ehesten mit der GmbH und der AG vergleichbar, da diese als Kapitalgesellschaften den handelsrechtlichen Buchführungspflichten unterliegen. Die LLP ist damit mit einem höheren Verwaltungs- und Organisationsaufwand verbunden als die deutschen Personengesellschaften.[585]

V. Sonstige Vor- und Nachteile

Für international agierende Sozietäten, die – obwohl ausschließlich in Deutschland tätig – auch ausländische Mandanten betreuen, bietet die LLP gegenüber allen deutschen Gesellschaftsformen den Vorteil der Internationalität der Gesellschaftsform.[586] Insbesondere die PartG ist außerhalb Deutschlands kaum bekannt.[587] Die LLP hat sich seit ihrer Einführung in Großbritannien 2001 europaweit großer Beliebtheit erfreut und genießt daher auch über ihren Heimatstaat hinaus Markttransparenz. Mit einem in diese Richtung gehenden Hinweis hat in Deutschland auch die Kanzlei Clifford Chance ihren Wechsel von der PartG in die LLP erklärt (nachdem ihr auch die PartG mbB zur Verfügung gestanden hätte).[588]

Möglicherweise können deutsche Personengesellschaften aufgrund der persönlichen Haftung auf Mandanten vertrauenserweckender wirken als die ausländische Rechtsform der LLP. Jedoch hat die LLP in Deutschland bereits eine große Bekanntheit und (anders als etwa die *Limited*) ein durchaus positives Image.[589]

---

585 *Linardatos*, VersR 2013, 1488, 1497.

586 *Linardatos*, VersR 2013, 1488, 1497; *Pleister*, AnwBlatt 2012, 801, 802.

587 *Schnittker/Leicht*, BB 2010, 2971, 2973.

588 Artikel vom 2.07.2014 in Legal Tribune Online: *„Die Rechtsform der LLP ist weltweit etabliert und passt besser zum internationalen Zuschnitt unserer Sozietät", meint Dr. Andreas Dietzel, Geschäftsführender Partner der deutschen Sozietät.".* abzurufen unter: http://www.lto.de/recht/kanzleien-unternehmen/k/clifford-chance-deutschland-neue-rechtsform/ (abgerufen am 30.12.2014).

589 *Schnittker/Leicht*, BB 2010, 2971, 2973.

Ein Nachteil der LLP gegenüber den deutschen Zusammenschlussmöglichkeiten ist die mit ihr in vielen Bereichen immer noch verbundene Rechtsunsicherheit bezüglich des anwendbaren Insolvenzrechts, der Versicherungspflicht, der Registerpflicht und der fraglichen Postulationsfähigkeit.[590]

VI. Fazit

Die deutschen Zusammenschlussmöglichkeiten für Rechtsanwälte vor Einführung der PartG mbB boten keine Möglichkeit einer steuerlichen Behandlung als Personengesellschaft bei gleichzeitigem Ausschluss der persönlichen Haftung.

Die Möglichkeit der GmbH & Co. KG ist Rechtsanwälten versperrt. In diese *„Regelungslücke“*[591], die in der Darstellung der anwaltlichen Berufsausübungsgesellschaften in Teil 1 aufgezeigt wurde, fügte sich bis zur Schaffung der PartG mbB allein die *„deutsche“* LLP. Sie bietet deutschen Rechtsanwälten bei entsprechender gesellschaftsvertraglicher Ausgestaltung die steuerlich transparente Behandlung einer Personengesellschaft bei (nach der h.M.) umfassend ausgeschlossener persönlicher Haftung für Verbindlichkeiten der Gesellschaft. Diese Vorteile gehen in der Praxis jedoch mit erhöhtem Organisations- und Verwaltungsaufwand sowie Rechtsunsicherheiten einher.

---

590 *Linardatos*, VersR 2013, 1488, 1497.

591 RegE zum Gesetz zur Einführung einer PartG mbB, BT-Drs. 17/10487, S. 16.

3. Teil: Die Partnerschaftsgesellschaft mit beschränkter Berufshaftung

Im folgenden Abschnitt der Bearbeitung wird zunächst kurz die Gesetzgebungsgeschichte der PartG mbB dargestellt sowie die dahinterstehende Motivation des Gesetzgebers einer Plausibilitätsprüfung unterzogen.

Im Anschluss werden im Einzelnen die Voraussetzungen und Rechtsfolgen der PartG mbB dargestellt und kritisch gewürdigt.

A. Hintergrund der PartG mbB

I. Gesetzgebungsgeschichte

Im Februar 2012 legte das Bundesministerium der Justiz einen Referentenentwurf für ein „*Gesetz zur Einführung einer Partnerschaftsgesellschaft mit beschränkter Berufshaftung und zur Änderung des Berufsrechts der Rechtsanwälte, Patentanwälte und Steuerberater*“ vor (folgend: RefE).[592] Dieser baute im Wesentlichen auf einem Vorschlag der Bundesrechtsanwaltskammer aus dem Frühjahr 2011 auf und geht zurück auf einen Vorschlag des Deutschen Juristentages 2010.[593] Es ist erkennbar, dass das Vorhaben vor allem von anwaltlichen Interessenvertretern angetrieben wurde.

Die Bundesregierung brachte im September 2012 einen vom RefE leicht abweichenden Gesetzesentwurf in den Bundestag ein.[594] Nach einigen vom Rechtsausschuss angeregten Änderungen[595], wurde das Gesetz kurz vor Ende der Legislaturperiode, bevor das Gesetzgebungsvorhaben aufgrund des Diskontinuitätsgrundsatz im Sande zu verlaufen drohte, im Juli verabschiedet und trat am 19.07.2013 in Kraft.[596]

II. Intention des Gesetzgebers

Der Gesetzgeber wollte Freiberuflern eine Personengesellschaft zur Verfügung stellen (insbesondere aufgrund deren steuerlicher Transparenz), die – anders als die bisher zur Verfügung stehenden Personengesellschaften – eine gesetzliche Haftungsbegrenzung

---

592 RefE des BMJ mit Bearbeitungsstand vom 3.02.2012 abrufbar auf der Seite des BMJ unter: http://www.bmjv.de/SharedDocs/Archiv/DE/Kurzmeldungen/2012/20120215_PartGG.html (abgerufen am 30.12.2014).

593 Beschluss Nr. 14 des Deutschen Juristentages 2010 zur Einführung einer neuen Gesellschaftsform; Verweis hierauf bei *Hirte*, Stellungnahme vom 7.11.2012 zum RegE BT-Drs. 17/10487, S. 1.

594 RegE zum Gesetz zur Einführung einer PartG mbB, BT-Drs. 17/10487.

595 Vgl. Beschlussempfehlung und Bericht des Rechtsausschusses, BT-Drs. 17/13944.

596 Vgl. Bundesgesetzblatt Jahrgang 2013 Teil I Nr. 38, ausgegeben zu Bonn am 18.07.2013.

auf das Gesellschaftsvermögen ermöglicht. Als Ausgleich für die fehlende persönliche Haftung der Gesellschafter setzt die PartG mbB das Unterhalten einer besonderen Berufshaftpflichtversicherung voraus, die den Ausfall der persönlichen Haftung der Gesellschafter kompensieren soll.[597]

Die Grundidee einer solchen Personengesellschaft für Freiberufler mit einer Haftungsbeschränkung auf das Gesellschaftsvermögen bei gleichzeitiger Versicherungspflicht ist keineswegs neu, sondern wurde bereits als historischer Vorläufer zum heutigen PartGG diskutiert; vgl. Entwurf des Partnerschaftsgesetzes von 1971 (vgl. Teil 1 C. I. 2. a. aa.).

1. *Kritik an der Intention des Gesetzgebers*

Während des Gesetzgebungsverfahrens sah sich das Vorhaben teils dem Vorwurf ausgesetzt, schon dem Grunde nach verfehlt zu sein, da bereits die Intention des Gesetzgebers, Freiberuflern eine erweiterte Möglichkeit eines Haftungsausschusses bieten zu wollen, sich in das deutsche Haftungskonzept nicht einfüge. Die Haftung für pflichtwidriges Verhalten – auch ohne eigenes Verschulden – sei nun einmal Teil unserer Rechtsordnung und gelte für jedermann, der mit anderen arbeitsteilig zusammenwirke.[598] Wenn arbeitsteilig zusammenwirkende Rechtsanwälte ihre Arbeit insgesamt nicht mehr überschauen könnten und sich so unkalkulierbaren Risiken ausgesetzt sähen, stünde ihnen die Möglichkeit offen, durch einzelvertragliche Regelung eine Haftungsbeschränkung zu erwirken oder den Weg in die Kapitalgesellschaft zu wählen. Grundsätzlich sei von Freiberuflern zu erwarten, dass sie die angenommenen Mandate vollständig überschauten.[599]

Die Begründung, eine neue Rechtsform sei aufgrund des „*Trends*" zur LLP notwendig, wird als wenig stichhaltig bezeichnet, da die Anzahl an rein deutschen LLPs marginal sei und keine empirischen Untersuchungen vorlägen.[600]

---

597 RegE zum Gesetz zur Einführung einer PartG mbB, BT-Drs. 17/10487, S. 18.

598 *Grunewald*, Stellungnahme zum RegE BT-Drs. 17/10487, S. 2; vgl. auch Protokoll der 101. Sitzung des Rechtsausschusses des Deutschen Bundestages vom 7.11.2012 zu BT-Drs. 17/10487, S. 4.

599 Stellungnahme des Deutschen Richterbundes vom Oktober 2012 zur Vorbereitung der Anhörung des Rechtsausschusses zum RegE BT-Drs. 17/10487, S. 2. Anders sieht dies BR-Drs. 309/12, S. 1, 12 f: die Haftung sei nicht gerechtfertigt, wenn die Gesellschafter die Arbeit ihrer Mitgesellschafter „*weder inhaltlich noch dem Umfang nach vollständig überblicken und verantworten können*".

600 Vgl. auch *Grunewald*, Protokoll der 101. Sitzung des Rechtsausschusses des Deutschen Bundestages vom 7.11.2012 zu BT-Drs. 17/10487, S. 3; Stellungnahme des Deutschen Richterbundes vom Oktober 2012 zur Vorbereitung der Anhörung des Rechtsausschusses zum RegE BT-Drs. 17/10487, S. 3; *Römermann*, NJW 2013, 2305, 2306; *Tröger/Pfaffinger*, JZ 2013, 812.

2. *Eigene Einschätzung*

Zutreffend ist zunächst der Befund des Gesetzgebers, dass Rechtsanwälten keine Gesellschaftsform zur Verfügung steht, die die Besteuerung einer Personengesellschaft und gleichzeitig die Möglichkeit des gesetzlichen Ausschlusses der persönlichen Haftung bietet (vgl. Teil 1). Die Handelndenhaftung des § 8 Abs. 2 PartGG bietet insbesondere für größere Kanzleien, in denen arbeitsteilig gearbeitet wird, keinen berechenbaren Schutz vor einer persönlichen Inanspruchnahme – dies stellt nicht nur für Großkanzleien ein Problem dar.[601]

Zuzustimmen ist den Kritikern darin, dass der Gesetzgeber keinerlei statistische Erhebungen vornehmen ließ und ohne stichhaltige statistische Grundlage von einem Trend zur LLP ausging. Auch wenn der Trend sicherlich nicht in der Form gegeben ist, dass deutsche Sozietäten scharenweise den Weg in die LLP suchen (in der Literatur ist teils von „*Flucht in die Rechtsanwalts-LLP*“[602] die Rede), so gibt es doch mittlerweile eine beträchtliche Anzahl – auch rein deutscher – LLPs jeglicher Größenordnung.[603] Der vom Gesetzgeber angenommene Handlungsbedarf ist insofern gerechtfertigt.[604]

B. Grundkonzeption und Entstehungsvoraussetzungen

Mit der PartG mbB wurde keine eigenständige neue Gesellschaftsform geschaffen, sondern nur eine spezielle Sonderform der PartG mit einer besonderer Haftungsverfassung.[605] Dies wurde mit ausführlicher Begründung auch bereits durch die Rechtsprechung festgestellt.[606]

---

601 So auch *Leuering*, NZG 2013, 1001, 1003.

602 *Brüggemann*, in: Feuerich/Weyland, BRAO, Vor § 59c BRAO Rn. 20.

603 *Bank*, BB 2010, Special 3, 4, 5; *Lieder/Hoffmann*, NZG 2014, 127ff. verweisen auf eine Studie nach der 63 ausländische Partnerschaften in Partnerschafts- und Handelsregister eingetragen sind. *Hartung*, Stellungnahme vom 31.10.2012 zum RegE BT-Drs. 17/10487, S. 5 nennt ohne Anspruch auf Vollständigkeit 13 rein deutsche LLPs. Neben diesen 13 LLP sind zu nennen: Alpers & Wessel LLP, Berger Law LLP Commeo LLP, Flet Hamburg LLP, GRP Rainer Rechtsanwälte Steuerberater LLP, HFK Rechtsanwälte LLP, Hogertz Rechtsanwälte LLP, Irle Kalkreuth LLP, Jaffé Rechtsanwälte LLP, Lacore Rechtsanwälte LLP, Rheinberger, Meyer, von Beust LLP, Rose & Partner LLP, Roxin LLP, RSUW LLP, Ruge Fehsenfeld LLP, Schwanenland LLP, Sommerberg LLP, SQR Rechtsanwälte LLP, Stassen LLP, Vest Rechtsanwälte LLP, WF Frank & Partner LLP, WKR Rechtsanwälte LLP, WMW LLP.

604 A.A. *Kreße*, NJ 2013, 45, 50, der eine Notwendigkeit der Einführung der PartG mbB ablehnt, da die Nutzung der LLP durch deutsche Rechtsanwälte Teil der Europäisierung sei und es gerade dem Konzept der europäischen Union entspreche, dass Regelungslücken im einen Rechtsraum durch Konzepte eines anderen Rechtsraums geschlossen werden.

605 *Hirtz*, in: Henssler/Strohn, Gesellschaftsrecht, § 8 PartGG Rn. 28; *Schäfer*, in: Ulmer/Schäfer, GbR und PartG, § 8 PartGG Rn. 41.

606 OLG Nürnberg vom 5.02.2014 – 12 W 351/14, BB 2014, 534.

I. Partielle Haftungsbeschränkung aufgrund von Versicherungsschutz

Herzstück der gesetzlichen Regelung zur PartG mbB ist die in § 8 Abs. 4 PartGG normierte besondere Haftungsverfassung.

§ 8 Abs. 4 PartGG n.F. lautet:

> *Für Verbindlichkeiten der Partnerschaft aus Schäden wegen fehlerhafter Berufsausübung haftet den Gläubigern nur das Gesellschaftsvermögen, wenn die Partnerschaft eine zu diesem Zweck durch Gesetz vorgegebene Berufshaftpflichtversicherung unterhält. Für die Berufshaftpflichtversicherung gelten § 113 Absatz 3 und die §§ 114 bis 124 des Versicherungsvertragsgesetzes entsprechend. Der Name der Partnerschaft muss den Zusatz „mit beschränkter Berufshaftung" oder die Abkürzung „mbB" oder eine andere allgemein verständliche Abkürzung dieser Bezeichnung enthalten; anstelle der Namenszusätze nach § 2 Absatz 1 Satz 1 kann der Name der Partnerschaft mit beschränkter Berufshaftung den Zusatz „Part" oder „PartG" enthalten.*

Hiernach haftet für Verbindlichkeiten der Partnerschaft, die aufgrund fehlerhafter Berufsausübung bestehen, ausschließlich das Gesellschaftsvermögen und – in Abweichung zu § 8 Abs. 1 PartGG – nicht die Gesellschafter persönlich neben der Partnerschaft. Für berufshaftungsrechtliche Verbindlichkeiten ist durch § 8 Abs. 4 PartGG sowohl die akzessorische Haftung der Gesellschafter gem. § 8 Abs. 1 PartGG als auch die Handelndenhaftung des § 8 Abs. 2 PartGG ausgeschlossen.

Für alle anderen Verbindlichkeiten der PartG mbB, also solche, die nicht auf einer fehlerhaften Berufsausübung beruhen, verbleibt es bei der unbeschränkten, unmittelbaren, akzessorischen und persönlichen Haftung der Gesellschafter, wie sie in § 8 Abs. 1 PartGG bestimmt ist.[607]

Die PartG mbB stellt insoweit im System des deutschen Gesellschaftsrechts ein absolutes Novum dar, da sie die einzige Gesellschaft mit einer nur *partiellen* Haftungsbeschränkung auf das Gesellschaftsvermögen ist.[608]

II. Entstehungsvoraussetzungen der PartG mbB

§ 8 Abs. 4 PartGG n.F. ordnet als einzige materielle Bedingung für das Eingreifen der Haftungsbeschränkung das Unterhalten einer Berufshaftpflichtversicherung an, die zu diesem Zweck durch Gesetz vorgegeben ist.[609] Im Übrigen ist die PartG mbB als Sonderform der *„normalen"* PartG an die gleichen Entstehungsvoraussetzungen

---

607 Zu den Einzelheiten zum Umfang der Haftungsbeschränkung siehe unten Teil 3 F.

608 *Leitzen*, DNotZ 2013, 596, 597; *Lerch/Lerch/Junkov*, GmbHR 2012, R329 *„Unikum"*.

609 § 8 Abs. 4 S. 1 PartGG: *„…, wenn die Partnerschaft eine zu diesem Zweck durch Gesetz vorgegebene Berufshaftpflichtversicherung unterhält."* Im RegE war die Namensführung noch als weitere materielle Bedingung für die Haftungsbeschränkung normiert, vgl. RegE zum Gesetz zur Einführung einer PartG mbB, BT-Drs. 17/10487, S. 4, 17. Zur jetzigen Bedeutung der Namensvorschriften vgl. unten Teil 3 E.

gebunden wie diese. Es muss also ein schriftlicher Partnerschaftsvertrag mit dem in § 3 Abs. 2 PartGG genannten Inhalt abgeschlossen werden und die PartG mbB muss beim Partnerschaftsregister angemeldet und eingetragen werden.[610]

Der Anmeldung der PartG mbB zum Partnerschaftsregister muss gem. § 4 Abs. 3 PartGG eine Bescheinigung über die Versicherung beigefügt werden. Die originär gegründete PartG mbB entsteht erst mit der für Partnerschaftsgesellschaften konstitutiven Eintragung ins Partnerschaftsregister.[611]

Die PartG mbB kann auch aus bestehenden Zusammenschlussmöglichkeiten entstehen.

Soll aus einer bestehenden PartG eine PartG mbB werden, so ist hierzu nur das Unterhalten einer entsprechenden Versicherung notwendig.[612] Der Namenszusatz gem. § 8 Abs. 4 Satz 3 PartGG ist keine konstitutive Voraussetzung für das Entstehen der PartG mbB.[613] Dem Unterhalten der Versicherung werden ein Beschluss der Gesellschafterversammlung und eine entsprechende Vertragsänderung vorausgehen.[614]

Soll aus einer bestehenden GbR eine PartG mbB werden muss zusätzlich der Gesellschaftsvertrag unter Einhaltung der gem. § 3 PartGG erforderlichen Angaben sowie unter Einhaltung des Schriftformerfordernisses geändert werden und die konstitutive Eintragung ins Partnerschaftsregister erfolgen.[615] Obwohl bei einem Wechsel der GbR in die PartG mbB die Gesellschaftsform geändert wird, kann der Wechsel unter Beibehaltung der Identität des Rechtsträgers erfolgen.[616]

Auch aus einer anwaltlichen Kapitalgesellschaft ist ein identitätswahrender Formwechsel möglich und kann nach §§ 192 ff., 228 ff. UmwG erfolgen. Wirksam wird die Umwandlung durch die Eintragung ins Partnerschaftsregister, vgl. § 202 UmwG.[617] Eine Umwandlung ist zudem nur möglich, wenn alle Gesellschafter der

---

610 Vgl. zu den Gründungsvoraussetzungen der PartG auch Teil 1 C. I. 2. c. Vertragsmuster zur PartG mbB z.B. bei *Giehl*, in: Beck'scher Online-Formulare Vertrag, 28. Edition 2014, 7.3.2.1. sowie *Offermann-Burkhart*, AnwBlatt 2014, 488. Ausführlich zu den erforderlichen Mindestangaben speziell für den Fall der PartG mbB vgl. *Wollweber*, DStR 2014, 1926.

611 *Leuering*, NZG 2013, 1001, 1004; *Wälzholz*, DStR 2013, 2637, 2640. Zur Frage der Anwendung der Haftungsbeschränkung bereits vor Eintragung in Parallele zur Vor-GmbH: vgl. erwägend *Schäfer*, in: MünchKomm-BGB, § 8 PartGG Rn. 45; ablehnend *Lieder*, NotBZ 2014, 128, 131, 132.

612 *Leuering*, NZG 2013, 1001, 1004; *Lieder*, NotBZ 2014, 128, 132; *Römermann/Jähne*, NWB 2013, 3776, 3777.

613 *Brüggemann*, in: Feuerich/Weyland, BRAO, § 8 PartGG Rn. 24; *Lieder/Hoffmann*, NJW 2015, 897, 898.

614 *Kilian*, MDR 2013, 1137, 1140; *Uwer/Roeding* AnwBlatt 2013, 309, 313.

615 *Leuering*, NZG 2013, 1001, 1004.

616 *Burkhardt/Wollweber*, AnwBlatt 2014, 9; *Lieder*, NotBZ 2014, 128, 133; *Wälzholz*, DStR 2013, 2637, 2640.

617 *Leuering*, NZG 2013, 1001, 1005; *Römermann/Jähne*, NWB 2013, 3776, 3780.

GmbH oder AG natürliche Personen sind und einen Beruf ausüben, für den eine Versicherungspflicht i.S.d. § 8 Abs. 4 PartGG besteht.[618]

C. Der Adressatenkreis der PartG mbB

Die PartG mbB als Sonderform der PartG richtet sich prinzipiell ebenso wie die Grundform der PartG an alle in § 1 Abs. 2 Satz 2 PartGG genannten freien Berufe. Trotz dieser *konzeptionellen*[619] Öffnung der PartG mbB für alle Freiberufler steht diese neue Variante der PartG derzeit faktisch nur einer eng umgrenzten Gruppe zur Verfügung.

I. Tatsächlich begrenzter Adressatenkreis des PartG mbB

Bundesweit einheitlich steht die PartG mbB nur Rechts- und Patentanwälten, Steuerberatern sowie Wirtschaftsprüfern und vereidigten Buchprüfern zur Verfügung.[620] Ursache für diesen begrenzten Adressatenkreis der PartG mbB ist die Formulierung in § 8 Abs. 4 Satz 1 PartGG, wonach die Haftungsbeschränkung nur eingreift, wenn die Gesellschaft *„eine zu diesem Zweck durch Gesetz vorgegebene Berufshaftpflichtversicherung unterhält“*[621]. Die PartG mbB steht damit nur den Berufen offen, deren Berufsrecht eine entsprechende Versicherung normiert – eine beliebige freiwillige Versicherung genügt nicht.[622] Es genügen nur solche Berufshaftpflichtversicherungen, die gesetzlich gerade für den Fall vorgeschrieben sind, dass die Haftung auf das Gesellschaftsvermögen beschränkt ist – sprich nur solche Versicherungen, die gesetzlich speziell für die PartG mbB vorgesehen sind.

Die Anordnung einer speziellen Versicherungspflicht für die einzelnen Berufsgruppen ist demnach außerhalb des gesellschaftsrechtlichen PartGG den einzelnen Berufsrechten überlassen.[623] Der für die einzelnen Berufsrechte zuständige Bundes- oder

---

618 Zu dieser Voraussetzung ungenau: alle Gesellschafter müssen Freiberufler sein, *Leuering*, NZG 2013, 1001, 1005.

619 *„Konzeptionell steht die Partnerschaft mit beschränkter Berufshaftung daher allen Freien Berufen zur Verfügung.“*, RegE zum Gesetz zur Einführung einer PartG mbB BT-Drs. 17/10487, S. 17.

620 In einigen Bundesländern steht die PartG mbB auch Architekten und Ingenieuren zur Verfügung. Etwa in Hamburg (vgl. §§ 10, 12 Hamburgisches Architektengesetz), in Sachsen-Anhalt (vgl. § 2 Verordnung über die Haftpflichtversicherung bei Partnerschaftsgesellschaften nach dem Architektengesetz des Landes Sachsen-Anhalt), Nordrhein-Westfalen (vgl. § 10 Baukammergesetz NRW), Bremen (§ 4 Abs. 6 Bremisches Architektengesetz).

621 Im RefE des BMJ (Bearbeitungsstand 3.02.2012) hieß es an dieser Stelle noch missverständlich *„durch Gesetz begründete...“*.

622 *Henssler*, in: Henssler/Prütting, BRAO, § 8 PartGG Rn. 55; *Schäfer*, in: Ulmer/Schäfer, GbR und PartGG, § 8 PartGG Rn. 42.

623 Z.B. § 51a BRAO für Rechtsanwälte, § 45a PAO für Patentanwälte, § 67 StBerG für Steuerberater, § 54 WiPrO für Wirtschaftsprüfer/vereidigte Buchprüfer.

Landesgesetzgeber entscheidet sowohl darüber, ob eine PartG mbB überhaupt möglich ist, als auch darüber, welche Anforderungen inhaltlich an die Versicherung zu stellen sind, insbesondere über die Höhe der Mindestversicherungssumme.[624] Wo das Berufsrecht schweigt, bleibt den Angehörigen dieser Gruppe die PartG mbB verschlossen – unabhängig davon, ob und wie die Gesellschaft tatsächlich versichert ist.

Die bisher bestehenden Versicherungspflichten in den einzelnen Berufsrechten, egal ob für den einzelnen Berufsträger oder für andere Berufsausübungsgemeinschaften, können nicht als Berufshaftpflichtversicherung i.S.d. § 8 Abs. 4 PartGG herangezogen werden.[625] Die Versicherungspflicht für eine „*normale*" PartG kann schon vom Wortlaut des § 8 Abs. 4 PartGG nicht als ausreichend angesehen werden.[626]

Ebenfalls nicht ausreichend ist eine Regelungen im Satzungsrecht der Berufskammern.[627] Hierzu ist auch anzumerken, dass der Großteil der freien Berufe bislang überhaupt nicht über ein kodifiziertes Berufsrecht verfügt (z.B. „*Unternehmensberater, Sachverständige, Restauratoren, Dolmetscher, Lektoren, Biologen, Pädagogen, Physiotherapeuten*"[628]).

Der Gesetzgeber hat im Zuge der Einführung der PartG mbB lediglich im Berufsrecht der Rechts- und Patentanwälte, Steuerberater sowie Wirtschaftsprüfer und vereidigten Buchprüfer entsprechende Versicherungspflichten normiert und damit nur diesen Berufen die PartG mbB geöffnet.[629] Die übrigen freien Berufe, etwa Ärzte, Architekten und Ingenieure, müssen ein Tätigwerden des zuständigen Gesetzgebers[630] abwarten.[631] Bislang sind etwa die Landesgesetzgeber in Hamburg,

624 *Hirtz*, in: Henssler/Strohn, Gesellschaftsrecht, § 8 PartGG Rn. 28.

625 So genügt etwa die Versicherungspflicht für den einzelnen Arzt nach § 30 Nr. 4 Heilberufsgesetz NRW oder den einzelnen Architekten und Ingenieur nach § 22 Abs. 2 Nr. 5 Baukammergesetz NRW ebenso wenig den Anforderungen an eine „*zu diesem Zweck*" vorgegebenen Versicherungspflicht, wie die in § 8 Abs. 3 Baukammergesetz NRW normierte Versicherungspflicht für die normale PartG von Architekten und Ingenieuren; vgl. *Lieder/Hoffmann*, NZG 2014, 127.

626 Dies nimmt fälschlicherweise aber die Niedersächsische Architektenkammer in ihrer Stellungnahme vom 20.12.2013 an, abrufbar unter: http://www.aknds.de/aktuell1.html?&tx_ttnews[tt_news]=2758&cHash=7f565310a2a2276d9a9fe8f9cee531d9 (abgerufen am: 30.12.2014).

627 *Leitzen*, DNotZ 2013, 596, 599; *Vossius*, GmbHG 2012, R213.

628 *Kilian*, MDR 2013, 1137, 1140.

629 Vgl. für Rechtsanwälte: § 51a BRAO, für Patentanwälte: § 45a PAO; für Steuerberater: § 67 StBerG; für Wirtschaftsprüfer/vereidigte Buchprüfer: § 54 WiPrO. Im Gegensatz dazu sah der RefE des BMJ (Bearbeitungsstand 3.02.2012) eine Einführung einer entsprechenden Berufshaftpflichtversicherung für Wirtschaftsprüfer/vereidigte Buchprüfer noch nicht vor.

630 Dies ist für die meisten übrigen Berufsrechte der Landesgesetzgeber.

631 *Lieder/Hoffmann*, NZG 2014, 127, 128 verweisen auf einen Fall einer – trotz fehlender Versicherungsregelung in dem Bayerischen Baukammerngesetz – eingetragenen PartG mbB von Architekten. Diese ist von Amts wegen zu löschen.

Sachsen-Anhalt, Nordrhein-Westfalen und Bremen tätig geworden und haben die PartG mbB für Architekten geöffnet.[632]

II. Kritik am begrenzten Adressatenkreis

Die Gesetzesbegründung geht auf die Begrenzung des Adressatenkreises der PartG mbB nicht ausdrücklich ein. In der Literatur wird richtigerweise darauf verwiesen, dass im Verhalten des Gesetzgebers keineswegs ein bewusster Ausschluss der übrigen freien Berufe zu sehen ist. Bei der Schaffung der PartG mbB hat der Bundesgesetzgeber lediglich im Berufsrecht der Rechtsanwälte, Wirtschaftsprüfer und Steuerberater entsprechende berufsrechtliche Regelungen geschaffen. Der Grund für die Nicht-Öffnung der PartG mbB für die übrigen Freiberufler in den entsprechenden Berufsrechten ist lediglich, dass kompetenzrechtlich die Landesgesetzgeber für das Berufsrecht der anderen freien Berufe gesetzgebungsbefugt sind.[633]

Der Deutsche Richterbund deutete an, dass in diesem begrenzten Adressatenkreis ein Verstoß gegen den Gleichheitsgrundsatz liegen könne.[634] Er forderte daher die Öffnung der PartG mbB für alle freien Berufe durch eine einheitliche Regelung im PartGG dergestalt, dass für alle freien Berufe einheitlich eine Haftpflichtversicherung *„in ausreichender Deckung"* vorausgesetzt wird.[635] Er schweigt sich allerdings darüber aus, inwiefern festgelegt werden soll, wann für die einzelne Berufsgruppen die Deckungssumme *„ausreichend"* ist und wie eine einheitliche Regelung für die verschiedenen Berufsgruppen mit ihren verschiedenen Haftungsgefahren ausgestaltet sein sollte.

Obwohl die Gesetzgebungskompetenz für die übrigen Berufsrechte bei den jeweiligen Landesgesetzgebern liegt, hätte der Bund durch eine solche wie vom Richterbund angeregte Regelung im PartGG eine für alle Freiberufler einheitliche Versicherungsregelung treffen können und die PartG mbB so für alle Berufsgruppen öffnen können.[636] Kompetenzrechtlich wäre eine solche Regelung zulässig, da es sich bei einer für alle Freiberufler gleichermaßen geltende Voraussetzung im PartGG um

---

632 Vgl. §§ 10, 13 Hamburgisches Architektengesetz; § 2 Verordnung über die Haftpflichtversicherung bei Partnerschaftsgesellschaften nach dem Architektengesetz des Landes Sachsen-Anhalt, § 10 Baukammergesetz NRW, § 4 Abs. 6 Bremisches Architektengesetz. Entsprechende Pläne gibt es auch in Baden-Württemberg vgl. Mitteilung vom 26.08.2014 abrufbar unter http://www.akbw.de/recht/gesellschafts-recht/partnerschaftsgesellschaft-mit-beschraenkter-berufshaftung.html (abgerufen am 22.09.2014).

633 So *Kilian*, MDR 2013, 1137, 1139; *Sommer/Treptow*, NJW 2013, 3269, 3270.

634 Stellungnahme des Deutschen Richterbundes Nr. 11/12 vom März 2012 zum RefE, S. 2; Stellungnahme des Deutschen Richterbundes vom Oktober 2012 zum RegE BT-Drs. 17/10487, S. 4.

635 Stellungnahme des Deutschen Richterbundes vom Oktober 2012 zum RegE BT-Drs. 17/10487, S. 4.

636 Dies andenkend auch *Henssler*, AnwBlatt 2014, 96, 105.

eine allgemeine gesellschaftsrechtliche Voraussetzung für die Organisationsform der PartG mbB gehandelt hätte und nicht, wie nun ausgestaltet, um eine berufsrechtliche Regelung.[637]

Eine einheitliche Ausgestaltung einer Pflicht zur *„angemessenen"* Versicherung im PartGG ist aber abzulehnen, da sie die PartG mbB unattraktiv gemacht hätte. Die Normierung einer Angemessenheit als einziger Voraussetzung für die Ausgestaltung der Versicherung der PartG mbB brächte aufgrund der Unbestimmtheit des Begriffes eine große Rechtsunsicherheit über das Bestehen der Haftungsbegrenzung mit sich. Im Streitfalle über das Vorliegen einer angemessenen Versicherung würde erst eine gerichtliche Entscheidung Klarheit über die Angemessenheit und damit über das Vorliegen der Haftbeschränkung bringen.[638] Bis zu einer Entscheidung wäre unklar, ob überhaupt eine PartG mbB vorliegt oder nicht. Parallele Erwägungen sprachen auch gegen die zunächst vom Gesetzgeber geplante Verpflichtung zu einer angemessenen Versicherung der Steuerberater PartG mbB.[639]

III. Bedarf bei anderen Freiberuflern

1. Ärzte und andere Heilberufe

Für Ärzte und andere Heilberufe böte der Zusammenschluss zu einer PartG mbB kaum besondere Vorteile in haftungsrechtlicher Hinsicht.[640] Schon die *„normale"* PartG konnte sich trotz des Vorteils, den die Handelndenhaftung gem. § 8 Abs. 2 PartGG gegenüber der GbR bietet, in diesem Berufsfeld nicht durchsetzen.[641] Die Einführung der Möglichkeit einer Haftungsbeschränkung auf das Gesellschaftsvermögen für berufliche Fehler, wie sie die PartG mbB vorsieht, wird die Attraktivität der PartG nicht steigern.

637 Henssler, AnwBlatt 2014, 96, 105.

638 Dieses Argument sprach auch bereits bei der Steuerberater-PartG mbB gegen die Anordnung einer *„angemessenen"* Versicherung; vgl. hierzu im Detail unter Teil 3 D. 2. a.

639 Im RegE zum Gesetz zur Einführung einer PartG mbB, BT-Drs. 17/10487, S. 8 war als Voraussetzung für die Berufshaftpflichtversicherung der Steuerberater PartG mbB noch eine „angemessene" Versicherung vorgesehen. Dies wurde in der Beschlussempfehlung und Bericht des Rechtsausschusses BT-Drs. 17/3994, S. 11, 22 abgelehnt, da eine Rechtsunsicherheit über das Bestehen der Haftungsbeschränkung herrschen würde. Dem folgte auch der Gesetzgeber und normierte für die Steuerberater PartG mbB eine feste Mindestversicherungssumme, vgl. unten Teil 3 D. 2. a. *Hirte* erwägt, die Rechtsunsicherheit dadurch zu beseitigen, dass die Angemessenheit der Versicherung durch einen Verwaltungsakt etwa der Bundesanstalt für Finanzdienstleistungsaufsicht bestätigt wird, *Hirte*, Stellungnahme vom 7.11.2012 zum RegE BT-Drs. 17/10487, S. 7.

640 So auch *Henssler*, in: Henssler/Prütting, BRAO, § 8 PartGG Rn. 61.

641 *Debong*, ArztRecht 2013, 229.

Die Haftungsgefahren für Ärzte resultieren – anders als bei den rechts- und wirtschaftsberatenden Berufen – nicht primär allein aus vertraglichen Pflichtverletzungen. Bei Ärzten geht eine vertragliche Pflichtverletzung in Form eines Berufsfehlers in aller Regel mit einer deliktischen Haftung aus § 823 Abs. 1 BGB wegen der Verletzung von Leben, Körper oder Gesundheit einher.[642] Die Haftungsbeschränkung des § 8 Abs. 4 PartGG ändert aber nichts an der direkten deliktischen Haftung des handelnden Gesellschafters (Details zum Umfang der Haftungsbeschränkung vgl. unter Teil 3 F.).[643]

2. *Architekten und Ingenieure*

Für Architekten und Ingenieure kann ein Zusammenschluss in einer PartG mbB hingegen durchaus vorteilhaft sein.[644] Bei Architekten folgt aus einem beruflichen Fehler neben einer vertraglichen Haftung – anders als bei Ärzten – nicht in aller Regel auch eine deliktische (nicht von der Haftungsbegrenzung der PartG mbB erfasste) Haftung.[645] Es sind somit durchaus Fälle denkbar, in denen ein beruflicher Fehler des Architekten ausschließlich zu einer vertraglichen Haftung führt.

Erstellt der Architekt etwa ein mangelhaftes Bauwerk, so liegt hierin ausschließlich eine vertragliche Pflichtverletzung und keine Eigentumsverletzung i.S.d. § 823 Abs. 1 BGB, wenn sich der Schaden mit dem Mangelunwert der vertraglichen Leistung deckt.[646] Der Architekt hat in diesen Fällen nicht das bestehende Eigentum verletzt, sondern das mangelhafte Werk erst durch seine Leistung erstellt.[647] Ein mangelhaftes Bauwerk ist auch keine Beschädigung des Grundstückes. In solchen Fällen unterliegt der Architekt nur der gewährleistungsrechtlichen Haftung gem. § 634a BGB.[648]

Entsprechend sah auch die Praxis bei Architekten einen Bedarf nach der PartG mbB. In einigen Bundesländern steht die PartG mbB Architekten bereits offen.[649]

---

642 *Wertenbruch*, in: Westermann/Wertenbruch, Hdb. Personengesellschaften, § 34a Rn. 998; *Debong*, ArztRecht 2013, 229, 230; *Vossius*, GmbHR 2012, R213, R214.

643 *Henssler*, AnwBlatt 2014, 96, 104 kritisiert daher, die Haftungsbeschränkung der PartG mbB hätte auf die fahrlässige Verletzung der in § 823 Abs. 1 BGB genannten Rechtsgüter erweitert werden sollen.

644 Hierauf verweisen auch *Dittberner*, Stellungnahme vom 5.11.2012 zum RegE BT-Drs. 17/10487, S. 2.

645 Im Detail hierzu: *Drossart*, in: Messerschmidt/Voit, Privates Baurecht, § 623 Rn. 11.

646 BGH vom 27.01.2005 – VII ZR 158/03, NJW-Spezial 2005, 313; *Wagner*, in: MünchKomm-BGB, § 823 BGB Rn. 203.

647 *Peters/Jacoby*, in: Staudinger, BGB, § 634 Rn. 168.

648 *Schiemann*, in: Ermann-BGB, § 823 Rn. 28.

649 Etwa in Hamburg (vgl. § 10 Abs. 3 HmbArchG); Sachsen-Anhalt (vgl. § 1 Abs. 2 Verordnung über die Haftpflichtversicherung bei Partnerschaftsgesellschaften nach dem Architektengesetz des Landes Sachsen-Anhalt); Bremen (vgl. § 4 Abs. 6 Bremisches Architektengesetz), Nordrhein-Westfalen (§ 10 Baukammergesetz NRW).

Entsprechende Pläne zur Schaffung der PartG mbB für Architekten und Ingenieure gibt es aber auch in anderen Bundesländern.[650]

Ob in Zukunft alle Bundesländer diesem Beispiel folgen und ebenfalls einen Bedarf nach der PartG mbB für Architekten sehen, hängt auch davon ab, inwiefern diesen Berufen die GmbH & Co. KG als Gesellschaftsform zur Verfügung steht. Obwohl Architekten und Ingenieure in § 1 Abs. 2 Satz 2 PartGG in der Aufzählung der freien Berufe genannt sind, ist ihnen nicht generell die GmbH & Co. KG versperrt. In einer jüngeren Entscheidung hat das OLG Zweibrücken die Eintragung eines Ingenieurbüros als GmbH & Co. KG zugelassen, indem es die Ingenieure jedenfalls im Bereich der technischen Gebäudeausrüstung und Energieberatung ausdrücklich als nicht freie Berufe klassifizierte.[651] Die Erwähnung in § 1 Abs. 2 Satz 2 PartGG öffne lediglich den Weg in die PartG, verschließe aber nicht den Weg in die Personenhandelsgesellschaften des HGB. Die steuerliche Einordnung in § 18 Abs. 1 Nr. 1 EStG als freier Beruf finde nur für den Bereich des Steuerrechts Anwendung. Im Gegensatz zu den durch das Berufsrecht als Freiberufler definierten Rechtsanwälten, Steuerberatern und Wirtschaftsprüfern findet sich im Berufsrecht der Ingenieure keine gesetzliche Anordnung, dass ihre Tätigkeit keinen Gewerbebetrieb darstellt.[652]

Für alle Zusammenschlüsse von Architekten und Ingenieuren aber, die schwerpunktmäßig freiberuflich tätig sind, und denen daher der Weg in die Personenhandelsgesellschaften nicht offen steht, besteht ein Bedarf nach der PartG mbB.

D. Die Berufshaftpflichtversicherung der PartG mbB

I. Die Versicherung der PartG mbB als *„freiwillige Haftpflichtversicherung“*[653]

Anders als die Berufshaftpflichtversicherung des Anwaltes oder der Anwalts-GmbH, die durch das Berufsrecht als Pflichtversicherungen i.S.d. § 113 VVG ausgestaltet sind[654], ist die Versicherung der PartG mbB eine freiwillige Versicherung, da ihr Abschluss gesetzlich nicht zwingend vorgeschrieben ist, sondern es den Adressaten selbst überlassen bleibt, ob sie die Versicherung abschließen oder nicht.[655] Dies stellt

650 Etwa in Baden-Württemberg vgl. Mitteilung vom 26.08.2014 abrufbar unter http://www.akbw.de/recht/gesellschaftsrecht/partnerschaftsgesellschaft-mit-beschraenkter-berufshaftung.html (abgerufen am 22.09.2014).

651 OLG Zweibrücken vom 30.08.2012 – 3 W 99/12, NJW-RR 2013, 241.

652 OLG Zweibrücken vom 30.08.2012 – 3 W 99/12, NJW-RR 2013, 241, 242.

653 So *Hartung*, Stellungnahme vom 31.10.2012 zum RegE BT-Drs. 17/10487, S. 13; *Dallwig*, VersR 2014, 19.

654 Vgl. für den einzelnen Rechtsanwalt § 51 Abs. 1 Satz 1 BRAO und für die Rechtsanwalts-GmbH § 59j Abs. 1 BRAO.

655 *Dallwig*, VersR 2014, 19; vgl. zu den Folgen dieser Unterscheidung *Hartung*, Stellungnahme vom 31.10.2012 zum RegE BT-Drs. 17/10487, S. 13; *Offermann-Burkhart*, AnwBlatt 2014, 474, 481.

auch die Begründung zum Gesetzesentwurf eindeutig fest.[656] Entscheiden sich die Gesellschafter einer PartG gegen eine Versicherung, liegt nur eine „normale" PartG und keine PartG mbB vor.

Aufgrund des Verweises in § 8 Abs. 4 Satz 2 PartGG finden jedoch gewisse Vorschriften des VVG über die Pflichtversicherung auch für die PartG mbB entsprechende Anwendung.[657] Dieser im Gesetzesentwurf noch nicht vorhandene Rechtsfolgenverweis[658] wurde in Folge eingehender Kritik am Fehlen eines solchen Verweises im Gesetzgebungsverfahren[659] entsprechend einer Empfehlung des Rechtsausschusses[660] in den § 8 Abs. 4 PartGG integriert.

1. Verweis auf das VVG zur Vermeidung von Rechtsschutzlücken

Ohne einen Verweis auf das VVG wurden in bestimmten Konstellationen Rechtsschutzlücken für die Gläubiger der PartG mbB befürchtet.

Es sind Fälle denkbar, in denen die Gesellschaft die Versicherung *„unterhält"*, die Versicherung aber dennoch nicht zur Leistung verpflichtet ist. Da für die Haftungsbeschränkung auf das Gesellschaftsvermögen i.S.d. § 8 Abs. 4 PartGG allein das *„Unterhalten"* und nicht die tatsächliche Leistungspflicht der Versicherung entscheidend ist, bliebe dem Gläubiger in solchen Fällen nur der Zugriff auf das Gesellschaftsvermögen. Dies ist in der Regel nicht ausreichend.[661]

Ein Freiwerden der Versicherung von der Leistungspflicht ist zum einen möglich, wenn der Versicherungs-schutz für das Versicherungsjahr bereits ausgeschöpft ist. Zum anderen wird die Versicherung gegenüber dem Versicherungsnehmer auch dann von der Leistungspflicht frei, wenn dieser Obliegenheiten verletzt oder mit der Prämienzahlung in Verzug ist. Da weder eine Obliegenheitsverletzung noch ein Zahlungsverzug genügen um das *„Unterhalten"* der Versicherung entfallen zu lassen[662], bliebe dem Geschädigten sowohl die Versicherungsleistung als auch der Zugriff auf das private Vermögen der Partner der PartG mbB versperrt.

---

656 RegE zum Gesetz zur Einführung einer PartG mbB, BT-Drs. 17/10487, S. 17.

657 § 8 Abs. 4 Satz 2 PartGG verweist auf § 113 Abs. 3 und §§ 114 bis 124 VVG.

658 RegE zum Gesetz zur Einführung einer PartG mbB, BT-Drs. 17/10487, S. 4.

659 Vgl. zur Kritik an der Fassung ohne Verweis auf das VVG: *Hartung*, Stellungnahme vom 31.10.2012 zum RegE 17/10487, S. 14; *Hirte*, Stellungnahme vom 7.11.2012 zum RegE 17/10487, S. 11; *Schäfer*, Stellungnahme vom 5.12.2012 zum RegE 17/10487, S. 3, 4; *Römermann/Praß*, NZG 2012, 601, 605; *Grunewald*, ZIP 2012, 1115, 1117.

660 Vgl. Beschlussempfehlung und Bericht des Rechtsausschusses, BT-Drs. 17/13944, S. 5, 20.

661 *Offermann-Burckhart*, AnwBlatt 2014, 474, 483.

662 Beschlussempfehlung und Bericht des Rechtsausschusses, BT-Drs. 17/13944, S. 20; *Diller*, in: Henssler/Prütting, BRAO, § 51a BRAO Rn. 8 (es bleibt bei § 8 Abs. 4 PartGG auch bei Verzug mit laufenden Prämien); *Römermann*, in: Michalski/Römermann, PartGG, § 8 PartGG Rn. 111; *Linardatos*, VersR 2013, 1488, 1490.

Als Obliegenheitsverletzung kommt insbesondere die verspätete Meldung des Versicherungsfalles durch den Versicherungsnehmer in Betracht. In der Regel ist diese Obliegenheit in den AVB[663] der Versicherungen bestimmt. Gem. § 5 II.1.1. AVB-RSW[664] besteht eine solche Anzeigepflicht nicht erst bei Geltendmachung eines Anspruches durch den Mandanten, sondern vielmehr schon dann, wenn der Partner positiv weiß, dass er einen Fehler begangen hat und eine Schadensentstehung für möglich hält.[665] Verletzt der Partner vorsätzlich diese Obliegenheit, so wird die Versicherung unter Umständen gem. § 28 Abs. 2 Satz 1 VVG von ihrer Leistungspflicht frei.[666] Zu einer Leistungsbefreiung führt auch die Nichtzahlung der ersten oder einmaligen Prämie gem. § 37 Abs. 2 Satz 1 VVG bzw. die Nichtzahlung von Folgeprämien nach Ablauf einer Zahlungsfrist gem. § 38 Abs. 2 VVG.

2. Anwendung der Vorschriften über Pflichtversicherungen

Durch den Verweis auf die Regelungen zur Pflichtversicherung wird sichergestellt, dass der Gläubiger auch bei einer der o.g. Obliegenheitsverletzungen oder bei Verzug des Versicherungsnehmers den Anspruch gegen die Versicherung behält. Gem. § 117 Abs. 1 VVG bleibt der Versicherer auch bei einer Leistungsfreiheit gegenüber dem Versicherer dem Dritten gegenüber zur Leistung verpflichtet. Der Versicherer muss sich dann an den Versicherungsnehmer halten, da die Forderung des Dritten, soweit der Versicherer sie befriedigt, auf diesen gem. § 117 Abs. 5 VVG übergeht.[667]

Gem. § 8 Abs. 2 PartGG i.V.m. § 115 VVG hat der Geschädigte unter den dort genannten Voraussetzungen – also insbesondere im Falle der Insolvenz der PartG mbB – einen direkten Anspruch gegen den Versicherer und muss sich nicht zuerst an die Gesellschaft als Versicherungsnehmer halten.[668]

Die Haftpflichtversicherung dient sowohl dem Schutz des Schädigers vor dem Zugriff auf sein Vermögen als auch dem Schutz des Gläubigers, indem ihm ein solventer

663 Allgemeine Versicherungsbedingungen sowie Risikobeschreibungen.

664 Allgemeine Versicherungsbedingungen sowie Risikobeschreibungen zur Vermögensschadenshaftpflichtversicherung für Rechtsanwälte und Patentanwälte, Steuerberater sowie Wirtschaftsprüfer und vereidigte Buchprüfer.

665 *Diller*, AVB-RSW, § 5 Rn. 23.

666 § 28 Abs. 2 Satz 1 VVG lautet: Bestimmt der Vertrag, dass der Versicherer bei Verletzung einer vom Versicherungsnehmer zu erfüllenden vertraglichen Obliegenheit nicht zur Leistung verpflichtet ist, ist er leistungsfrei, wenn der Versicherungsnehmer die Obliegenheit vorsätzlich verletzt hat.

667 Vgl. Beschlussempfehlung und Bericht des Rechtsausschusses, BT-Drs. 17/13944, S. 20; *Römermann*, in: Michalski/Römermann, PartGG, § 8 PartGG Rn. 111.

668 *Henssler*, in: Henssler/Prütting, BRAO, § 8 PartGG Rn. 73; einen Direktanspruch aus § 115 VVG auch ohne die dort vorgegebenen Voraussetzungen annehmend aber: *Römermann*, in: Michalski/Römermann, PartGG, § 8 PartGG Rn. 112; *Wertenbruch*, NZG 2013, 1006, 1009; *Westermann*, in: Westermann/Wertenbruch, Hdb. Personengesellschaften, § 34a Rn. 997.

Schuldner zur Verfügung steht.[669] Durch die Anwendung der Vorschriften über die Pflichtversicherung wurde richtigerweise ein größeres Gewicht auf die gläubigerschützende Funktion der Haftpflichtversicherung gelegt.[670]

3. Mögliche Ausgestaltung in der Praxis

Bleibt die Versicherung trotz eines Freiwerdens im Innenverhältnis im Außenverhältnis zu Leistung verpflichtet, kann sie gem. § 117 Abs. 5 VVG gegen den Versicherungsnehmer vorgehen. Dieser Anspruch des Versicherers aus übergegangenem Recht ist eine allgemeine Drittforderung, für die die Haftungsbeschränkung auf das Gesellschaftsvermögen gem. § 8 Abs. 4 PartGG nicht eingreift, sondern für die gem. § 8 Abs. 1 PartGG neben dem Gesellschaftsvermögen alle Partner gesamtschuldnerisch haften.[671] Der Regressanspruch der Versicherung richtet sich gegen die PartG mbB als Versicherungsnehmer und nicht gegen denjenigen Gesellschafter, der den Versicherungsfall ausgelöst hat.

Wollen die Gesellschafter der PartG mbB eine solche Haftungsgefahr vermeiden, empfiehlt es sich, eine interne Vereinbarung dahingehend zu treffen, dass dem Gedanken des § 8 Abs. 2 PartGG entsprechend im Innenverhältnis der Gesellschafter nur derjenige Partner für die Regressforderung der Versicherung einstehen soll, der den Haftungsfall verursacht hat.

II. Inhaltliche Ausgestaltung der Versicherung in den einzelnen Berufsrechten

Die den einzelnen Berufsrechten überlassenen inhaltlichen Anforderungen an die Berufshaftpflichtversicherung fallen, insbesondere bezüglich der Höhe der erforderlichen Mindestversicherungssumme, unterschiedlich aus.

1. Rechts- und Patentanwälte

a. Höhe der Mindestversicherungssumme und Deckelungsmöglichkeit

Für Rechts- und Patentanwälte bestimmt § 51a Abs. 2 Satz 1 BRAO bzw. § 45a Abs. 2 Satz 1 PAO, dass die Mindestversicherungssumme pro Versicherungsfall 2,5 Mio. EUR betragen muss. Diese Summe liegt damit deutlich höher als die Mindestversicherungssumme für einen Einzelanwalt (250.000 EUR, vgl. § 51 Abs. 4 Satz 1 BRAO) und entspricht den Vorgaben für die Berufshaftpflichtversicherung der Rechtsanwalts-GmbH (vgl. § 59j Abs. 2 Satz 1 BRAO bzw. § 52j Abs. 2 Satz 1 PAO).

---

669 Zu diesen Funktionen der Haftpflichtversicherung vgl. *Koziol*, Grundfragen des Schadensersatzrechts, Rn. 2/6; speziell zur Berufshaftpflichtversicherung des Anwalts: *Vollkommer/Greger/Heinemann*, Anwaltshaftungsrecht, § 27 Rn. 2.

670 In diese Richtung auch *Linardatos*, VersR 2013, 1488, 1491.

671 *Diller*, in: Henssler/Prütting, BRAO, § 51a BRAO Rn. 8.

§ 51a Abs. 2 Satz 2 BRAO und entsprechend § 45a Abs. 2 Satz 2 PAO ermöglichen es, die Gesamtleistung der Versicherung binnen eines Versicherungsjahres auf den Betrag der Mindestversicherungssumme (2,5 Mio. EUR) multipliziert mit der Anzahl der Partner zu begrenzen.[672] Mindestens muss die Jahreshöchstleistung aber das Vierfache der Mindestversicherungssumme betragen, vgl. § 51a Abs. 2 Satz 2, 3 BRAO, § 45a Abs. 2 Satz 2, 3 PAO. Auch diese Regelung lehnt sich an die Vorschriften zur Rechtsanwalts-GmbH an (vgl. § 59j Abs. 2 Satz 2, 3 BRAO, § 52j Abs. 2 Satz 2, 3 PAO).[673]

aa. Kritik

Ähnlich wie schon bei der Einführung der gesetzlichen Regelungen zur Rechtsanwalts-GmbH wurde auch bei der PartG mbB für Anwälte die Mindestversicherungssumme in Höhe von 2,5 Mio. EUR als unangemessen hoch kritisiert.[674] Es wurde befürchtet, dass eine Mindestversicherungssumme in dieser Höhe die PartG mbB unattraktiv machen würde.[675]

Im Laufe des Gesetzgebungsverfahrens wurde neben der absoluten Höhe der Mindestversicherungssumme insbesondere auch beanstandet, dass die mindestens erforderliche Jahreshöchstleistung durch die Multiplikation der Mindestversicherungssumme mit der Anzahl der Partner ermittelt wird – ohne, dass für größere Sozietäten eine absolute Obergrenze normiert wurde.[676] Sowohl der Gesamtverband der deutschen Versicherungswirtschaft e.V. (folgend: GDV) als auch die Bundesrechtsanwaltskammer forderten eine Deckelung der jährlichen Versicherungshöchstleistung auf das maximal zehnfache der Mindestversicherungssumme.

---

672 Zur Frage, wer Partner in diesem Sinne ist vgl. *Diller*, in: Henssler/Prütting, BRAO, § 51a BRAO Rn. 20, 21; *Römermann*, BB 2014, 534; *ders.* NWB 2013, 3766; im speziellen zur Nichteinbeziehung von Scheinpartnern in die Kalkulation der Versicherungssumme: *Hartung*, BRAK-Mitt. 2014, 179 ff. (a.A. *Riechert*, AnwBlatt 2014, 266, 267).

673 Im RefE des BMJ (Bearbeitungsstand 3.02.2012) war deckungsgleich mit den Vorschriften zur GmbH noch vorgesehen, dass eine Multiplikation mit der Zahl der Partner und *„der Geschäftsführer, die nicht Partner sind“* erfolgen sollte. Hiervon wurde jedoch Abstand genommen, da bei der PartG anders als bei der GmbH die Geschäftsführung nach dem Grundsatz der Selbstorganschaft nicht Nicht-Gesellschaftern überlassen werden darf (vgl. Stellungnahme des deutschen Anwaltsvereins vom 15.03.2012, 21/12 zum RefE, S. 4).

674 Vgl. zur GmbH *Henssler*, in: Henssler/Prütting, BRAO, § 59j BRAO Rn. 2; zur PartG mbB vgl. z.B. Stellungnahme der BRAK 42/2012 vom August 2012 zum RegE BT-Drs. 17/10487, S. 3.

675 Stellungnahme der BRAK Nr. 42/2012 vom August 2012 zum RegE BT-Drs. 17/10487, S. 3.

676 *Kilian*, AnwBlatt 2012, 957, 960 (bezeichnet die sich aus der Zahl der Gesellschafter ergebende Jahreshöchstleistung als mögliche Hürde); für eine Begrenzung auch: *Dahns*, NJW-Spezial 2012, 190.

Ansonsten würden die horrenden Jahreshöchstleistungen für größere Zusammenschlüsse zu immensen und untragbaren Versicherungsprämien führen und diesen die PartG mbB faktisch verschließen.[677]

Der GDV bezweifelte, dass eine Jahreshöchstleistung in dreistelliger Millionenhöhe pro Versicherungsjahr zur Verfügung gestellt werden könne, da dies faktisch eine *„unmaximierte Versicherungssumme"* darstelle.[678] Eine Prämienkalkulation sei bei den möglichen immensen Jahreshöchstleistungen in Sozietäten mit vielen Partnern in Kombination mit dem sog. Spätschadensrisiko[679] kaum mehr möglich.[680] Wenn Versicherungen sich vor Unwägbarkeiten nicht mehr durch eine Deckelung schützen könnten, führe dies dazu, dass sich einige Versicherungen aus dem Markt zurückziehen würden, welches einen weiteren kostentreibenden Faktor für die zu zahlenden Prämien darstelle.[681]

Die parallele Ausgestaltung im Bereich der Rechtsanwalts-GmbH (auch dort gilt für die Jahreshöchstleistung eine nicht gedeckelte Multiplikation mit der Anzahl der Gesellschafter und Geschäftsführer, vgl. § 59j Abs. 2 Satz 2 BRAO) spreche nicht für eine Finanzierbarkeit, da GmbHs grundsätzlich viel kleiner seien als PartG.[682]

bb. Stellungnahme

Auch wenn sich die Rechtsanwalts-GmbH und die Rechtsanwalts-PartG mbB rechtlich dadurch unterscheiden, dass nur erstere selbst zur Anwaltschaft zugelassen und selbst zur Beratung und Vertretung in Rechtsangelegenheiten befugt ist[683], erscheint die Anlehnung der Versicherungssumme für die PartG mbB an die Versicherungssumme der GmbH schlüssig.

Die Versicherung soll sowohl bei der GmbH als auch bei der PartG mbB die fehlende persönliche Haftung der Gesellschafter kompensieren.[684]

---

677 Stellungnahme der BRAK 13/2012 vom März 2012 zum RefE, S. 4, 5; Stellungnahme der BRAK 42/2012 vom August 2012 zum RegE 17/10487, S. 3; Stellungnahme des GDV vom 3.02.2012 zum RefE, S. 5, 8.

678 Stellungnahme des GDV vom 3.02.2012 zum RefE, S. 5, 8.

679 Der Versicherer erfährt unter Umständen erst Jahre nach der schädigenden Handlung eines Anwaltes vom Schadenseintritt.

680 Stellungnahme des GDV vom 3.02.2012 zum RefE, S. 6, 7.

681 So die Befürchtungen des GDV in dessen Stellungnahme des GDV vom 3.02.2012 zum RefE, S. 8.

682 Der GDV geht davon aus, dass es GmbHs mit maximal zehn Gesellschaftern gebe, aber PartG mit über 100 Partnern, Stellungnahme des GDV vom 3.02.2012 zum RefE, S. 6; darauf Bezug nehmend auch die Stellungnahmeder BRAK 42/2012 vom August zum RegE 17/10487, S. 3. *„Rechtstatsächliche Unterschiede"* in der Zahl der Gesellschafter bei GmbH und PartG nimmt auch der Deutsche Anwaltsverein an, Stellungnahme des DAV 21/12 vom 15.03.2012 zum RefE, S. 3.

683 Vgl. hierzu *Posegga*, DStR 2012, 611, 614.

684 *Linardatos*, VersR 2013, 1488, 1490 (*„Prinzip der Haftungsersetzung durch Versicherungsschutz"*).

Anders als bei der PartG mbB, bei der die Versicherung die fehlende persönliche Haftung für berufshaftungsrechtliche Verbindlichkeiten aufwiegen soll, soll die Versicherung der GmbH eine umfassende Haftungsbeschränkung kompensieren. Diesen Unterschied im Kompensationsumfang nahm der Gesetzgeber nicht zum Anlass für eine Differenzierung in der Höhe der Mindestversicherungssummen. Vor dem Hintergrund, dass der Gesetzgeber neben der Gefahr der Haftung für berufliches Fehlverhalten keine nennenswerten Haftungsgefahren sah, verwundert dies nicht.[685]

Die Befürchtung, dass die Mindestversicherungssumme von 2,5 Mio. EUR und das Fehlen einer absoluten Deckelung der Jahreshöchstleistung auf das zehnfache der Mindestversicherungssumme die PartG mbB unattraktiv mache, da sie nicht finanzierbar sei, ist nicht zu teilen.

Bei der Beurteilung der vorgenannten Befürchtungen des GDV ist zu beachten, dass die Multiplikation mit der Anzahl der Partner nicht bedeutet, dass bei einer PartG mbB mit 100 Partnern die Höhe der Mindestversicherungssumme 250 Mio. EUR betragen muss.[686] Die Höhe der Mindestversicherungssumme für den *einzelnen* Schadensfall bleibt trotz des Erfordernisses der Multiplikation mit der Anzahl der Partner unberührt.[687] Die Multiplikation bedeutet lediglich, dass in einer Sozietät mit 100 Partnern 100 Versicherungsfälle à 2,5 Mio. EUR abgedeckt sein müssen.[688] Dieses Verständnis der Norm teilt auch die BRAK, da rein faktisch ein Versicherungsschutz über 100 Mio. EUR für einen Versicherungsfall in Deutschland nicht zu erreichen sei.[689]

Gegen eine Deckelung auf das zehnfache der Mindestversicherungssumme spricht zunächst, dass bei dieser (willkürlich auf das Zehnfache festgelegten) Deckelung, das höhere Schadensrisiko sehr großer Sozitäten in der Jahreshöchstsumme nicht zum Ausdruck kommt. Zwar ist der Kritik zuzustimmen, dass der tatsächlich bestehende Versicherungsschutz das unrealistische Szenario abbildet, dass etwa in einer Sozietät mit 100 Partnern in einem Versicherungsjahr 100 Schäden verursacht werden.[690] Andererseits wäre bei einer solchen PartG mbB die Deckelung auf zehn

---

685 RegE zum Gesetz zur Einführung einer PartG mbB, BT-Drs. 17/10487, S. 16 *„Restrisiko gering"*.

686 *Diller*, in: Henssler/Prütting, BRAO, § 51a BRAO Rn. 18; *Hartung* geht davon aus, dass der GDV dadurch einem Irrtum unterliegt, dass er Mindestversicherungssumme und Mindestgesamtleistung verwechselt. *Hartung*, Stellungnahme vom 31.10.2012 zum RegE BT-Drs. 17/10487, S. 10.

687 *Hirtz*, in: Henssler/Strohn, Gesellschaftsrecht, § 8 PartGG Rn. 31.

688 Und eben nicht, dass im Einzelfall auch ein Schaden über 2,5 Mio. EUR und zwar bis zu (in einem Fall) der Höhe der Mindestversicherungssumme multipliziert mit der Zahl der Partner also in diesem Fall ein Schaden in Höhe von 250 Mio. EUR abgedeckt ist; vgl. auch *Hirtz*, ZAP 2014, Fach 15, 607.

689 Stellungnahme der BRAK 13/2012 vom März 2012 zum RefE, S. 4; anders verstehen dies wohl *Tröger/Pfaffinger*, JZ 2013, 812, 815.

690 So auch die BRAK in der Stellungnahme 42/2010 vom August 2012 zum RegE BT-Drs. 17/10487, S. 4 (es sei nicht nachvollziehbar, weshalb die PartG mbB permanent einen solchen überproportionalen Versicherungsschutz vorhalten müsse).

Partner wohl aus Gründen des Gläubigerschutzes unangemessen.[691] Die tatsächliche Schadenswahrscheinlichkeit und ein niedrigeres Risikopotential (etwa aufgrund niedrigerer Streitwerte) werden sich in der Praxis schon dadurch auswirken, dass die Versicherer dies in die Prämienkalkulation einbeziehen.

Bei einer Deckelung der Jahreshöchstleistung auf das zehnfache der Mindestversicherungssumme trüge der Gläubiger das Risiko einer außergewöhnlichen Schadenshäufung. Bei einem Verzicht auf eine solche Deckelung trägt es der Versicherer, der dieses Risiko einkalkulieren kann.

Zudem zeigt die Existenz bestehender auch größerer Rechtsanwalts-GmbHs, dass die gesetzlichen Regelungen zur PartG mbB ohne Deckelung der Jahreshöchstleistung auf das zehnfache der Mindestversicherungssumme auch in der Praxis realisierbar und finanzierbar sind.[692] Entgegen der Ansicht des GDV gibt es sehr wohl Rechtsanwalts-GmbHs mit einer hohen zweistelligen Zahl von Gesellschaftern oder Geschäftsführern.[693] Da diese durch die nicht gedeckelte Jahreshöchstleistung nicht von der Wahl der GmbH abgehalten worden sind, ist Ähnliches auch nicht für die PartG mbB zu erwarten, sondern vielmehr anzunehmen, dass auch größere Zusammenschlüsse die für eine PartG mbB notwendigen Versicherungsprämien finanzieren können, wie dies auch größere GmbHs es derzeit zu leisten vermögen.

Die Beliebtheit der PartG mbB seit ihrer Einführung – auch bei Sozietäten mit einer hohen Zahl von Partnern – zeigen, dass sich die Befürchtungen der Nichtfinanzierbarkeit nicht bewahrheitet haben.[694]

b. Kein Ausschluss wegen wissentlicher Pflichtverletzung

Anders als die Versicherung des Einzelanwaltes muss die Versicherung einer anwaltlichen PartG mbB auch Vermögensschäden wegen wissentlicher Pflichtverletzungen abdecken[695], denn § 51a Abs. 1 Satz 2 BRAO verweist (anders als noch im

---

691 *Hirte*, Stellungnahme vom 7.11.2012 zum RegE BT-Drs. 17/10487, S. 12.

692 Auf die Existenz von größere GmbHs hinweisend auch *Römermann/Praß*, NZG 2012, 601, 605.

693 *Kilian*, AnwBlatt 2012, 957, 960; RegE zum Gesetz zur Einführung einer PartG mbB, BT-Drs. 17/10487, S. 18, der darauf verweist, dass es auch GmbHs mit 50 oder 60 Gesellschaftern oder Geschäftsführern gebe. (Vgl. etwa die Luther Rechtsanwaltsgesellschaft mbH mit ca. 220 Anwälten, Pluta Rechtsanwalts GmbH mit ca. 65 Anwälten).

694 Dies zeigt auch etwa die Gleiss Lutz PartG mbB mit 84 Partnern (http://www.gleisslutz.com/de/sozietaet/ueber-gleiss-lutz/, abgerufen am 28.08.2014) oder Taylor Wessing Deutschland mit weit über 150 Partnern (taylorwessing.com/de/partnerverzeichnis.html, abgerufen am 28.08.2014).

695 *Diller*, in: Henssler/Prütting, BRAO, § 51a BRAO Rn. 11; *Sommer/Treptow*, NJW 2013, 3269, 3270; *Tröger/Pfaffinger*, JZ 2013, 812, 815.

RefE[696] und im RegE[697] vorgesehen)[698] nicht auf die Regelung des § 51 Abs. 3 Nr. 1 BRAO, der es ermöglicht, Ansprüche wegen wissentlicher Pflichtverletzung von der Berufshaftpflichtversicherung auszuschließen.[699] Versicherungsverträge, die diese sog. „*Pflichtwidrigkeitsklauseln*" enthalten, genügen damit nicht den gesetzlichen Anforderungen an die PartG mbB.[700]

Das Verbot dieser Pflichtwidrigkeitsklauseln geht auf eine Empfehlung des Rechtsausschusses[701] zurück.

aa. Bedeutung der Pflichtwidrigkeitsklauseln

Eine „*wissentliche Pflichtverletzung*" erfordert eine vorsätzliche Pflichtverletzung im Sinne eines *dolus directus* (ein bedingter Vorsatz genügt nicht). In Bezug auf den Eintritt eines Schadens ist weder eine Kenntnis noch eine billigende Inkaufnahme erforderlich.[702] Damit liegt eine wissentliche Pflichtverletzung auch dann vor, wenn der Anwalt weiß, dass er eine Pflicht verletzt, aber fest davon ausgeht, dass kein Schaden entstehen wird.[703]

Bei der Berufshaftpflichtversicherung für den Einzelanwalt kann die Versicherung die Haftung wegen solcher wissentlicher Pflichtverletzungen gem. § 51 Abs. 3 Nr. 1 BRAO ausschließen. Der Ausschluss ist in § 4.5 AVB-RSW aufgenommen. Die Fallgruppen der wissentlichen Pflichtverletzung durch einen Rechtsanwalt sind sehr weit gefasst (vgl. weite Auflistung in § 4.5 AVB-RSW) und erfassen beispielsweise auch Abweichungen von Weisungen des Mandanten.[704]

Der Ausschluss des Versicherungsschutzes wegen wissentlicher Pflichtverletzung in § 4.5 AVB-RSW geht damit weiter als der gesetzliche Ausschluss des

696 RefE des BMJ (Bearbeitungsstand 3.02.2012), S. 5.

697 RegE zum Gesetz zur Einführung einer PartG mbB, BT-Drs. 17/10487, S. 5.

698 Im RefE und RegE regelte § 51a Abs. 1 Satz 2 noch eine entsprechende Anwendung des gesamten Absatz 3 des § 51 BRAO.

699 Entsprechend dieser Reglung des neuen § 51a BRAO wurde auch die Versicherungsregelung in § 59j BRAO für die Rechtsanwalts-GmbH geändert, auch dieser verweist in der neuen Fassung nicht mehr auf die Möglichkeit des Anspruchsausschlusses wegen wissentlicher Pflichtverletzung gem. § 51 Abs. 3 Nr. 1 BRAO.

700 *Dallwig*, VersR 2014, 19, 20.

701 Beschlussempfehlung und Bericht des Rechtsausschusses, BT-Drs. 17/13944, S. 6, 21.

702 *Diller*, AnwBlatt 2014, 2, 5; *ders.*, AVB-RSW, 2009, § 4 Rn. 42.

703 *Diller*, in: Henssler/Prütting, BRAO, § 51a BRAO Rn. 11; *ders.*, AVB-RSW, 2009, § 4 Rn. 42, 43 m.w.N.

704 § 4 Nr. 5 AVB-RSW lautet: *Der Versicherungsschutz bezieht sich nicht auf Haftpflichtansprüche... 5. wegen Schadensverursachung durch wissentliches Abweichen von Gesetz, Vorschrift, Anweisung oder Bedingung des Auftraggebers oder durch sonstige wissentliche Pflichtverletzung....*; vgl. hierzu *Diller*, AnwBlatt 2014, 2, 5, 6.

Versicherungsschutzes gem. § 103 VVG[705], der an die (bedingt) vorsätzliche Schadensherbeiführung anknüpft.[706]

Das Entfallen des Versicherungsschutzes belastet in den Fällen des § 103 VVG den Geschädigten nicht in unangemessener Weise, da er aufgrund des Vorsatzes bezüglich der Tathandlung und des Schadenseintritts in der Regel jedenfalls einen deliktischen Anspruch gegen den handelnden Rechtsanwalt aus § 826 BGB hat.

bb. Pflichtwidrigkeitsklauseln und Haftungssituation bei der PartG mbB

Vor diesem Hintergrund könnte es bei einer unterstellten Zulässigkeit von Pflichtwidrigkeitsklauseln im Rahmen der für die PartG mbB erforderlichen Versicherung zu folgenden Rechtsschutzlücken für den Geschädigten kommen:[707]

Handelt der Rechtsanwalt wissentlich pflichtwidrig, also vorsätzlich bezüglich der Pflichtverletzung und geht dabei davon aus, dass kein Schaden entsteht, so würde bei Vorliegen einer Pflichtwidrigkeitsklausel kein Versicherungsschutz bestehen. Vertragliche Ansprüche gegen den handelnden Gesellschafter scheiden aus, da die Gesellschaft Vertragspartner wurde. Eine akzessorische Haftung der Gesellschafter scheidet aufgrund der Haftungsbeschränkung auf das Gesellschaftsvermögen (§ 8 Abs. 4 PartGG) aus. Es bliebe dem geschädigten Mandanten nur die Möglichkeit, sich aufgrund einer deliktischen Haftung direkt an den Rechtsanwalt zu wenden. Der deliktische Anspruch aus § 826 BGB würde jedoch aufgrund eines mangelnden Vorsatzes bezüglich des Schadens scheitern. Sofern die Handlung der Gesellschaft gem. § 31 BGB analog zugerechnet werden kann, bliebe dem Mandanten dann nur ein Zugriff auf das Vermögen der Gesellschaft, das in der Regel nicht ausreichend sein wird.[708]

Um diese Rechtsschutzlücke für den geschädigten Mandanten zu schließen muss die Versicherung einer PartG mbB auch die Haftung wegen einer vorsätzlichen Pflichtverletzung umfassen. Handelt der Rechtsanwalt also wissentlich pflichtwidrig und vertraut gleichzeitig auf das Ausbleiben eines Schadens, ist dies vom Versicherungsschutz umfasst.

Im Zuge der Einführung der PartG mbB wurde die bislang parallel bestehende Rechtsschutzlücke auch bei der anwaltlichen GmbH geschlossen, so dass § 59j Abs. 1 BRAO n.F. nunmehr nicht mehr auf § 51 Abs. 3 Nr. 1 BRAO verweist.

---

705 § 103 VVG lautet: *Der Versicherer ist nicht zur Leistung verpflichtet, wenn der Versicherungsnehmer vorsätzlich und widerrechtlich den bei dem Dritten eingetretenen Schaden herbeigeführt hat.*

706 *Langheid*, in: Römer/Langheid, VVG, § 103 Rn. 1.

707 Hierzu auch: Beschlussempfehlung und Bericht des Rechtsausschusses vom 12.06.2012 BT-Drs. 17/13944, S. 21; *Diller*, in: Henssler/Prütting, BRAO, § 51a BRAO Rn. 11; *Tröger/Pfaffinger*, JZ 2013, 812, 815.

708 *Hartung*, Stellungnahme vom 31.10.2012 zum RegE BT-Drs. 17/10487, S. 13; *Offermann-Burckhart*, AnwBlatt 2014, 474, 483.

cc. Kritik am Verbot der Pflichtwidrigkeitsklausel für die PartG mbB

Das Verbot von Pflichtwidrigkeitsklauseln in Versicherungsverträgen von Rechtsanwalts-PartG mbB wurde teils kritisiert.[709]

Es wird beklagt, der Gesetzgeber habe – ohne der Versicherungswirtschaft vorher die Möglichkeit einer Stellungnahme gegeben zu haben – mit dem Verbot der Pflichtwidrigkeitsklausel ein *„zentrales Grundprinzip der Berufshaftpflichtversicherung handstreichartig [abgeschafft]"*[710].[711] Als Alternative wird vorgeschlagen, die Haftungsbeschränkung auf das Gesellschaftsvermögen der PartG mbB für Fälle der vorsätzlichen (*dolus directus* 1. Grades) Pflichtverletzung entfallen zu lassen. Wenn die Haftungsbeschränkung des § 8 Abs. 4 PartGG für diese Fälle nicht greife, lebe die Haftung des handelnden Partners aus § 8 Abs. 2 PartGG wieder auf.[712]

Eine Streichung der Pflichtwidrigkeitsklauseln würde dazu führen, dass fast alle vorsätzlichen Pflichtverletzungen vom Versicherungsschutz gedeckt seien, da der für den gesetzlichen Ausschluss des § 103 VVG erforderliche Nachweis des Vorsatzes bezüglich des Schadens nur sehr schwer zu erbringen sei.[713] Es könne außerdem aus berufsethischen Gesichtspunkten nicht zielführend sein, einen Versicherungsschutz für wissentliche Verletzungen von Berufspflichten zu gewähren.[714]

Auch auf den Erfolg der PartG mbB wirke sich die Unzulässigkeit von Pflichtwidrigkeitsklauseln sehr negativ aus, da sich der Versicherungsschutz für wissentliche Pflichtverletzungen stark prämienerhöhend auswirken würde.[715]

dd. Stellungnahme

Zunächst ist bemerkenswert, dass der Gesetzgeber bei der Schaffung der PartG mbB in den Pflichtwidrigkeitsklauseln plötzlich eine zu schließende Rechtsschutzlücke sah, obwohl eine deckungsgleiche Situation bei der Rechtsanwalts-GmbH gem. § 59j BRAO a.F. seit Jahren existierte, ohne dass dies zu Beanstandungen geführt hätte.[716] Es stellt sich also durchaus die Frage, inwiefern hier in der Praxis tatsächlich eine Rechtsschutzlücke bestand. Nimmt man die Existenz einer solchen Rechtsschutzlücke an, hätte sie konsequenterweise auch für die Wirtschaftsprüfer und Steuerberater PartG mbB und GmbH geschlossen werden müssen. Dies ist im

709 Stellungnahme des GDV vom 18.06.2013 zur BR-Drs. 497/13, S. 2, 5, 6; *Gladys*, DStR 2013, 2416, 2419; *Ruppert*, DStR 2013, 1623, 1627.
710 *Ruppert*, DStR 2013, 1623, 1627.
711 Stellungnahme des GDV vom 18.06.2013 zur BR-Drs. 497/13, S. 2, 5, 6; *Gladys*, DStR 2013, 2416, 2419.
712 Stellungnahme des GDV vom 18.06.2013 zur BR-Drs. 497/13, S. 7.
713 Stellungnahme des GDV vom 18.06.2013 zur BR-Drs. 497/13, S. 4, 5.
714 Stellungnahme des GDV vom 18.06.2013 zur BR-Drs. 497/13, S. 5.
715 Stellungnahme des GDV vom 18.06.2013 zur BR-Drs. 497/13, S. 6.
716 Bei der GmbH wurde nie Bedarf nach Änderung gesehen, *Ruppert*, DStR 2013, 1623, 1627.

Einführungsgesetz zur PartG mbB nicht geschehen und im Gesetzgebungsverfahren auch nicht diskutiert worden.

Nach dem Willen des Gesetzgebers soll das Verbot der Pflichtwidrigkeitsklausel mögliche Gläubiger schützen. Ob es allerdings aus Gläubigerschutzgesichtspunkten wirklich zielführend ist, wissentlich pflichtwidriges Handeln von Berufsträgern unter Versicherungsschutz zu stellen, ist zweifelhaft. Man führe sich die beiden Funktionen der persönlichen Haftung von Berufsträgern vor Augen: Zum einen den Gläubigerschutz, dass der Mandant also im Falle eines Fehlverhaltens bei der schädigenden Person Regress nehmen kann. Zum anderen wohnt der persönlichen Haftung aber auch ein steuerndes und regulierendes Element inne, da die potentielle persönliche Haftung den einzelnen Berufsträger zu einer sorgfältigen Einhaltung seiner Pflichten anhalten soll.[717]

Wenn bei einer Gesellschaftsform ohne persönliche Haftung für berufliches Fehlverhalten wie der PartG mbB auch wissentliches Fehlverhalten vom Versicherungsschutz umfasst ist, läuft dies den Zielen der Qualitätssicherung und -verbesserung zuwider.[718]

Die aus einem Versicherungsschutz trotz wissentlicher Pflichtverletzung möglicherweise resultierende fehlende Steuerungsfunktion wird allerdings durch die Versicherungsbedingungen einiger Versicherer kompensiert. In der Regel haben sich die Versicherer für den Fall der wissentlichen Pflichtverletzung einen Regress gegen den Versicherungsnehmer vorbehalten.[719] Da dies eine Forderung aus dem Versicherungsvertrag und damit keine berufshaftungsrechtliche Verbindlichkeit ist, greift die Haftungsbeschränkung des § 8 Abs. 4 PartGG nicht ein und die Gesellschafter haften gem. § 8 Abs. 1 PartGG akzessorisch als Gesamtschuldner neben dem Gesellschaftsvermögen. Wollen die Gesellschafter, dass nur derjenige Partner persönlich haftet, der die wissentliche Pflichtverletzung beging, müssen sie eine entsprechende Haftung im Innenverhältnis im Gesellschaftsvertrag vereinbaren.

c. *Keine dem § 59j Abs. 4 BRAO entsprechende Ausfallhaftung*

Auf eine der Ausfallhaftung des § 59j Abs. 4 BRAO (vgl. Teil 1 C. II. 2. d. dd.) entsprechende Regelung für die PartG mbB konnte verzichtet werden, da die PartG mbB im Falle eines nicht oder nicht ordnungsgemäßen Unterhaltens der von § 59a BRAO geforderten Berufshaftpflichtversicherung automatisch wieder zur normalen

---

717 Zur persönlichen Haftung als dem „zentralen Steuerungsinstrument" vgl. auch *Tröger/Pfaffinger*, JZ 2013, 812, 813; zur Präventivfunktion des Schadensersatzrechts allgemein: *Koziol*, Grundfragen des Schadensersatzrechts, Rn. 2/65, 66.

718 Auf diesen Widerspruch auch hinweisend *Gladys*, DStR 2013, 2416, 2419.

719 *Diller*, in: Henssler/Prütting, BRAO, § 51a BRAO Rn. 12; *Chab*, AnwBlatt 2014, 137, 139 geht davon aus, dass ein Regress direkt gegen den vorsätzlich pflichtwidrig handelnden Rechtsanwalt möglich ist; *Zimmermann*, NJW 2014, 1142, 1144; *Gladys*, DStR 2013, 2416, 2419 bezeichnet diesen Innenregress als „*Abfederung des berufsrechtlichen Flurschadens*".

PartG wird und die persönliche Haftung des handelnden Partners nach § 8 Abs. 1, 2 PartGG ohne weiteres wieder auflebt, ohne dass es einer dahingehenden besonderen gesetzlichen Anordnung bedarf.[720]

2. *Steuerberater*

a. *Angemessenheitsvorbehalt und Mindestversicherungssumme*

Für den *einzelnen* Steuerberater ist – anders als für den Einzelanwalt – gesetzlich keine Mindestversicherungssumme in einer bestimmten Höhe vorgesehen. Vielmehr müssen selbstständige Steuerberater gem. § 67 Abs. 1 StBerG eine *angemessene* Berufshaftpflichtversicherung abschließen. Das heißt, die Versicherungssumme muss den tatsächlich konkret vorhandenen individuellen Risiken entsprechen.[721] Seit Einführung der PartG mbB gilt diese Pflicht zur angemessenen Versicherung sowohl für die normale PartG und als auch die PartG mbB.[722]

Im Gesetzgebungsverfahren war dieses Angemessenheitskriterium zunächst als einzige inhaltliche Vorgabe auch für die Versicherung einer Steuerberater PartG mbB im Sinne des § 8 Abs. 4 PartGG vorgesehen.[723] Hiergegen wurde zu Recht eingewandt, dass die Angemessenheit als alleiniges Kriterium für die Existenz einer PartG mbB eine enorme Rechtsunsicherheit mit sich brächte, da unter Umständen erst ein gerichtliches Verfahren klären könne, ob die Versicherung angemessen sei oder nicht.[724] Entsprechend würde erst ein späteres Verfahren darüber entscheiden, ob eine normale PartG mit der Handelndenhaftung gem. § 8 Abs. 2 PartGG oder eine PartG mbB und einer Haftungsbeschränkung auf das Gesellschafsvermögen vorläge. Einer Empfehlung des Rechtsausschusses[725] und kritischer Stimmen während des Gesetzgebungsverfahrens[726] folgend, normiert der jetzige § 67 Abs. 2 Satz 1

720 Kritisch zum Fehlen einer dem § 59j Abs. 4 BRAO entsprechenden Regelung für die PartG mbB mit Hinweis auf eine BGH-Entscheidung zur Unternehmergesellschaft: *Hirte*, Stellungnahme vom 7.11.2012 zum RegE BT-Drs. 17/10487, S. 14.

721 *Hartmann*, in: Terbille/Höre, MünchHdb. Versicherungsrecht, § 22 Rn. 37.

722 § 67 Abs. 1 StBerG lautet: *Selbstständige Steuerberater, Steuerbevollmächtigte und Partnerschaften, auch solche mit beschränkter Berufshaftung nach § 8 Abs. 4 des Partnerschaftsgesellschaftsgesetzes, müssen gegen die aus ihrer Berufstätigkeit sich ergebenden Haftpflichtgefahren angemessen versichert sein.*

723 RefE des BMJ (Bearbeitungsstand 3.02.2012); RegE zum Gesetz zur Einführung einer PartG mbB, BT-Drs. 17/10487, S. 8.

724 Stellungnahme der Bundessteuerberaterkammer vom 04.10.2012 zum RegE BT-Drs. 17/10487, S. 2, 3; *Posegga*, DStR 2012, 611, 614.

725 Beschlussempfehlung und Bericht des Rechtsausschusses, BT-Drs. 17/13944, S. 22.

726 Stellungnahme der Bundessteuerberaterkammer vom 4.10.2012 zum RegE BT-Drs. 17/10487, S. 2, 3; *Leuering*, Stellungnahme vom 5.11.2012 zum RegE BT-Drs. 17/10487, S. 5; *Posegga*, DStR 2012, 611, 614, 615; *Römermann/Praß*, NZG 2012, 601, 604, 605.

StBerG[727], dass die Versicherung bei einer Mindestversicherungssumme in Höhe von 1 Mio. EUR die Voraussetzungen des § 8 Abs. 4 PartGG erfüllt.[728]

aa. Im Einzelfall angemessene Versicherungssumme unter 1 Mio. EUR?

Fraglich ist, ob gestützt auf § 67 Abs. 1 StBerG, auch eine unter 1 Mio. EUR liegende Versicherungssumme für eine Steuerberater PartG mbB ausreicht, wenn diese im Einzelfall angemessen ist. Dies hängt vom Verständnis des § 67 Abs. 2 Satz 1 StBerG und seinem Verhältnis zu § 67 Abs. 1 StBerG ab.

Der Wortlaut des § 67 Abs. 2 Satz 1 StBerG schließt es nicht aus, eine Versicherung unter 1 Mio. EUR im Einzelfall als angemessen zu definieren. Denn § 67 Abs. 2 Satz 1 StBerG normiert, dass die Versicherung bei 1 Mio. EUR die Voraussetzungen des § 8 Abs. 4 PartGG erfüllt und nicht, dass (erst) bei einer Versicherungssumme ab 1 Mio. EUR eine angemessene Versicherung vorliegt.

Darüber hinaus ist der Wortlaut des § 67 Abs. 2 Satz 1 StBerG nicht eindeutig. Er kann sowohl dahingehend verstanden werden, dass eine Mindestversicherungssumme *jedenfalls* dann die Voraussetzungen des § 8 Abs. 4 PartGG erfüllt und mithin angemessen ist, wenn sie 1 Mio. EUR beträgt, aber gegebenenfalls auch darunter liegen kann. Auch ein Verständnis dahingehend, dass *nur* eine Mindestversicherungssumme von mindestens 1 Mio. EUR eine den Anforderungen des § 8 Abs. 4 PartGG entsprechende Versicherung darstellt, ist aber möglich. Es ist mithin unklar, ob es sich bei § 67 Abs. 2 StBerG lediglich um eine Auslegungsregel handelt oder ob die Norm ein Mindestmaß der Versicherungssumme für die Steuerberater-PartG mbB strikt definiert.[729]

Die Regelung des § 52 Abs. 4 DVStB nach der bei der PartG mbB eine Mindestversicherungssumme 1 Mio. EUR *„betragen muss"*[730] spricht nicht zwingend gegen ein Verständnis von § 67 Abs. 2 StBerG als Auslegungsregel. Zum einen gehen die Reglungen des StBerG der in der Normenhierarchie niedriger stehenden DVStB vor[731], zum anderen erscheinen die Regelungen des DVStB auch an anderen Stellen

727 § 67 Abs. 2 Satz 1 StBerG lautet: *Partnerschaftsgesellschaften mit beschränkter Berufshaftung erfüllen die Voraussetzungen nach § 8 Absatz 4 Satz 1 des Partnerschaftsgesellschaftsgesetzes, wenn sie eine Berufshaftpflichtversicherung unterhalten, deren Mindestversicherungssumme eine Million Euro beträgt.*

728 Der Bundesrat hatte dies in seiner Stellungnahme (Anlage 3 zum RegE BT-Drs. 17/10487, BR-Drs. 309/12) bereits angeregt. Diese Anregung lehnte die Bundesregierung in ihrer Gegenäußerung noch ab (Anlage 4 zum RegE).

729 Pro Auslegungsregel etwa: *Römermann*, in: Michalski/Römermann, PartGG, § 8 Rn. 92; *Linardatos*, VersR 2013, 1488, 1491; wohl auch *Ruppert*, DStR 2013, 1623, 1626.

730 § 54 Abs. 4 DVStB lautet: *Die Absätze 1 und 3 gelten für Partnerschaftsgesellschaften mit beschränkter Berufshaftung nach § 8 Absatz 4 des Partnerschaftsgesellschaftsgesetzes mit der Maßgabe, dass die Mindestversicherungssumme für den einzelnen Versicherungsfall eine Million Euro und die Jahreshöchstleistung für alle in einem Versicherungsjahr verursachten Schäden mindestens vier Millionen Euro betragen muss.*

731 *Ruppert*, DStR 2013, 1623, 1626.

nur unsorgfältig auf die Vorgaben des StBerG abgestimmt. So ordnet § 67 Abs. 2 StBerG zur Ermittlung der Jahreshöchstleistung eine Multiplikation der Versicherungssumme mit der Anzahl der Partner an während gem. § 52 Abs. 4 DVStB nur eine Jahreshöchstleistung von mindestens EUR 4 Mio. erforderlich ist.

Für die Möglichkeit einer im Einzelfall unter 1 Mio. EUR liegenden Mindestversicherungssumme spricht die teleologische Auslegung der Norm. Der Hintergrund des § 67 Abs. 2 StBerG war nicht etwa eine bewusste Abkehr vom Angemessenheitskriterium, sondern vielmehr das Bedürfnis der Praxis nach Rechtssicherheit.[732] Nach dem Sinn und Zweck der Norm – die Vermeidung von Rechtsunsicherheiten zu gewährleisten – ist es nicht erforderlich, eine Mindestversicherungssumme in Höhe von 1 Mio. EUR zu fordern, wenn im Einzelfall auch eine niedrigere Summe angemessen ist. Will die Gesellschaft jede Rechtsunsicherheit vermeiden, kann sie die in § 67 Abs. 2 StBerG als für eine PartG mbB ausreichend definierte Versicherungssumme in Höhe von 1 Mio. EUR abschließen. Das Verständnis als Auslegungsregel lässt der Gesellschaft die Wahl, wenn sie von der Angemessenheit einer niedrigeren Versicherung überzeugt ist, diese zu wählen. Auch Gläubigerschutzgesichtspunkte erfordern hier keine strikte Mindestversicherungssumme, da für den Fall, dass sich später herausstellt, dass die Summe nicht angemessen ist, die Voraussetzungen des § 8 Abs. 4 PartGG i.V.m. § 67 Abs. 1 StBerG nicht vorliegen und folglich *ipso jure* keine PartG mbB sondern eine normale PartG mit der persönlichen Haftung der Gesellschafter bzw. des handelnden Gesellschafters vorliegt.

Für Rechtsanwälte und Wirtschaftsprüfer scheidet eine unter den gesetzlichen Vorgaben liegende Versicherungssumme, auch wenn sie im Einzelfall angemessen sein mag, *de lege lata* aus, da in den Berufsrechten kein Angemessenheitskriterium enthalten ist und die Vorschriften der BRAO und der WiPrO als zwingende Vorgaben ausgestaltet sind.

bb. Versicherungssumme über 1 Mio. EUR, aber im Einzelfall unangemessen

Gem. § 67 Abs. 2 Satz 1 StBerG genügt die Mindestversicherungssumme von 1 Mio. EUR für die gesellschaftsrechtliche Haftungsbeschränkung des § 8 Abs. 4 PartGG. Die berufsrechtliche Pflicht gem. § 67 Abs. 1 StBerG zur „*angemessenen*" Versicherung bleibt daneben bestehen.[733] Unter diesem berufsrechtlichen Gesichtspunkt könnte gegebenenfalls eine höhere Versicherungssumme erforderlich sein.

Ist die Mindestversicherungssumme in Höhe von 1 Mio. EUR im Einzelfall berufsrechtlich unangemessen niedrig, liegt aus gesellschaftsrechtlicher Sicht trotz der Unangemessenheit aufgrund der eindeutigen Regelung des § 67 Abs. 2 Satz 1 StBerG dennoch eine PartG mbB mit der Folge der Haftungsbeschränkung auf das Gesellschaftsvermögen für berufshaftungsrechtliche Verbindlichkeiten vor. Eine im

732 Beschlussempfehlung und Bericht des Rechtsausschusses, BT-Drs. 17/13944, S. 22.
733 *Henssler*, AnwBlatt 2014, 96, 105 Fn. 93.

Einzelfall unangemessene Versicherung kann zwar berufsrechtliche Sanktionen[734], aber gesellschaftsrechtlich keine persönliche Haftung der Partner aus § 8 Abs. 1, 2 PartGG zur Folge haben, da auch eine unangemessene Versicherungssumme bei Erreichen des Pauschalbetrages nach dem eindeutigen Wortlaut des § 67 Abs. 2 Satz 1 PartGG die Voraussetzungen des § 8 Abs. 4 PartGG erfüllt.

cc. Deliktische Haftung wegen einer unangemessenen Versicherungssumme?

Vereinzelt wird bei der PartG mbB von Steuerberatern eine persönliche Haftung aus § 823 Abs. 2 Satz 1 BGB i.V.m. § 67 Abs. 1 StBerG für den Fall einer (vorsätzlich oder fahrlässig) unangemessen niedrigen Versicherungssumme angenommen.[735]

Die Annahme einer solchen Haftung steht unter der Prämisse, dass § 67 Abs. 1 StBerG ein Schutzgesetz im Sinne des § 823 Abs. 2 Satz 1 BGB ist. Ein Schutzgesetz ist jede Rechtsnorm, die zumindest auch dazu dient, die Interessen des Einzelnen zu schützen.[736] Das Verständnis einer Norm als Schutzgesetz setzt ferner voraus, dass ein Schadensersatz als Rechtsfolge des Gesetzesverstoßes der Systematik und dem Zweck des Gesetzes, in dem das vermeintliche Schutzgesetz normiert ist, nicht widerspricht.[737]

Folgende Gesichtspunkte sprechen gegen das Verständnis der Angemessenheitsregelung als Schutzgesetz:

Die Norm bezweckt jedenfalls keinen Schutz für die Fälle, in denen die Versicherungssumme unangemessen und geringer als 1 Mio. EUR ist, da hier schon keine PartG mbB vorliegt. In einem solchen Falle finden die Haftungsregelungen der normalen PartG Anwendung und von § 67 Abs.1 StBerG geht keine gläubigerschützende Wirkung aus.

Ist die Versicherung objektiv unangemessen, aber erfüllt die in § 67 Abs. 2 StBerG festgelegten Voraussetzungen, liegt nach dem eindeutigen Wortlaut ein PartG mbB vor. Es würde dem Willen des Gesetzgebers widersprechen, bei Erfüllung der Voraussetzungen eine persönliche Haftung der Gesellschafter anzunehmen, wenn die Versicherung im Einzelfall fahrlässig (oder vorsätzlich) mit einer unangemessen niedrigen Versicherungssumme abgeschlossen wurde. Würde man eine fahrlässige unangemessene Versicherungssumme ausreichen lassen, wie es bei der Annahme

734 Beschlussempfehlung und Bericht des Rechtsausschusses, BT-Drs. 17/13944, S. 22; *Hartmann*, in: Terbille/Höra, MünchHdb. Versicherungsrecht, § 22 Rn. 37; *Römermann*, in: Michalski/Römermann, PartGG, § 8 PartGG Rn. 103; *Ruppert*, DStR 2013, 1623, 1626.

735 So etwa *Römermann/Praß*, NZG 2012, 601, 605. Da für den Versicherungsabschluss die Gesellschafterversammlung zuständig ist, da der Abschluss aufgrund der veränderten Haftungsverfassung ein außergewöhnliches Geschäft ist (vgl. *Salger*, Gummert/Weipert, Münch-Hdb. GesR 1, § 45a Rn. 8; *Sommer/Treptow*, NJW 2013, 3269, 3270), würde eine solche Haftung alle Gesellschafter treffen.

736 *Schiemann*, in: Erman-BGB, § 823 Rn. 154, 157.

737 BGH vom 13.12.2011 – NJW 2012, 1800, 1802 (Rz. 21); *Lange/Schmidtbauer*, in: Herberger u.a., jurisPK-BGB, § 823 Rn. 166, 171.

des § 67 Abs. 1 StBerG als Schutzgesetz der Fall wäre, so würde das gesetzgeberische Ziel unterlaufen, Rechtssicherheit über den Ausschluss der persönlichen Haftung zu schaffen.

Die Unangemessenheit der Versicherung kann daher nur berufsrechtliche Konsequenzen nach sich ziehen. Eine persönliche Haftung aufgrund einer unangemessen niedrigen Versicherungssumme kann allenfalls in den absoluten Ausnahmefällen angenommen werden, in denen die Voraussetzung des § 826 BGB vorliegen.[738]

Für die anderen Berufsgruppen scheidet eine persönliche Haftung wegen einer Schutzgesetzverletzung aus, da die Regelungen über die Berufshaftpflichtversicherung der Rechtsanwälte und Wirtschaftsprüfer keine Angemessenheitsklauseln und somit keinen entsprechenden Anknüpfungspunkt für ein Schutzgesetz enthalten.

b. Jahreshöchstleistung

Auch bei der PartG mbB von Steuerberatern kann die Jahreshöchstleistung der Versicherung auf die Mindestversicherungssumme multipliziert mit der Anzahl der Partner – jedoch mindestens vervierfacht – begrenzt werden, vgl. § 67 Abs. 2 Satz 2, 3 StBerG. Auch dies geht auf den Beschlussvorschlag des Rechtsausschusses zurück.[739] Die abweichende Vorschrift des § 52 Abs. 4 DVStB, die eine Mindestversicherungssumme von EUR 4 Mio. – unabhängig von der Anzahl der Partner – ausreichen lässt, tritt hinter der spezielleren und in der Normenhierarchie höher stehenden Regelung aus dem StBerG zurück.[740]

c. Wissentliche Pflichtverletzung

Die Versicherung einer Steuerberater PartG mbB muss, anders als die Versicherung der anwaltlichen PartG mbB, Schäden aufgrund wissentlicher Pflichtverletzung gem. § 53a Abs. 1 Nr. 1 DVStB nicht abdecken. Die Rechtsschutzlücke, die der Gesetzgeber durch Pflichtwidrigkeitsklauseln in einer anwaltlichen PartG mbB befürchtete (vgl. Teil 3 D. II. 1. b.) und durch das Verbot von Pflichtwidrigkeitsklauseln schloss, besteht auch bei Steuerberatern. Für die Steuerberater PartG mbB ist bislang jedoch kein Verbot der Pflichtwidrigkeitsklauseln normiert. Sachliche Gründe für diese Ungleichbehandlung sind nicht erkennbar und die Argumentation des Gesetzgebers für ein Verbot von Pflichtwidrigkeitsklauseln im Falle der anwaltlichen PartG mbB (kritisch hierzu bereit zuvor Teil 3 D. II. 1. b. dd.) erscheint umso zweifelhafter.

---

738 In der Literatur wird die unangemessene Versicherung teils als neue Fallgruppe der materiellen Unterkapitalisierung als „materielle Unterversicherung" verstanden, *Gladys,* DStR 2013, 2416 (ablehnend *Lieder,* NotBZ 2014, 81, 85; *Tröger/Pfaffinger,* JZ 2013, 812, 818).

739 Beschlussempfehlung und Bericht des Rechtsausschusses BT-Drs. 17/13944, S. 11 (im RegE zum Gesetz zur Einführung einer PartG mbB, BT-Drs. 17/10487, S. 8 war noch keine Jahreshöchstleistung vorgesehen).

740 *Römermann,* in: Michalski/Römermann, PartGG, § 8 PartGG Rn. 93.

3. *Wirtschaftsprüfer*

Für die PartG mbB von Wirtschaftsprüfern ist gem. § 54 Abs. 1 Satz 1 WiPrO[741] i.V.m. § 323 Abs. 2 Satz 1 HGB[742] eine Mindestversicherungssumme von 1 Mio. EUR erforderlich. Im Gegensatz zu den Regelungen für Rechtsanwälte und Steuerberater ist hier jedoch keine Begrenzung der Jahreshöchstleistung vorgesehen, was bedeutet, dass die Versicherungssumme von 1 Mio. EUR pro Versicherungsfall unmaximiert zur Verfügung stehen muss.[743] Der Versicherungsschutz muss bei einer PartG mbB von Wirtschaftsprüfern wissentliche Pflichtverletzungen nicht abdecken, vgl. § 4 Abs. 1 Nr. 1 WPBHV (Verordnung über die Berufshaftpflichtversicherung der Wirtschaftsprüfer und vereidigten Buchprüfer).[744]

4. *Die interdisziplinäre PartG mbB*

Aufgrund der unterschiedlichen Regelungen in den einzelnen Berufsrechten bezüglich der Höhe der Mindestversicherungssumme[745], der Zulässigkeit von Pflichtwidrigkeitsklauseln[746] und der Deckelungsmöglichkeit auf eine Jahreshöchstsumme[747] stellt sich die Frage, welche inhaltlichen Anforderungen an eine interdisziplinäre PartG mbB zu stellen sind. Da derzeit eine Vielzahl der *„normalen"* PartG in Deutschland interprofessionell sind[748], hat diese Frage auch für die PartG mbB als Sonderform der PartG hohe praktische Relevanz.

---

741 Lautet in neuer Fassung: *„Selbstständige Wirtschaftsprüfer, Wirtschaftsprüfergesellschaften und Wirtschaftsprüfergesellschaften mit beschränkter Berufshaftung, sind verpflichtet eine Berufshaftpflichtversicherung zur Deckung der sich aus ihrer Berufstätigkeit ergebenden Haftpflichtgefahren für Vermögensschäden abzuschließen und die Versicherung während der Dauer und ihrer Bestellung oder Anerkennung aufrecht zu erhalten. Die Mindestversicherungssumme für den einzelnen Versicherungsfall muss den in § 323 II 1 HGB bezeichneten Umfang betragen."* (= 1 Mio. €).

742 § 323 Abs. 2 Satz 1 HGB lautet: *„Die Ersatzpflicht von Personen, die fahrlässig gehandelt haben, beschränkt sich auf eine Million Euro für eine Prüfung."*

743 *Ruppert*, DStR 2013, 1623; *Willerscheid*, NWB 2013, 2490, 2493; ebenso die WPK: Die wichtigsten Fragen und Antworten zu PartGmbB aus Sicht des WP/vBP, S. 4 (abrufbar unter: www.wpk.de/pdf/WPK_Magazin_3-2013_PartGmbB_FAQ.pdf; abgerufen am 30.12.2014).

744 Die WPBHV ist durch das Berufsaufsichtsreformgesetz aufgehoben worden, ist aber gem. § 137 WiPrO noch solange anzuwenden, bis die Inhalte der Verordnung in die WiPrO aufgenommen sind, was bislang noch nicht der Fall ist.

745 Bei Rechtsanwälten liegt die Mindestversicherungssumme bei 2,5 Mio. EUR, bei Wirtschaftsprüfern 1 Mio. EUR und bei Steuerberatern eine angemessene Mindestversicherungssumme.

746 Pflichtwidrigkeitsklauseln sind nur bei Wirtschaftsprüfern und Steuerberatern zulässig.

747 Deckelungsmöglichkeit ist nur bei Rechtsanwälten und Steuerberatern möglich, nicht bei Wirtschaftsprüfern.

748 *Römermann*, in: Michalski/Römermann, PartGG, § 8 PartGG Rn. 97 Fn. 167.

Der Gesetzgeber hat im Rahmen der Einführung der PartG mbB keine ausdrückliche Regelung zur interdisziplinären PartG mbB getroffen, obwohl dies im Rahmen des Gesetzgebungsverfahrens von einigen Seiten angeregt wurde.[749] Insoweit sah der Gesetzgeber keinen Regelungsbedarf, da sich die Versicherung der interdisziplinären PartG mbB inhaltlich nach dem „*allgemeinen berufsrechtlichen Grundsatz*" richte, dass immer das strengste Berufsrecht Anwendung finde.[750] Augenscheinlich hatte der Gesetzgeber hierbei aber nur die Divergenz bezüglich der Höhe der Mindestversicherungssumme im Blick.[751]

Bei genauerer Betrachtung stellt sich heraus, dass der pauschale Verweis des Gesetzgebers auf den allgemeinen Grundsatz des strengsten Berufsrechts einige Unklarheiten mit sich bringt, die in der Praxis die Attraktivität der PartG mbB für interprofessionellen Zusammenschlüsse schmälern könnten.

a. Höhe der Mindestversicherungssumme

Das vom Gesetzgeber zugrunde gelegte Prinzip der Geltung des strengsten Berufsrechts führt dazu, dass sich die für eine PartG mbB von Wirtschaftsprüfern und/oder Steuerberatern notwendige Mindestversicherungssumme auch schon bei der Aufnahme nur eines einzigen Rechtsanwaltes als Gesellschafter mehr als verdoppelt.

Nur vereinzelt wird vertreten, dass es den Grundsatz des strengsten Berufsrechts nicht gebe. *Linardatos* nimmt an, dass bereits *de lege lata* die Versicherungssumme, sofern möglich, an den konkret bewerteten Haftungsrisiken ausgerichtet werden soll.[752] Bei der reinen Steuerberater PartG mbB erreicht er dies über eine überzeugende Anwendung der Angemessenheitsklausel, die auch eine unter 1 Mio. EUR liegende aber angemessene Versicherung ausreichen lässt (vgl. Teil 3 D. II. 2. a. aa.). Er nimmt eine konkret zu ermittelnde Versicherungssumme aber auch bei interdisziplinären PartG mbB an.

Dies erscheint – wenngleich das Ergebnis wünschenswert sein mag – nicht überzeugend, da weder im Berufsrecht der Rechtsanwälte noch der Wirtschaftsprüfer ein Angemessenheitsvorbehalt existiert und daher in diesen Fällen nach dem eindeutigen Wortlaut des Gesetzes ein niedrigerer als der gesetzlich in § 51a Abs. 2 Satz 1 BRAO bzw. § 54 Abs. 1 WiPrO i.V.m. § 323 Abs. 1 Satz 1 HGB vorgesehenen Versicherungsschutz nicht ausreichen würde, um die Anforderungen des § 8 Abs. 4 PartGG zu erfüllen.

Demnach ist nach der derzeitigen Konzeption des Gesetzes bei Beteiligung eines Rechtsanwaltes die höhere Mindestversicherungssumme der BRAO entscheidend. Die Divergenz der Berufsrechte führt folglich dazu, dass es für eine PartG mbB von Steuerberatern und/oder Wirtschaftsprüfern ungünstig sein kann, einen Rechtsanwalt

---

749 Dies fordernd etwa *Salger*, DB 2012, 1794, 1796; Stellungnahme des DAV 21/12 vom 15.03.2012 zum RefE, S. 4.

750 Beschlussempfehlung und Bericht des Rechtsausschusses, BT-Drs. 17/13944, S. 21.

751 Beschlussempfehlung und Bericht des Rechtsausschusses, BT-Drs. 17/13944, S. 21.

752 *Linardatos*, VersR 2014, 1488, 1493.

aufzunehmen, da die Gesellschafterstellung auch nur eines Rechtsanwaltes die erforderliche Versicherungssumme und damit auch die zu zahlenden Prämien erhöht.[753] Die verschieden ausgestalteten Versicherungssummen stellen daher für die interprofessionelle Zusammenarbeit in einer PartG mbB jedenfalls für solche Gesellschaften, die aufgrund ihrer tatsächlichen Risikostruktur nicht ohnehin eine Mindestversicherungssumme von 2,5 Mio. EUR unterhalten, eine Hürde dar.

b. Pflichtwidrigkeitsklauseln bei einer interprofessionellen PartG mbB

Durch den Gesetzgeber nicht geregelt ist ferner, ob bei einer interprofessionellen PartG mbB ein Ausschluss der Versicherung bei wissentlicher Pflichtverletzung möglich ist. Das anwaltliche Berufsrecht verbietet einen solchen Ausschluss, das Berufsrecht der Wirtschaftsprüfer und Steuerberater lässt ihn zu (vgl. Teil 3 D. II. 1. b., 2. b., 3.). Welche berufsrechtliche Regelung die *„strengere“* und damit für die interprofessionelle PartG mbB einschlägig ist, ist nicht eindeutig zu beantworten.[754]

Einerseits könnte die anwaltliche Regelung die strengere sein, weil sie Rechtsanwälte dazu verpflichtet eine Versicherung abzuschließen, die auch Ansprüche wegen wissentlicher Pflichtverletzung abdeckt.[755] Der Versicherungsschutz muss bei Anwälten also einen größeren Umfang haben.

Andererseits könnte man auch die Regelungen der Steuerberater und Wirtschaftsprüfer als strengere Reglung ansehen, weil bei Vorliegen von Pflichtwidrigkeitsklauseln die Regelung des § 103 VVG hinaus (kein Versicherungsschutz für vorsätzlich und widerrechtlich herbeigeführte Schäden) weiter eingeschränkt wird.[756]

Überzeugender erscheint es, das anwaltliche Berufsrecht als das strengere aufzufassen. Denn das anwaltliche Berufsrecht bürdet seinen Berufsträgern im Gegensatz zu den anderen Berufsrechten die zusätzliche Verpflichtung auf, auch für Versicherungsschutz für wissentliche Pflichtverletzungen Sorge zu tragen. Diese zusätzliche Verpflichtung erstreckt sich nach dem Grundsatz des strengsten Berufsrechts auf die interprofessionelle PartG mbB.[757]

Hält man das Berufsrecht der Anwälte in diesem Punkt für das strengste, stellt sich in der Folge die Frage, ob Pflichtwidrigkeitsklauseln für alle Berufsträger einer interprofessionellen PartG mbB unzulässig sind oder nur für Rechtsanwälte.[758]

---

753 *Linardatos*, VersR 2013, 1488, 1491 (bezeichnet diese Folge als nicht verständlich).

754 *Ruppert*, DStR 2013, 1623, 1627; auch die WPK: Die wichtigsten Fragen und Antworten zu PartGmbB aus Sicht des WP/vBP, S. 7 (abrufbar unter: www.wpk.de/pdf/WPK_Magazin_3-2013_PartGmbB_FAQ.pdf, abgerufen am 30.12.2014).

755 Hierfür *Römermann*, in: Michalski/Römermann, PartGG, § 8 PartGG Rn. 101; *Willerscheid*, NWB 2013, 2490, 2493.

756 Hierzu tendierend *Ruppert*, DStR 2013, 1623, 1627.

757 So im Ergebnis auch *Römermann*, in: Michalski/Römermann, PartGG, § PartGG 8 Rn. 101; *Willerscheid*, NWB 2013, 2490, 2493, WPK, Die wichtigsten Fragen und Antworten zu PartGmbB aus Sicht des WP/vBP, S. 7 (abrufbar unter: www.wpk.de/pdf/WPK_Magazin_3-2013_PartGmbB_FAQ.pdf, abgerufen am 30.12.2014).

758 *Gladys*, DStR 2014, 445, 446, 447.

Mehrere Gesichtspunkte sprechen für eine generelle Unzulässigkeit von Pflichtwidrigkeitsklauseln in einer interprofessionellen PartG mbB unter Beteiligung eines Rechtsanwaltes. Zunächst handelt es sich bei der Versicherung der PartG mbB um eine Versicherung der Gesellschaft und nicht um eine Art zusammengefasste Versicherung der Gesellschafter; dies wird insbesondere an der grundsätzlich weiterhin bestehenden persönlichen Versicherungspflicht des einzelnen Berufsträgers deutlich. Ein uneinheitlicher Versicherungsschutz je nach Zugehörigkeit zu einer bestimmten Berufsgruppe des Schadensverursachers erscheint daher nicht überzeugend.

Schließlich erscheint auch dem Sinn und Zweck der anwaltlichen Regelung nach eine umfassende Geltung des Verbots der Pflichtwidrigkeitsklauseln für die interprofessionelle PartG mbB angezeigt. Die Rechtsschutzlücke, die der Gesetzgeber mit der Regelung im anwaltlichen Berufsrecht schließen wollte, existiert ebenso bei den anderen Berufsgruppen, so dass eine einheitliche Regelung dem *telos* der anwaltlichen Norm entspricht.

Wenn auch aufgrund des Schweigens des Gesetzgebers hier eine gewisse Unsicherheit über die Notwendigkeit eines umfassenden Verzichts auf Pflichtwidrigkeitsklauseln verbleibt, so ist jedenfalls aus praktischen Gesichtspunkten einer interprofessionellen PartG mbB unter Beteiligung eines Rechtsanwaltes ein umfassender Verzicht auf Pflichtwidrigkeitsklausel anzuraten, um zu vermeiden, die Vorgaben des § 8 Abs. 4 PartG mbB nicht zu erfüllen.[759]

c. *Deckelungsmöglichkeit bei der Beteiligung eines Wirtschaftsprüfers*

Ferner ist fraglich, ob bei einer interdisziplinären PartG mbB bei Beteiligung eines Wirtschaftsprüfers eine Deckelung der Jahreshöchstleistung auf die Mindestversicherungssumme (wenn ein Rechtsanwalt beteiligt ist also 2,5 Mio. EUR) mit der Anzahl der Partner, wie es die Berufsrechte von Steuerberatern und Rechtsanwälten erlauben, möglich ist. Das Berufsrecht der Wirtschaftsprüfer sieht eine Deckelungsmöglichkeit nicht vor; dort muss die Mindestversicherungssumme i.H.v. 1 Mio. EUR unmaximiert zur Verfügung stehen.

Der Gesetzgeber äußerte sich auch hier nicht klarstellend. Den Grundsatz des strengsten Berufsrechts ernst nehmend muss man davon ausgehen, dass das Recht der Wirtschaftsprüfer das strengste ist, da es keine Deckelung zulässt. Bei einer interdisziplinären PartG mbB unter Beteiligung eines Wirtschaftsprüfers scheidet daher eine Deckelung der Jahreshöchstleistung – jedoch wohl nur bezüglich einer Versicherungssumme von 1 Mio. EUR – aus; diese Summe muss unmaximiert zur Verfügung stehen.[760]

---

759 *Gladys*, DStR 2014, 445, 447 bezeichnet diese Lösung als „*gefühlt sichere Weg*".

760 *Gladys*, DStR 2013, 2416, 2418 (mit dem Hinweis auf einige Ausnahmen); *Ruppert*, DStR 2013, 1623, 1626; *Willerscheid*, NWB 2013, 2490, 2493; WPK, Die wichtigsten Fragen und Antworten zu PartGmbB aus Sicht des WP/vBP, S. 5 (abrufbar unter: www.wpk.de/pdf/WPK_Magazin_3-2103_PartGmbB_FAQ.pdf, abgerufen am 30.12.2014). Zur Frage, ob der unmaximierte Versicherungsschutz der Gesellschaft

d. Fazit

Aufgrund einiger noch ungeklärter Rechtsfragen hinsichtlich der Anforderungen an die inhaltliche Ausgestaltung der Versicherung einer interdisziplinären PartG mbB ist in der Praxis in diesen Fällen besondere Vorsicht bei dem Abschluss der Versicherung geboten. Es ist darauf zu achten, dass die Anforderungen der anzuwendenden divergierenden Berufsrechte eingehalten werden.

III. „*Unterhalten*" der Berufshaftpflichtversicherung

§ 8 Abs. 4 PartGG setzt lediglich voraus, dass die Versicherung „*unterhalten*" wird. Das heißt, dass im Zeitpunkt der Begehung des Berufsfehlers ein Versicherungsschutz abstrakt existieren muss.[761] Es wird nicht vorausgesetzt, dass die Versicherung den Schaden später tatsächlich übernimmt.[762]

Soweit der Schaden etwa die Versicherungssumme übersteigt oder die Versicherung aufgrund einer Erschöpfung der Jahreshöchstleistung nicht mehr leistungspflichtig ist, ändert dies nichts an der eingetretenen Haftungsbeschränkung auf das Gesellschaftsvermögen.[763]

Das Unterhalten entfällt also, ebenso wie im Rahmen des § 59j Abs. 4 BRAO nur, wenn die Versicherung aufgrund eines fehlenden Versicherungsschutzes nicht leistungspflichtig ist,[764] etwa wenn der Versicherer die Versicherung wegen Nichtzahlung gekündigt hat (vgl. § 38 Abs. 3 VVG).[765] In diesem Fall liegt kein „*Unterhalten*" mehr vor und die Haftungsbeschränkung des § 8 Abs. 4 PartGG findet keine Anwendung, sondern die Gesellschafter haften nach den Regeln der „*normalen*" PartG. Für berufliche Fehler haftet dann derjenige Partner persönlich, der gem. § 8 Abs. 2 PartGG mit der Auftragsbearbeitung befasst war, bzw. alle Partner gesamtschuldnerisch, wenn ein solcher nicht zu ermitteln ist.

IV. Auswirkungen auf persönliche Versicherungspflicht

Die Berufshaftpflichtversicherung der PartG mbB befreit grundsätzlich nicht von der berufsrechtlichen Versicherungspflicht des einzelnen Berufsträgers.[766] Unabhängig

---

i.H.v. 1 Mio. EUR nur für durch Wirtschaftsprüfer verursachte Haftungsfälle gilt vgl. *Riechert*, AnwBlatt 2014, 266, 267.

761 *Diller*, in: Henssler/Prütting, BRAO, § 51a BRAO Rn. 8; *Tröger/Pfaffinger*, JZ 2013, 812, 815.

762 *Vollkommer/Greger/Heinemann*, Anwaltshaftungsrecht, § 22 Rn. 10b.

763 *Römermann/Praß*, NZG 2012, 601, 603 (die hierin ein „*erhebliche[s] Ausfallrisiko*" sehen).

764 Vgl. zu § 59j BRAO: *Brüggemann*, in: Feuerich/Weyland, BRAO, § 59j BRAO Rn. 6; *Henssler*, in: Henssler/Prütting, BRAO, § 59j BRAO Rn. 12; *Linardatos*, VersR 2013, 1488, 1491.

765 *Willerscheid*, NWB 2013, 2490, 2491.

766 *Kreße*, NJ 2013, 45, 49; *Leitzen*, DNotZ 2013, 596.

davon etwa, ob der Rechtsanwalt seine Tätigkeit in einer PartG mbB oder in einer anderen Berufsausübungsgemeinschaft ausübt, bleibt die Versicherungspflicht für ihn als Einzelperson aus § 51 Abs. 1 BRAO bestehen.[767]

Der einzelne Berufsträger selbst wird der persönlichen Versicherungspflicht aber in aller Regel über die Versicherungspolice der Gesellschaft nachkommen, wenn diese auch die berufliche Tätigkeit der Gesellschafter der PartG mbB für berufliche Tätigkeiten außerhalb der PartG mbB in einem der Versicherungspflicht des einzelnen Berufsträgers entsprechenden Maße abdeckt.[768]

Lediglich bei Steuerberatern bestimmt § 51 Abs. 3, 2. Alt. i.V.m. Abs. 2 DVStB, dass die Partner einer PartG mbB, die ausschließlich für die PartG mbB tätig sind und deren Tätigkeit von der Versicherung der PartG mbB umfasst ist, von einer eigenen Pflicht zur Versicherung frei werden.[769]

V. Nachweis bei Anmeldung

Bei der Anmeldung einer PartG in Form der PartG mbB muss eine Versicherungsbescheinigung gem. § 113 Abs. 2 VVG über den Versicherungsvertrag beigefügt werden, § 4 Abs. 3 PartGG.

Teils wird dieses Nachweiserfordernis als nicht erforderlich kritisiert. Es führe – insbesondere bei einem Vergleich mit den Anforderungen an das Konkurrenzmodell der LLP – zu einer Schwächung des Konzeptes der PartG mbB, da die LLP – unabhängig von der Frage einer Eintragungspflicht – in der Praxis jedenfalls in aller Regel nicht eingetragen sind und folglich keine Nachweise vorlegen müssen.[770]

Der tatsächliche praktische Nutzen dieser Verpflichtung zum Versicherungsnachweis bei der Anmeldung ist in der Tat begrenzt.[771] Es erfolgt nach dem einmaligen Nachweis der Versicherung bei der Anmeldung keinerlei Kontrolle mehr, ob die Versicherung weiterhin besteht und aufrechterhalten wird. Besteht die Versicherung nicht mehr, so entfällt die partielle Haftungsbeschränkung des § 8 Abs. 4 PartGG automatisch und die unbeschränkte persönliche Haftung der Gesellschafter nach § 8 Abs. 1, 2 PartGG lebt automatisch wieder auf.[772]

---

767 Kritisch zu der uneinheitlichen Regelung der Versicherungspflicht für die Gesellschafter und die Gesellschaft mit Lösungsvorschlag: *Henssler*, AnwBlatt 2014, 96, 106; kritisch auch *Hirte*, Stellungnahme vom 7.11.2012 zum RegE BT-Drs. 17/10487, S. 13.

768 *Diller*, in: Henssler/Prütting, BRAO, § 51a BRAO Rn. 7; *Kilian*, MDR 2013, 1137, 1140.

769 *Gladys*, DStR 2012, 2249, 2250; *Ruppert*, DStR 2013, 1623, 1626.

770 *Hirte*, Stellungnahme vom 7.11.2012 zum RegE BT-Drs. 17/10487, S. 10, 11.

771 Auf die mangelnde Funktion des Nachweiserfordernisses hinweisend auch *Hirte*, Stellungnahme vom 7.11.2012 zum RegE BT-Drs. 17/10487, S. 11.

772 RegE zum Gesetz zur Einführung einer PartG mbB, BT-Drs. 17/10487, S. 15; *Römermann*, in: Michalski/Römermann, PartGG, § 8 PartGG Rn. 103; *Uwer/Roeding*, AnwBlatt 2013, 309, 310.

E. Der Name der PartG mbB

Der Name der PartG mbB muss gem. § 8 Abs. 4 Satz 3 PartGG den Zusatz *„mit beschränkter Berufshaftung"*, die Abkürzung *„mbB"* oder eine *„andere verständliche Abkürzungen"* enthalten. Der Zusatz *„mbH"* scheidet nach der Gesetzesbegründung aus, da dieser eine der GmbH entsprechende umfassende Haftungsbeschränkung suggeriere und daher für die PartG mbB ungeeignet sei.[773]

Gem. §§ 5 Abs. 1 i.V.m. 3 Abs. 2 Nr. 1 PartGG muss der Name einer PartG ins Partnerschaftsregister eingetragen werden – bei der PartG mbB ist der die Haftungsbeschränkung anzeigende Zusatz gem. § 8 Abs. 4 Satz 3 PartGG Teil dieses einzutragenden Namens. Allein aus diesem Namenszusatz – also unter der Spalte *„Name"* – ist bei einem Einblick in das Partnerschaftsregister zu erkennen, ob eine PartG oder eine PartG mbB vorliegt, da in der Spalte *„Rechtsform"* immer nur *„Partnerschaftsgesellschaft"* eingetragen wird. Die PartG mbB ist keine eigene Gesellschaftsform und stellt damit in der Rubrik der Rechtsform keinen tauglichen Eintragungsinhalt dar.[774] Allein durch die Eintragung der geänderten Firmierung ist die Sonderform der Partnerschaftsgesellschaft erkennbar.

I. Keine materielle Voraussetzung der PartG mbB

Im Referentenentwurf sowie dem Regierungsentwurf war ein die Haftungsbeschränkung anzeigender Zusatz in der Firmierung noch als zweite materielle Voraussetzung (neben dem Unterhalten der Berufshaftpflichtversicherung) für das Eingreifen der Haftungsbeschränkung auf das Gesellschaftsvermögen vorgesehen.[775] § 8 Abs. 4 RefE-PartGG lautete:

> *„Für Verbindlichkeiten der Partnerschaft aus Schäden wegen fehlerhafter Berufsausübung haftet den Gläubigern nur das Gesellschaftsvermögen, wenn*
> 1. *die Partnerschaft eine zu diesem Zweck durch Gesetz begründete Berufshaftpflichtversicherung unterhält und*
> 2. *ihr Name den Zusatz „mit beschränkter Berufshaftung" oder eine allgemein verständliche Abkürzung dieser Bezeichnung enthält."*

Diese ursprünglich geplante materiell-rechtliche Wirkung der Namensführung wurde in der Literatur überwiegend zu Recht kritisiert.[776] Die BRAK hingegen begrüßte

---

773 RegE zum Gesetz zur Einführung einer PartG mbB, BT-Drs. 17/10487, S. 17; sehr kritisch hierzu *Hirte*, Stellungnahme vom 7.11.2012 zum RegE BT-Drs. 17/10487, S. 14.

774 OLG Nürnberg vom 5.02.2014 – 12 W 351/14, BB 2014, 534.

775 RefE des BMJ (Bearbeitungsstand: 3.02.2012), S. 17; RegE zum Gesetz zur Einführung einer PartG mbB, BT-Drs. 17/10487, S. 4, 17.

776 *Leuering*, Stellungnahme vom 5.11.2012 zum RegE BT-Drs. 17/10487, S. 4; *Leitzen*, DNotZ 2013, 596, 601; *Leuering*, ZIP 2012, 1112, 1115; *Linardatos*, VersR 2014, 1488, 1494; *Salger*, DB 2012, 1794, 1796.

die Ausgestaltung des Namenszusatzes *„mit beschränkter Berufshaftung"* als materielle Bedingung für die Haftungsbeschränkung.

Die BRAK war der Ansicht, dass bei der PartG mbB eine solche materielle Bedingung für den Eintritt der Haftungsbeschränkung erforderlich ist, weil sich die Haftungsbeschränkung in der PartG mbB – dem deutschen Recht in dieser Form bisher fremd – nur auf den Teilbereich der Berufshaftung bezieht. Bei GmbH, AG und KG sah die BRAK die eher formellen Regelungen zur Namensführung in § 4 GmbHG, § 4 AktG, § 162 Abs. 1 HGB als ausreichend an, weil die Gesellschafter in diesen Gesellschaftsformen (bei der KG nach Leistung der Einlage) grundsätzlich überhaupt nicht haften.[777] Die BRAK nimmt – ohne dies weiter zu begründen – an, dass es im Falle einer umfassenden Haftungsbeschränkung auf das Gesellschaftsvermögen, wie etwa bei der GmbH, nicht erforderlich ist die Namensführung als Bedingung für die Haftungsbeschränkung zu formulieren, sondern dass eine eher formelle Firmierungsregelung ausreichend ist. Bei der PartG mbB hingegen erfordert die Besonderheit der nur partiellen Haftungsbeschränkung auf das Gesellschaftsvermögen nach der nicht weiter begründeten Ansicht der BRAK die Ausgestaltung des die Haftungsbeschränkung anzeigenden Zusatzes als materielle Bedingung für den Eintritt der Haftungsbegrenzung.

Diese Differenzierung erscheint nicht überzeugend und der Gesetzgeber ist ihr berechtigter Weise nicht gefolgt. Es besteht kein ersichtlicher Grund aus dem bei der Firmierung der PartG mbB von den allgemeinen firmenrechtlichen Grundsätzen abgewichen werden sollte. Der Gesetzgeber hat sich daher überzeugend entschieden den die Haftungsbeschränkung anzeigenden Namenszusatz *„mit beschränkter Berufshaftung"* nicht als materiell-rechtliche Voraussetzung für die Haftungsbeschränkung zu normieren. Er hat vielmehr angesichts einer größeren systematischen Konsequenz auf eine Ausgestaltung der Namensführung als materielle Voraussetzung für die Haftungsbeschränkung verzichtet[778] und § 8 Abs. 4 Satz 3 PartGG als *„reine Firmenvorschrift"* ohne Bezug zur Haftungsbeschränkung ausgestaltet.[779] Diese Haftungsbeschränkung tritt bereits ein, wenn eine bestehende PartG eine nach dem jeweiligen Berufsrecht erforderliche Versicherung unterhält.

Wird eine bestehende (und damit schon als solche eingetragene) PartG zur PartG mbB, so ist die Erfüllung der Pflicht, den Namenszusatz *„mbB"* anzumelden und eintragen zu lassen, lediglich deklaratorisch.[780] Dies ändert nichts daran, dass eine Gesellschaft ohne eine Eintragung ins Partnerschaftsregister keine PartG ist, entsprechend auch bei bestehendem Versicherungsschutz keine PartG mbB sein kann.[781]

---

777 Stellungnahme der BRAK 13/2012 vom März 2012 zum RefE, S. 3, 4.

778 Beschlussempfehlung und Bericht des Rechtsausschusses, BT-Drs. 17/13944, S. 15.

779 *Römermann*, in: Michalski/Römermann, PartGG, § 8 PartGG Rn. 118; *Uwer/Roeding*, AnwBlatt 2013, 483.

780 *Leitzen*, DNotZ 2013, 596, 601; *Sommer/Treptow*, NJW 2013, 3269, 3272; *Tröger/Pfaffinger*, JZ 2013, 812, 814.

781 *Römermann*, in: Michalski/Römermann, PartGG, § 8 PartGG Rn. 80; *Wälzholz*, DStR 2013, 2637, 2640.

Ist eine Gesellschaft aber als PartG eingetragen und besteht objektiv ein Versicherungsschutz im Sinne von § 8 Abs. 4 PartGG, tritt die Haftungsbeschränkung unabhängig vom Namen der Gesellschaft ein. Dritte müssen die Haftungsbeschränkung allerdings gem. § 5 Abs. 2 PartGG i.V.m. § 15 Abs. 1 HGB nicht gegen sich gelten lassen, wenn sie nicht eingetragen ist.[782]

II. Folgen einer unterbliebenen oder fehlerhaften Eintragung

1. Firmenrechtliche Sanktionierung

Wenn entgegen der gesetzlichen Anordnung der Name mit dem die Haftungsbeschränkung anzeigenden Zusatz nicht geführt wird, z.B. entgegen § 7 Abs. 5 PartGG i.V.m. § 125a HGB nicht auf Geschäftsbriefen erscheint, können firmenrechtliche Sanktionen erfolgen. So kann etwa gem. § 2 Abs. 2 PartGG i.V.m. § 37 HGB ein Ordnungsgeld verhängt werden.[783]

2. Negative Publizität bei Nichteintragung des Namenszusatzes

Ob sich Dritte bei einer unterbliebenen Eintragung des die Haftungsbeschränkung anzeigenden Zusatzes nach allgemeinen Grundsätzen gem. § 15 Abs. 1 HGB i.V.m. § 5 Abs. 2 PartGG auf ein Nichtbestehen der Haftungsbeschränkung berufen können, ist streitig.[784]

Teilweise wird angenommen, dass Dritte aus einer fehlenden Eintragung der Haftungsbeschränkung keine haftungsrelevanten Folgen herleiten können. Der Gesetzgeber habe bewusst entschieden, dass die Namensänderung der PartG mbB gerade keine materielle Voraussetzung für die Haftungsbeschränkung auf das Gesellschaftsvermögen sein soll und daher – anders als im Gesetzgebungsverfahren diskutiert – den Namenszusatz nicht zur Bedingung für die Haftungsbeschränkung gemacht. Aus dieser Entscheidung gegen eine materielle Bedingung wird teils gefolgert, dass die Nichteintragung des Namenszusatzes daher auch nicht über die Anwendung des § 15 Abs. 1 HGB Auswirkungen auf die Haftungsbeschränkung haben dürfe.[785]

Diese Argumentation ist nicht überzeugend. Der durch Gesellschafterbeschluss geänderte Name der PartG mbB, der den Zusatz der Haftungsbeschränkung enthält,

782 *Römermann*, in: Michalski/Römermann, PartGG, § PartGG 8 Rn. 80; *Lieder/Hoffmann*, NJW 2015, 897, 899 (ausführlicher zur negativen Publizität s.u. Teil 3 E. II. 2.).

783 *Schäfer*, in: Ulmer/Schäfer, GbR und PartGG, § 7 PartGG Rn. 23; *Henssler*, AnwBlatt 2014, 96, 100.

784 Dagegen etwa *Sommer/Treptow*, NJW 2013, 3269, 3272 (der allein auf eine Haftung aus Rechtsscheingrundsätzen abstellt); für den Fall, dass bereits der Beschluss zur Namensänderung fehlt ablehnend *Henssler*, in: Henssler/Prütting, BRAO, § 8 PartGG Rn. 71; dafür hingegen *Henssler*, AnwBlatt 2014, 96, 100; *Lieder*, NotBZ 2014, 128, 129; *Leuering*, NZG 2013, 1001, 1003, 1004; *Tröger/Pfaffinger*, NZG 2013, 812, 814.

785 Vgl. insoweit *Sommer/Treptow*, NJW 2013, 3269, 3272.

stellt eine eintragungspflichtige Tatsache dar.[786] Aus § 5 Abs. 1 PartGG i.V.m. § 3 Abs. 2 Nr. 1 PartGG ergibt sich, dass die Eintragung der PartG auch deren Namen zu enthalten hat. Zu diesem Namen muss bei einer PartG mbB gem. § 8 Abs. 4 Satz 3 PartGG auch der die Haftungsbeschränkung anzeigende Zusatz gehören. Der Rechtsverkehr kann nur aus diesem die Haftungsbeschränkung anzeigenden Namenszusatz der PartG mbB erkennen, dass eine Sonderform der PartG mit einer Haftungsbeschränkung auf das Gesellschaftsvermögen für berufliche Fehler vorliegt.

Aus dem Umstand, dass der Gesetzgeber den Namenszusatz nicht als materiellrechtliche Bedingung ausgestaltet hat, kann nicht die Schlussfolgerung gezogen werden, dass bei Nicht-Eintragung des Namenszusatzes § 15 Abs. 1 HGB nicht gelten soll.[787] Vielmehr kann gerade die Anwendbarkeit der Norm des § 15 HGB erklären, weshalb der Gesetzgeber auf die Ausgestaltung der Namensänderung als konstitutive Bedingung für den Eintritt der Haftungsbegrenzung verzichtet hat. Denn durch die negative Publizität werden Dritte für den Fall der Nichteintragung des obligatorischen Namenszusatzes, der die Haftungsbeschränkung zum Ausdruck bringt, hinreichend geschützt. Sie können sich bei Gutgläubigkeit, auch wenn materiell-rechtlich alle Bedingungen für die Haftungsbeschränkung vorliegen, bei einer Verletzung der Eintragungspflicht des die Haftungsbeschränkung anzeigenden Namenszusatzes auf ein Nichtvorliegen der Haftungsbeschränkung berufen. Es bedurfte also aus Gläubigerschutzgesichtspunkten gerade keiner Ausgestaltung als materieller Bedingung für die Haftungsbeschränkung. Somit haften die Partner der PartG mbB bei Nichteintragung des die Haftungsbeschränkung anzeigenden Namenszusatzes gem. § 5 Abs. 2 PartGG i.V.m. § 15 Abs. 1 HGB wie die Partner einer „*normalen*" PartG, also insbesondere der handelnde Partner gem. § 8 Abs. 2 PartGG.[788]

III. Haftung nach allgemeinen Rechtsscheingrundsätzen bei Nichtführung des Namenszusatzes

Auch wenn der Namenszusatz ins Partnerschaftsregister eingetragen wird, die PartG mbB aber im Rechtsverkehr als PartG auftritt, indem sie keinen auf die Haftungsbeschränkung hinweisenden Namenszusatz führt, kommt nach den Grundsätzen der Rechtsscheinhaftung eine persönliche Haftung der Partner wie bei einer „*normalen*" PartG in Betracht.[789]

---

786 Fehlt es bereits an diesem Änderungsbeschluss, kommt § 15 Abs. 1 HGB mangels eintragungspflichtiger Tatsache nicht zur Anwendung und es bleibt nur die Haftung nach allgemeinen Rechtsscheingrundsätzen, vgl. *Henssler*, in: Henssler/Prütting, BRAO, § 8 PartGG Rn. 72; *ders.*, AnwBlatt 2014, 96, 100.

787 *Lieder*, BNotZ 2014, 128, 129; *Leuering*, NZG 2013, 1001, 1003; *Tröger/Pfaffinger*, JZ 2013, 812, 813.

788 *Henssler*, AnwBlatt 2014, 96, 100; *Lieder*, NotBZ 2014, 128, 129; *Leuering*, NZG 2013, 1001, 1003; *Tröger/Pfaffinger*, JZ 2013, 812, 814.

789 *Lieder*, NotBZ 2014, 128, 129; *Sommer/Treptow*, NJW 2013, 3269, 3272; *Ruppert*, DStR 2013, 1623, 1628; *Uwer/Roeding*, AnwBlatt 2013, 483.

Nach Rechtsscheingrundsätzen greift also nicht etwa die persönliche Haftung aller Partner, sondern die Handelndenhaftung des § 8 Abs. 2 PartGG, denn nur insoweit wurde bei fehlendem Namenszusatz ein Rechtsschein gesetzt.[790] Darüber hinaus wird auch denjenigen Partner eine persönliche Haftung treffen, der für die Gesellschaft ohne einen auf die Haftungsbeschränkung hinweisenden Zusatz aufgetreten ist. Denn der BGH geht bei einem Auslassen des eine Haftungsbeschränkung anzeigenden Zusatzes von einer persönlichen Haftung des Vertreters gem. § 179 BGB analog aus.[791]

Dieser Haftung nach allgemeinen Rechtsscheingrundsätzen kann auch nicht gem. § 15 Abs. 2 HGB i.V.m. § 5 Abs. 2 PartGG die Eintragung und Bekanntmachung des Namenszusatzes der PartG mbB entgegengehalten werden. Ein die Haftungsbeschränkung anzeigender Namenszusatz, und damit auch die Bezeichnung „mbB" oder Ähnliches bei der PartG mbB, ist ein spezieller Vertrauenstatbestand, der der Reglung des § 15 Abs. 2 HGB vorgeht.[792]

F. Umfang der Haftungsbeschränkung

I. Sachlicher Umfang

Die Haftungsbegrenzung auf das Gesellschaftsvermögen ist anders als bei der GmbH nicht umfassend, sondern auf diejenigen Verbindlichkeiten der Gesellschaft beschränkt, die auf Vermögensschäden aufgrund *„fehlerhafter Berufsausübung"* beruhen. Trotz der von § 8 Abs. 2 PartGG abweichenden Formulierung (dort ist von *„beruflicher Fehler"* die Rede), erfasst die Haftungsbeschränkung des § 8 Abs. 4 PartGG dieselben Verbindlichkeiten, die bei der *„normalen"* PartG von der Handelndenhaftung erfasst werden.[793] Bezüglich solcher Berufsfehler ist die Haftung der PartG mbB auf das Gesellschaftsvermögen beschränkt und entspricht damit insoweit der Haftung einer Kapitalgesellschaft.[794]

Für alle anderen Verbindlichkeiten der Gesellschaft, etwa aus Miet-, Pacht-, Arbeits- oder Leasingverträgen sowie für steuerliche Verbindlichkeiten, bleibt es bei der unbeschränkten akzessorischen Haftung der Gesellschafter gem. § 8 Abs. 1 PartGG. Der Gesetzgeber sah hier zum einen kein Bedürfnis für eine gesetzliche

---

790 *Willerscheid*, NWB 2013, 2490, 2494.

791 BGH vom 12.06.2012 – II ZR 256/11, NJW 2012, 2871; *Henssler*, in: Henssler/Prütting, BRAO, § 8 PartGG Rn. 72; *ders.*, AnwBlatt 2014, 96, 101.

792 Zur Nichtgeltung des § 15 Abs. 2 HGB bei Weglassung des die Haftungsbeschränkung anzeigenden Zusatzes: *Hopt*, in: Baumbach/Hopt, HGB, § 15 HGB Rn. 15; speziell zu § 8 Abs. 4 Satz 3 PartGG: *Lieder*, NotBZ 2014, 128, 130.

793 *Henssler*, in: Henssler/Prütting, BRAO, § 8 PartGG Rn. 62; *Römermann*, in: Michalski/Römermann, PartGG, § 8 PartGG Rn. 107; *Römermann/Praß*, NZG 2012, 601, 602.

794 *Römermann*, NJW 2013, 2305, 2308, der die PartG mbB aufgrund dessen als *„Hybrid, eine Zwischenform zwischen Personen- und Kapitalgesellschaft"* bezeichnet.

Haftungsbeschränkung, da das Restrisiko der persönlichen Haftung für andere als berufshaftungsrechtliche Verbindlichkeiten „*gering*" sei und sich solche Verpflichtungen zum anderen nicht sinnvoll durch eine Berufshaftpflichtversicherung abdecken ließen.[795]

Die Haftungsbeschränkung auf das Gesellschaftsvermögen ändert zudem nichts an einer etwaigen unmittelbaren deliktischen Haftung des handelnden Berufsträgers.[796] Auch wenn der Gesellschaft das deliktische Verhalten des Gesellschafters über § 31 BGB zugerechnet werden kann und es sich damit um eine „*Verbindlichkeit der Gesellschaft*" i.S.d. § 8 Abs. 4 PartGG handelt, greift die Haftungsbeschränkung nur für die *übrigen* Gesellschafter.[797] Es haftet dann nur der unmittelbar deliktisch handelnde Partner und, wenn die Handlung der Gesellschaft über § 31 BGB zugerechnet werden kann, die Gesellschaft.[798] Das Vorliegen einer berufshaftungsrechtlichen Verbindlichkeit der Gesellschaft und die bestehende Haftungsbeschränkung auf das Gesellschaftsvermögen ändern also nichts an der bestehenden unmittelbaren persönlichen Haftung eines deliktisch handelnden Gesellschafters (oder Mitarbeiters).

Von der Haftungsbeschränkung erfasst sind ferner Ansprüche aus mandatsbezogener vorvertraglicher Pflichtverletzung und Ansprüche aus Verträgen mit Schutzwirkung zugunsten Dritter.[799]

II. Zeitlicher Umfang

1. Beginn und Ende der Haftungsbeschränkung

Die Haftungsbeschränkung gilt ab der Entstehung der PartG mbB, also bei einer bereits eingetragenen PartG mit Abschluss der erforderlichen Berufshaftpflichtversicherung

Wenn die PartG mbB aus einer vorherigen GbR oder „*normalen*" PartG entstanden ist, gilt die Haftungsbeschränkung für alle Verbindlichkeiten, deren zugrundeliegende Fehler nach Abschluss der Versicherung begangen wurden, sofern auch das

795 RegE zum Gesetz zur Einführung einer PartG mbB, BT-Drs. 17/10487, S. 16. Kritisch zu dieser Einschätzung des Gesetzgebers z.B.: *Kreße*, NJ 2013, 45, 48; *Henssler*, AnwBlatt 2014, 96, 104.

796 RegE zum Gesetz zur Einführung einer PartG mbB, BT-Drs. 17/10487, S. 16; *Henssler*, in: Henssler/Prütting, BRAO, § 8 PartGG Rn. 61; *Römermann*, in: Michalski/Römermann, PartGG, § 8 PartGG Rn. 109; *Dahns*, NJW-Spezial 2013, 446; *Tröger/Pfaffinger*, JZ 2013, 812, 814.

797 *Römermann*, in: Michalski/Römermann, PartGG, § 8 PartGG Rn. 109; *Kilian*, MDR 2013, 1137, 1139; *Lieder*, NotBZ 2014, 82, 83.

798 RegE zum Gesetz zur Einführung einer PartG mbB, BT-Drs. 17/10487, S. 16; *Römermann*, in: Michalski/Römermann, PartGG, § 8 PartGG Rn. 109; *Kilian*, MDR 2013, 1137, 1139; *Römermann/Praß*, NZG 2012, 601, 603.

799 *Römermann*, in: Michalski/Römermann, PartGG, § 8 PartGG Rn. 109; *Römermann/Praß*, NZG 2012, 601, 603.

zugrundeliegende Mandatsverhältnis nach diesem Zeitpunkt geschlossen wurde.[800] Die Haftungsbeschränkung greift nicht ein, wenn sich der berufliche Fehler vor Abschluss der Berufshaftpflichtversicherung ereignete und nur der Schaden nach dem Bestehen der Versicherung eintrat. Denn nach allgemeinen versicherungsrechtlichen Grundsätzen ist bei der Berufshaftpflichtversicherung nach dem sog. Verstoßprinzip die schädigende Handlung und nicht der Zeitpunkt des Schadenseintrittes oder die Geltendmachung des Schadens relevant.[801]

Die Haftungsbeschränkung endet mit dem Vorliegen der Voraussetzungen des § 8 Abs. 4 PartGG und damit in dem Moment, in dem die Versicherung nicht mehr unterhalten wird. Gegenüber Dritten kann sich die Versicherung gem. § 117 Abs. 2 VVG erst einen Monat, nachdem sie der zuständigen Stelle den Wegfall der Haftungsbeschränkung und das Aufleben der persönlichen Haftung angezeigt hat, auf den Wegfall des Versicherungsschutzes berufen.[802]

2. *Problemfall Altmandate*

Noch nicht eindeutig geklärt ist die Frage, ob die Haftungsbeschränkung auch eingreift, wenn der berufliche Fehler zwar nach dem Abschluss der Berufshaftpflichtversicherung begangen wurde, aber ein Mandatsverhältnis betrifft, welches vorher geschlossen wurde – also zu einem Zeitpunkt als noch eine GbR oder „*normale*“ PartG bestand.

Der Gesetzgeber hat für diese Fälle keine ausdrückliche Regelung vorgesehen. Es lassen sich jedoch die gesetzlichen Regelungen zu vergleichbar gelagerten Situationen heranziehen.

a. *Gesetzliche Regelungen vergleichbarer Situationen*

Zum einen ähnelt die Situation der „*Umwandlung*“ einer GbR oder PartG in eine PartG mbB dem Austritt eines persönlich haftenden Gesellschafters aus der GbR oder PartG[803], denn der Gläubiger verliert durch den Wechsel die persönlich haftenden Gesellschafter der GbR bzw. den persönlich haftenden handelnden Partner (§ vgl. § 8 Abs. 2 PartGG) der PartG als Schuldner – jedenfalls soweit es berufliche Verbindlichkeiten betrifft. Für den Fall des Ausscheidens eines persönlich haftenden Gesellschafters hat der Gesetzgeber in § 736 Abs. 2 BGB bzw. § 10 Abs. 2 PartGG

---

800 Zur streitigen Frage, ob die Haftungsbeschränkung auch bei Altmandaten gilt vgl. unten Teil 3 F. II. 2.

801 Dies andeutend auch RegE zum Gesetz zur Einführung einer PartG mbB, BT-Drs. 17/10487, S. 17 („*...im Moment der schädigenden Handlung Versicherungsschutz besteht.*“); *Sommer/Treptow*, NJW 2013, 3269, 3272. Zum Verstoßprinzip vgl. *Brügge*, in: Gräfe/Brügge, Vermögensschaden-HPV, B Rn. 5–9.

802 *Gladys*, DStR 2013, 2416, 2420.

803 *Henssler*, AnwBlatt 2014, 94, 99; *Tröger/Pfaffinger*, JZ 2013, 812, 814; die Parallele zu § 160 HGB ziehend auch: *Sommer/Treptow*, NJW 2013, 3269, 3272.

i.V.m. § 160 Abs. 1 Satz 1 HGB eine fünfjährige Nachhaftung für die bis zu dem Ausscheiden begründeten Verbindlichkeiten der Gesellschaft angeordnet.

Zum anderen ähnelt die „*Umwandlung*" einer PartG in eine PartG mbB auch der Umwandlung einer PartG in eine Kapitalgesellschaft, da in beiden Fällen nach der Umwandlung die Haftung der Gesellschafter (bei der PartG mbB jedenfalls für die zentrale Haftungsgefahr der Haftung für berufsrechtliche Verbindlichkeiten) ausgeschlossen ist.[804] Für die Umwandlung in einer PartG in eine Kapitalgesellschaft hat der Gesetzgeber in §§ 225a, 225c, 224 Abs. 2 UmwG angeordnet, dass der Formwechsel die Ansprüche der Gesellschaftsgläubiger unberührt lässt, für die die Gesellschafter zur Zeit des Formwechsels persönlich haften. Obwohl der Wortlaut des § 224 Abs. 2 UmwG für die Bestimmung des Umfangs der Nachhaftung nicht ausdrücklich auf die *Begründung* der Verbindlichkeit abstellt, bezieht sich die Anordnung der Nachhaftung in diesem Falle ebenso wie im Rahmen des § 160 Abs. 1 Satz 1 HGB auf alle Verbindlichkeiten der Gesellschaft, die zum Zeitpunkt der Umwandlung „*begründet*" waren.[805]

Aus den Wertungen des § 160 HGB und § 224 Abs. 2 UmwG ergibt sich, dass die persönliche Haftung für eine einmal begründete Verbindlichkeit weder durch eine Änderung der Gesellschaftsform noch durch ein Ausscheiden des Gesellschafters aus der Gesellschaft entfallen soll.

b. Übertragung auf Nachhaftung bei der PartG mbB

Aufgrund der bei einer durch „*Umwandlung*" entstehenden PartG mbB ändert sich die Haftungsverfassung der Gesellschaft bezüglich berufshaftungsrechtlicher Verbindlichkeiten. Aufgrund der vergleichbaren Interessenlage und vorliegenden Regelungslücke, ist für berufshaftungsrechtliche Verbindlichkeiten eine fünfjährige Nachhaftung für vor der „*Umwandlung*" begründeten Verbindlichkeiten der GbR oder PartG in einer Gesamtanalogie zu § 160 Abs. 1 HGB und § 224 Abs. 2 UmwG anzunehmen.

„*Begründet*" ist eine Verbindlichkeit der Gesellschaft bereits dann, wenn ihr Rechtsgrund gelegt worden ist; auf weitere Entstehungsvoraussetzungen oder eine etwaige Fälligkeit kommt es nicht an.[806] Eine Begründung liegt damit schon dann vor, wenn das zugrundeliegende Rechtsgeschäft abgeschlossen ist und sich ohne weitere rechtsgeschäftliche Akte eine bestimmte Verbindlichkeit ergibt.[807] Dies gilt nach höchstrichterlicher Rechtsprechung auch für Verbindlichkeiten aus Dauerschuldverhältnissen, so dass die einzelnen aus Dauerschuldverhältnissen folgenden

---

804 *Henssler*, AnwBlatt 2014, 94, 99; *Tröger/Pfaffinger*, JZ 2013, 812, 814.

805 *Drinhausen/Keinath*, in: Henssler/Strohn, Gesellschaftsrecht, § 224 UmwG Rn. 1 i.V.m. § 45 UmwG Rn. 2; *Schlitt*, in: Semler/Stengel, UmwG, § 224 Rn. 11; *Stratz*, in: Schmitt/Hörtnagl/Stratz, UmwG, § 224 Rn. 3, § 45 Rn. 4.

806 *Hillmann*, in: Joost/Strohn, HGB, § 160 Rn. 8; *Roth*, in: Baumbach/Hopt, HGB, § 128 Rn. 29; *Schmidt*, in: MünchKomm-HGB, § 128 HGB Rn. 49, 50.

807 BGH vom 12.12.2005 – II ZR 283/03, NJW 2005, 765; *Schmidt*, in: MünchKomm-HGB, § 128 HGB Rn. 49, 50.

Schuldverbindlichkeiten bereits mit Abschluss des Dauerschuldverhältnisses begründet sind.[808] Nicht nur für die Primärschuld ist für den Zeitpunkt der Begründung auf den Vertragsschluss abzustellen, sondern auch für Schadensersatzansprüche wegen Vertragsverletzungen.[809]

Ob die hier in Frage stehenden berufshaftungsrechtlichen Verbindlichkeiten bereits mit Abschluss des Mandatsvertrags begründet sind oder erst bei der konkreten Pflichtverletzung, ist in Rechtsprechung und Literatur umstritten.[810] Teilweise wird auf die Begründung des zugrundeliegenden Mandatsverhältnisses abgestellt[811], teils auf die konkrete Pflichtverletzung.[812]

aa. Zeitpunkt der Mandatsbegründung entscheidend

Teile der Literatur und der Rechtsprechung stellen auch bei berufshaftungsrechtlichen Verbindlichkeiten aus Mandatsverhältnissen wie bei sonstigen Dauerschuldverhältnissen auf die Entstehung des Vertragsverhältnisses ab.[813]

Eine *Begründung* der Verbindlichkeit sei eben nicht gleichbedeutend mit der Entstehung des Anspruchs oder gar dessen Fälligkeit. Weder die Interessenlage eines Anwaltsvertrages noch andere Gründe seien ersichtlich, die eine Sonderbehandlung des Mandatsverhältnisses gegenüber anderen Dauerschuldverhältnissen rechtfertigen würde.[814]

Dieser Linie folgend würde sich die Haftung für berufshaftungsrechtliche Verbindlichkeiten der PartG mbB im Rahmen von vor Bestehen des Versicherungsschutzes

---

808 BGH vom 29.04.2002 – II ZR 330/00, NJW 2002, 2170; BGH vom 12.12.2005 – II ZR 283/03, NJW 2005, 765; *Schmidt*, in: MünchKomm-HGB, § 128 HGB Rn. 49, 50; *Hillmann*, in: Joost/Strohn, HGB, § 128 HGB Rn. 48.

809 BGH vom 29.04.2002 – II ZR 330/00, NJW 2002, 2170; *Roth*, in: Baumbach/Hopt, HGB, § 128 HGB Rn. 30; *Schmidt*, in: MünchKomm-HGB, § 128 HGB Rn. 51; *Schultz*, in: Gaier/Wolf/Göcken, Anwaltliches Berufsrecht, Zivilrechtliche Anwaltshaftung Rn. 433; *Steitz*, in: Henssler/Strohn, Gesellschaftsrecht, § 128 HGB Rn. 48.

810 Vgl. hierzu schon Teil 1 C. I. 1. d. cc. (2) und Teil 1 C. I. 2. e. bb. (2).

811 OLG Saarbrücken vom 30.04.2007 – 1 U 148/06, DStR 2008, 527; *Vollkommer/Greger/Heinemann*, Anwaltshaftungsrecht, § 4 Rn. 11; *Sommer/Treptow*, NJW 2013, 3269, 3272; *Tröger/Pfaffinger*, JZ 2013, 812, 814.

812 LG Bonn vom 13.04.2010 – 15 O 451/09, BeckRS 2010, 16151; AG Eilenburg vom 9.11.2011 – 4 C 471/11, BeckRS 2012, 05164; *Borgmann/Jungk/Schwaiger*, Anwaltshaftung, § 36 Rn. 16 (mit anderem Ergebnis aber bei § 37 Rn. 43 speziell auf die PartG mbB bezogen); *Henssler*, in: Henssler/Prütting, BRAO, § 8 PartGG Rn. 66; *Meixner/Schröder*, DStR 2008, 527; *Schlinker/Hammerschmid*, NJOZ 2012, 321, 325; *Rinkler*, in: Fischer u.a., Hdb. der Anwaltshaftung, § 1 Rn. 415.

813 OLG Saarbrücken vom 30.04.2007 – 1 U 148/06, DStR 2008, 527; *Vollkommer/Greger/Heinemann*, Anwaltshaftungsrecht, § 4 Rn. 11; *Sommer/Treptow*, NJW 2013, 3269, 3272; *Tröger/Pfaffinger*, JZ 2013, 812, 814; *Wischemeyer/Honisch*, NJW 2014, 881, 882.

814 OLG Saarbrücken vom 30.04.2007 – 1 U 148/06, DStR 2008, 527; *Sommer/Treptow/Dietlmeier*, NJW 2011, 1551, 1552, 1153.

abgeschlossenen Mandaten, die durch nach Bestehen des Versicherungsschutzes begangenen Pflichtverletzungen ausgelöst wurden, unter zeitlicher Begrenzung der Nachhaftung nach dem früheren Haftungsregime richten.

bb. Zeitpunkt der Pflichtverletzung entscheidend

Andere sehen berufshaftungsrechtliche Verbindlichkeiten erst mit der konkreten Pflichtverletzung als begründet an.[815]

Die Ansprüche wegen beruflicher Pflichtverletzung seien hinsichtlich des Zeitpunktes ihrer *„Begründung“* anders zu beurteilen als die Ansprüche aus anderen Dauerschuldverhältnissen. Solche Ansprüche seien erst mit der Begehung der Pflichtverletzung begründet, es sei denn die Pflichtverletzung wäre von Anfang an beabsichtigt gewesen.[816] Der Rechtsgrund für einen solchen Schadensersatzanspruch wegen beruflichen Fehlverhaltens sei noch nicht mit der Eingehung des Mandatsverhältnisses gelegt, denn der Schadensersatz wegen Pflichtverletzung sei keine Konkretisierung des Vertrages.[817] Aus § 8 Abs. 2 PartGG ergebe sich, dass berufshaftungsrechtliche Verbindlichkeiten selbstständig behandelt werden müssten und auch hinsichtlich des Zeitpunktes selbstständig anzuknüpfen seien.[818]

Nach dem Wortlaut des § 160 HGB sei es *„zumindest ebensogut vertretbar“*, einen Anspruch auf Schadensersatz erst zur Zeit der Pflichtverletzung als begründet anzusehen.[819] Im Rahmen der Nachhaftung eines austretenden Gesellschafters wurde auch damit argumentiert, dass die Interessenlage des Anwaltsvertrages eine solche Auslegung nicht erfordere. Aus Gläubigerschutzgesichtspunkten sei ein Abstellen auf den Vertragsschluss für die Begründung der Verbindlichkeit i.S.d. § 160 HGB nicht erforderlich, da gesetzlich sichergestellt sei, dass auch nach einem Austritt eines Gesellschafters die anderen Gesellschafter über eine Berufshaftpflichtversicherung verfügten.[820] Ein Schutz der Gläubiger durch eine Versicherungspflicht wäre auch im Falle der *„Umwandlung“* in eine PartG mbB gegeben, da dort zwar

---

815 LG Bonn vom 13.04.2010 – 15 O 451/09, BeckRS 2010, 16151; AG Eilenburg vom 9.11.2011 – 4 C 471/11, BeckRS 2012, 05164; *Borgmann/Jungk/Schwaiger*, Anwaltshaftung, § 36 Rn. 16 (mit anderem Ergebnis aber bei § 37 Rn. 43 speziell auf die PartG mbB bezogen); *Henssler*, in: Henssler/Prütting, BRAO, § 8 PartGG Rn. 66; *Meixner/Schröder*, DStR 2008, 527; *Rinkler*, in: Fischer u.a., Hdb. der Anwaltshaftung § 1 Rn. 410.

816 *Meixner/Schröder*, DStR 2008, 527, 528.

817 *Meixner/Schröder*, DStR 2008, 527, 528.

818 *Kilian*, MDR 2013, 1137, 1142; i. Erg. auch *Schäfer*, in: Ulmer/Schäfer, GbR und PartG, § 8 PartGG Rn. 16, 16a (zur Nachhaftung bei der normalen PartG);

819 LG Bonn vom 13.04.2010 – 15 O 451/09, BeckRS 2010, 16151; diese Erwägungen wörtlich übernehmend auch: AG Eilenburg vom 9.11.2011 – 4 C 471/11, BeckRS 2012, 05164.

820 LG Bonn vom 13.04.2010 – 15 O 451/09, BeckRS 2010, 16151; kritisch zu dieser Argumentation *Grunewald*, NJW 2010, 3551, 3552.

die persönlich haftenden Gesellschafter als Gläubiger wegfallen, aber dafür eine erhöhte Haftpflichtversicherung besteht.

Speziell für den Fall des „*Wechsels*" einer PartG in eine PartG mbB wird argumentiert, dass keine Änderung der Gesellschaftsform vorliege und daher ein versicherungsrechtlicher Blickwinkel und folglich eine Beurteilung nach dem Verstoßprinzip angezeigt sei und kein gesellschaftsrechtlicher Ansatz im Sinne einer Nachhaftung.[821]

Stellt man diesen Argumentationen folgend für die Begründung einer Verbindlichkeit auf den Zeitpunkt der Pflichtverletzung ab, griffe das Haftungsprivileg des § 8 Abs. 4 PartGG – unabhängig vom Zeitpunkt der Entstehung des Mandatsverhältnisses – immer ein, wenn die haftungsauslösende Pflichtverletzung nach Bestehen der erforderlichen Haftpflichtversicherung begangen wurde.

cc. Stellungnahme

Die abweichende Auslegung der *Begründung* berufshaftungsrechtlicher Verbindlichkeiten insb. bei anwaltlichen Mandaten überzeugt nicht. Das Argument, der Rechtsgrund für die Verbindlichkeit wegen eines Berufsfehlers, liege noch nicht im Mandatsvertrag, sondern erst mit der Begehung der Pflichtverletzung vor, liefe der gefestigten allgemeinen Auffassung zuwider, wonach auch vertragliche Pflichtverletzungen bereits mit Vertragsschluss begründet sind.[822] Wollte man entscheidend auf die Pflichtverletzung abstellen, müsste man das Merkmal „*Begründung der Verbindlichkeit*" abweichend von dem des bisherigen Verständnisses grundsätzlich neu definieren.[823]

Die Rechtsprechung hat bereits im Zusammenhang mit er Zurechnung über § 31 BGB und der akzessorischen Haftung[824], der deliktischen Haftung[825] und der Zurechnung in interprofessionellen Sozietäten[826] eine Sonderrolle für Verbindlichkeiten aus fehlerhafter Berufsausübung abgelehnt. Es ist nicht ersichtlich weshalb ausgerechnet bei der Beurteilung der Begründung der Verbindlichkeit im Rahmen der Nachhaftung hiervon eine Ausnahme gemacht werden sollte. Der BGH hat in einer Entscheidung zu § 28 HGB im Zusammenhang mit einer anwaltlichen GbR – allerdings ohne dass es im konkreten Fall entscheidungserheblich gewesen wäre – ausgeführt, dass für die Beurteilung als Altverbindlichkeit der Zeitpunkt

---

821 *Diller*, in: Henssler/Prütting, BRAO, § 51a BRAO Rn. 28; *Kilian*, MDR 2013, 1137, 1142.

822 BGH vom 22.01.2004 – IX ZR 65/01, NJW 2004, 836, 838 („Entscheidend für die Einordnung ist danach der Zeitpunkt der Entstehung der Verpflichtung aus dem Mandats- oder Treuhandverhältnis mit dessen Begründung, nicht dagegen der Zeitpunkt ihrer Verletzung."); vgl. auch oben Teil 3 F II. b.

823 Hierauf verweisend auch *Schultz*, in: Gaier/Wolf/Göcken, Anwaltliches Berufsrecht, Zivilrechtliche Anwaltshaftung Rn. 436.

824 Vgl. Teil 1 C. I. 1. d. aa. (3); BGH vom 3.05.2007 – IX ZR 218/05, NJW 2007, 2490.

825 Vgl. Teil 1 C. I. 1. d. bb.; BGH vom 3.05.2007 – IX ZR 218/05, NJW 2007, 2490.

826 Vgl. Teil 1 C. I. 1. d. dd.; BGH vom 10.05.2012 – IX ZR 125/10, NJW 20102, 2435.

der Entstehung der Verpflichtung aus dem Mandatsverhältnis dessen Begründung entscheidend sei, nicht hingegen der Zeitpunkt der Verletzung.[827]

Die Interessenverteilung im Anwaltsvertrag gebietet ebenfalls keine abweichende Beurteilung.[828] Der bei anwaltlichen Sozietäten generell bestehende Versicherungsschutz der übrigen Sozien und im Falle einer Umwandlung in eine PartG mbB erhöhte Versicherungsschutz gebietet keine abweichende Auslegung der „*Begründung*" einer Verbindlichkeit. Dadurch, dass man für die „*Begründung*" einer Verbindlichkeiten auf den Abschluss des zugrundeliegenden Vertrages und nicht auf die Begehung der Pflichtverletzung abstellt, ist sichergestellt, dass dem Mandanten die bei Abschluss des Vertrages mit einer bestimmten Gesellschaftsform für den – zu dieser Zeit noch hypothetischen – Fall einer Pflichtverletzung zur Verfügung stehenden Schuldner erhalten bleiben. Es wäre unbillig, wenn dem Mandanten diese – wenn auch nur unter Umständen relevant werdende – Position als Gläubiger durch einen Wechsel der Gesellschaftsform fristlos einseitig durch die Gesellschafter entzogen werden könnte.

Auch das Hinzutreten einer Versicherung ändert nichts daran, dass sich nach Vertragsschluss die Haftungsstruktur der Gesellschaft – ohne dass der später geschädigte Mandant darauf hätte Einfluss nehmen können – geändert hat. Man halte sich etwa den Fall vor Augen, dass die Versicherung im Einzelfall etwa wegen einer Erschöpfung der Versicherungssumme nicht leistet.

Insbesondere die Wertung des § 224 Abs. 2 UmwG legt nicht nahe, dass es dem Willen des Gesetzgebers entspricht, die Ersetzung der persönlichen Haftung durch eine Versicherung für einen Ausschluss der Nachhaftung genügen zu lassen. Denn § 224 Abs. 2 UmwG begrenzt lediglich die Nachhaftung im Falle der Umwandlung einer PartG in eine Freiberufler-GmbH an auf fünf Jahre. Die Frist beginnt analog § 224 Abs. 3 Satz 1 UmwG mit dem Tage an dem der die Haftungsbeschränkung anzeigende Zusatz in das Handelsregister eingetragen wurde (vgl. §§ 5 Abs. 1, 3 Abs. 2 Nr. 1, 8 Abs. 4 Satz 3 PartGG).[829] Die Tatsache, dass es zahlreiche Freiberufler-GmbHs gibt, die einer gesonderten erhöhten Versicherungspflicht unterliegen (vgl. etwa § 59j BRAO) findet bei dieser Anordnung einer Nachhaftung keinerlei Berücksichtigung.

Die Argumentation gegen eine Nachhaftung im Zusammenhang mit der durch „*Umwandlung*" entstandenen PartG mbB, es sei keine gesellschaftsrechtliche Sicht sondern eine rein versicherungsrechtliche Sicht anzunehmen[830], überzeugt jedenfalls

---

827 BGH vom 22.01.2004 – IX ZR 65/01, NJW 2004, 836, 838 („*Entscheidend für die Einordnung ist danach der Zeitpunkt der Entstehung der Verpflichtung aus dem Mandats- oder Treuhandverhältnis mit dessen Begründung, nicht dagegen der Zeitpunkt ihrer Verletzung.*").

828 Kritisch zu der dahingehenden Argumentation des LG Bonn auch *Grunewald*, NJW 2010, 3551, 3552.

829 Im Ergebnis auch *Sommer/Treptow*, NJW 2013, 3269, 3237.

830 So *Diller*, in: Henssler/Prütting, BRAO, § 51a BRAO Rn. 28; *Kilian*, MDR 2013, 1137, 1142.

für die Fälle des Wechsels einer GbR in eine PartG mbB nicht. Hier liegt nämlich gerade ein Wechsel der Gesellschaftsform vor. Diese formale Argumentation ignoriert zudem, dass die PartG mbB zwar in der Tat keine eigene Gesellschaftsform, sondern nur Sonderform der PartG ist, sich aber für den aufgrund eines Berufsfehlers geschädigten Mandanten als eine wie eine Kapitalgesellschaft haftende Gesellschaftsform darstellt. Die Geltung des versicherungsrechtlichen Verstoßprinzips ändert nichts daran, dass für die gesellschaftsrechtliche Nachhaftung auf die Begründung des Mandatsverhältnisses abzustellen ist.

III. Aushöhlung der Haftungsbeschränkung durch eine Innenhaftung

Die Haftungsbeschränkung auf das Gesellschaftsvermögen gem. § 8 Abs. 4 PartGG schützt die Gesellschafter eine PartG mbB vor einer persönlichen Inanspruchnahme durch den durch einen Berufsfehler Geschädigten. Diesem steht – für den Fall, dass der Schaden die (noch verbliebene) Versicherungssumme übersteigt – das Gesellschaftsvermögen zur Verfügung. Fraglich ist, ob bei einem solchen Zugriff auf das Gesellschaftsvermögen die im Außenverhältnis bestehende Haftungsbeschränkung durch eine interne Haftung der Gesellschafter gegenüber der Gesellschaft ausgehöhlt werden könnte.[831] Einen Schadensersatzanspruch gegen die Gesellschaft könnte der Geschädigten pfänden und sich zur Einziehung überweisen lassen und so doch Zugriff auf das Vermögen der Gesellschafter nehmen.

1. *Nachschusspflicht der Gesellschafter (gem. § 735 BGB)*

Grundsätzlich sind die Gesellschafter der PartG mbB ebenso wenig wie die Gesellschafter einer GbR zu Nachschüssen in das Gesellschaftsvermögen verpflichtet (vgl. § 1 Abs. 4 PartGG i.V.m. § 707 BGB), solange es sich um eine werbende Gesellschaft handelt. Wird die Gesellschaft aber liquidiert und reicht das Gesellschaftsvermögen nicht aus um die Gläubiger der Gesellschaft zu befriedigen, so haften die Gesellschafter gem. § 1 Abs. 4 PartGG i.V.m. § 735 BGB anteilig für die bestehenden Defizite.[832] Diese Nachschussansprüche der Gesellschaft gegen die Gesellschafter kann ein Gläubiger pfänden und sich zur Einziehung überweisen lassen (vgl. §§ 829, 825 ZPO).[833]

Durch diese Innenhaftung würde das Ergebnis des § 8 Abs. 4 PartGG faktisch aufgehoben (und sogar eine strengere Haftung als die der normalen PartG eintreten, da die Nachschusspflicht jeden Gesellschafter anteilig und nicht nur den

831 Vgl. hierzu insb. *Römermann*, in: Michalski/Römermann, PartGG, § 8 PartGG Rn. 113, 114; *Tröger/Pfaffinger*, JZ 2013, 812, 820; *Wertenbruch*, NZG 2013, 1006, 1007.
832 *Henssler*, AnwBlatt 2014, 96, 101; *Wertenbruch*, NZG 2013, 1006.
833 *Schäfer*, in: MünchKomm-BGB, § 735 BGB Rn. 2.

handelnden Gesellschafter trifft).[834] Da die Regelung des § 735 BGB dispositiv ist[835] und die Gesellschafter durch die Wahl der PartG mbB zum Ausdruck gebracht haben für berufliche Fehler nicht persönlich haften zu wollen, muss man aber nach einer Auslegung des Gesellschaftsvertrages von einem konkludenten Ausschluss der Nachschusspflicht – jedenfalls für die Verbindlichkeiten aufgrund beruflichem Fehlverhalten – ausgehen.[836] Demnach besteht bei der PartG mbB auch im Falle der Liquidation der Gesellschaft, wenn die Versicherungssumme und das Gesellschaftsvermögen nicht ausreichen den Schaden zu begleichen, keine Gefahr eines Unterlaufens der Haftungsbeschränkung durch eine Nachschusspflicht.

2. Ersatzanspruch der Gesellschaft gegen den fehlerhaft handelnden Gesellschafter aus § 280 BGB i.V.m. dem Gesellschaftsvertrag

Die Ausübung des freien Berufes ist für die Partner einer PartG nicht nur zentraler Beitrag i.S.v. § 706 BGB zur Förderung des gemeinsamen Zwecks, sondern stellt auch eine Geschäftsführungsmaßnahme dar.[837] Letzteres ergibt sich zweifelsfrei aus einem Rückschluss aus § 6 Abs. 2 PartGG, der den Ausschluss von der Geschäftsführung nur für die *„sonstigen Geschäfte"*, also solche die nicht zur Ausübung des freien Berufes gehören, erlaubt. In einem beruflichen Fehler des Partners einer PartG liegt damit immer auch eine fehlerhafte Geschäftsführung.

Da die schuldhafte Verletzung einer Geschäftsführerpflicht zu einem Schadensersatzanspruch der Gesellschaft aus § 280 Abs. 1 BGB führen kann,[838] kann die Gesellschaft auch bei einem schuldhaften Berufsfehler einen Ersatzanspruch gegen den fehlerhaft handelnden Gesellschafter haben.[839] Dies gilt natürlich nur, soweit aufgrund des Übersteigens der Versicherungssumme ein Schaden bei der Gesellschaft tatsächlich eingetreten ist.

Ein solcher Schadensersatzanspruch, den der geschädigte Mandant pfänden und sich zur Einziehung überweisen lassen könnte, setzt aber ein schuldhaftes Verhalten voraus. Dies beurteilt sich bei Ansprüchen der Gesellschaft gegen den Gesellschafter auch bei einer PartG mbB grundsätzlich nicht nach dem allgemeinen

---

834 *Wollweber*, DStR 2014, 1926.

835 *Schäfer*, in: MünchKomm-BGB, § 735 BGB Rn. 2.

836 So auch *Salger*, Münch-Hdb. GesR, § 45a Rn. 15; *Henssler*, AnwBlatt 2014, 96, 101; *Wertenbruch*, NZG 2013, 1006, 1007.

837 *Schäfer*, in: MünchKomm-BGB, § 1 PartGG Rn. 11, § 6 PartGG Rn. 13.

838 *Stengel*, in: Prinz/Hoffmann, Beck'sches Hdb.-Personengesellschaften, § 3 Rn. 220.

839 *Henssler*, AnwBlatt 2014, 96, 102 stützt einen Schadensersatzanspruch jedenfalls auf die Verletzung der Treuepflicht; *Tröger/Pfaffinger*, JZ 2013, 814, 820 und *Wertenbruch*, NZG 2013, 1006, 1007 gehen von einem Ersatzanspruch aus Verletzung des Gesellschaftsvertrages. *Tröger/Pfaffinger*, JZ 2013, 814, 820, 821 nehmen sogar einen Schadensersatzanspruch auch gegen die übrigen Gesellschafter an, wenn diese den fehlerhaft handelnden Gesellschafter schuldhaft nicht überwacht haben.

Verschuldensmaßstab des § 276 BGB, sondern nach dem Maßstab der eigenüblichen Sorgfalt gem. § 708 BGB.[840]

Auch diese Haftung kann aber – bis zur Grenze des Vorsatzes, vgl. § 276 Abs. 3 BGB – im Gesellschaftsvertrag ausgeschlossen werden.[841] Angesichts des aus der Wahl der PartG mbB erkennbaren Willens der Gesellschafter, die persönliche Haftung für berufliches Fehlverhalten auszuschließen, kann man auch ohne ausdrückliche Regelung im Gesellschaftsvertrag einen konkludenten Haftungsausschluss für einfache Fahrlässigkeit annehmen.[842] Ein Haftungsausschluss wegen grober Fahrlässigkeit bedarf jedoch einer ausdrücklichen Regelung im Gesellschaftsvertrag.[843]

Um eine Innenhaftung des fehlerhaft handelnden Gesellschafters zu vermeiden, ist den PartG mbB daher anzuraten, im Gesellschaftsvertrag die Haftung für berufliche Fehler auf die Fälle des Vorsatzes zu beschränken.[844]

3. *Kein Regress der Versicherung*

Ein Regress der Versicherung gem. § 86 Abs. 1 Satz 1 VVG[845] bei dem fehlerhaft handelnden Gesellschafter scheidet aus, da dieser nicht „*Dritter*“, sondern Mitversicherter ist.[846] Insofern besteht keine Gefahr der persönlichen Haftung durch einen Regress der Versicherung.

IV. Empfehlung für die Praxis

Bei einer durch „*Umwandlung*“ entstandenen PartG mbB trifft die Gesellschafter, trotz des Eingreifens des Versicherungsschutzes auch für Altmandate, eine persönliche begrenzte Nachhaftung in analoger Anwendung des § 160 HGB, § 224 UmwG. Sollte die Versicherung im konkreten Fall nicht eingreifen, so beurteilt sich die persönliche Haftung der Gesellschafter nach dem bei Mandatsabschluss vorliegenden Haftungsregime.

---

840 *Römermann*, in: Michalski/Römermann, PartGG, § 8 PartGG Rn. 114; *Henssler*, AnwBlatt 2014, 96, 102; *Lieder*, NotBZ 2014, 82, 84; *Tröger/Pfaffinger*, JZ 2013, 812, 820; a.A. *Wertenbruch*, NZG 2013, 1006, 1008 der davon ausgeht, dass bei freiberuflichen Gesellschaften § 708 BGB stets konkludent ausgeschlossen ist.

841 *Stengel*, in: Prinz/Hoffmann, Beck'sches Hdb.-Personengesellschaften, § 3 Rn. 231; *Lieder*, NotBZ 2014, 82, 84; *Seibert*, DB 2013, 1710, 1713.

842 *Wertenbruch*, in: Westermann/Wertenbruch, Hdb.-Personengesellschaften, § 34a Rn. 999g; *Henssler*, AnwBlatt 2014, 96, 103; *Lieder*, NotBZ 2014, 81, 84; *Wertenbruch*, NZG 2013, 1006, 1008.

843 *Grüneberg*, in: Palandt, § 276 BGB Rn. 37; *Henssler*, AnwBlatt 2014, 96, 103; *Wertenbruch*, NZG 2013, 1006, 1008.

844 Dies empfehlend auch *Wollweber*, DStR 2014, 1926.

845 § 86 Abs. 1 Satz 1 VVG lautet: Steht dem Versicherungsnehmer ein Ersatzanspruch gegen einen Dritten zu, geht dieser Anspruch auf den Versicherer über, soweit der Versicherer den Schaden ersetzt.

846 *Wertenbruch*, NZG 2013, 1006, 1009.

Wollen die Gesellschafter der PartG dieses Risiko ausschließen, empfiehlt es sich, in der Praxis dafür Sorge tragen, dass mit den bisherigen Mandanten Vereinbarungen dahingehend getroffen werden, dass sich die Haftung nach den Grundsätzen für die PartG mbB richtet. Durch einzelvertragliche Vereinbarungen mit den Mandanten kann eine Nachhaftung ausgeschlossen werden, da die Haftungsregelungen des § 160 Abs.1 HGB als auch des § 224 Abs. 2 UmwG dispositiv sind.[847]

Zudem sollte im Gesellschaftsvertrag die Haftung der Gesellschafter gegenüber der Gesellschaft auf Schadensersatz gem. § 280 BGB für berufsfehlerhaftes Verhalten für einfache und grobe Fahrlässigkeit ausgeschlossen werden sowie eine Nachschusspflicht aus § 735 BGB ausdrücklich abbedungen werden.

G. Steuerliche Behandlung

In steuerlicher Hinsicht ist die PartG mbB nicht anders zu behandeln als die normale PartG (vgl. Teil 1 C. I 3.). Trotz der (partiellen) Haftungsbeschränkung auf das Gesellschaftsvermögen – welches bislang typisches Merkmal einer Kapitalgesellschaft war – ist die PartG mbB eine Sonderform der PartG, damit eine Personengesellschaft und als solche transparent zu besteuern. Die partielle Haftungsbeschränkung auf das Gesellschaftsvermögen führt auch nicht dazu, dass die PartG mbB kraft Gesetzes der Gewerbesteuer unterliegt.[848]

Der Gewerbesteuer unterliegt die PartG mbB – ebenso wie die PartG – aber insgesamt, wenn im Rahmen der Gesellschaft – auch nur geringfügig – gewerbliche Tätigkeiten ausgeübt werden.[849]

H. Die PartG mbB in der Insolvenz

Gem. § 15a Abs. 1 Satz 1 InsO müssen die Vertreter juristischer Personen spätestens drei Wochen nach Vorliegen eines Insolvenzgrundes einen Insolvenzantrag stellen. Die Verpflichtung trifft gem. § 15a Abs. 1 Satz 2 InsO auch die organschaftlichen Vertreter von Gesellschaften ohne Rechtspersönlichkeit, bei der kein persönlich haftender Gesellschafter eine natürliche Person ist.

Danach besteht bei einer GmbH und AG, sowie bei der GmbH & Co. KG eine Insolvenzantragspflicht, nicht aber bei der GbR und der PartG. Letztere haben gem. § 15 Abs. 1 Satz 1 InsO lediglich das Recht, einen Eröffnungsantrag zu stellen.

Der Wortlaut des § 15a Abs. 1 Satz 2 InsO erfasst die PartG mbB nicht, denn sie ist keine Gesellschaft „*bei der kein persönlich haftender Gesellschafter eine natürliche*

847 *Schäfer*, in: MünchKomm-BGB, § 736 BGB, Rn. 23, 25; *Schlitt*, in: Semler/Stengel, UmwG, § 224 UmwG Rn. 36.

848 Verfügung der Oberfinanzdirektion NRW 30/2013 vom 12.12.2012, teilweise abgedruckt in FR 2014, 141.

849 Verfügung der Oberfinanzdirektion NRW 30/2013 vom 12.12.2012, teilweise abgedruckt in FR 2014, 141.

Person" ist. Sie ist jedoch aufgrund der partiellen Haftungsbeschränkung auf das Gesellschaftsvermögen für berufshaftungsrechtliche Verbindlichkeiten eine Gesellschaft, bei der kein für berufshaftungsrechtliche Verbindlichkeiten persönlich haftender Gesellschafter eine natürliche Person ist, denn für diese „*haftet*" nur die Versicherung und das Gesellschaftsvermögen.

Bei der PartG mbB handelt es sich um die erste Gesellschaftsform im deutschen Rechtssystem mit einer nur partiellen Haftungsbeschränkung auf das Gesellschaftsvermögen für Verbindlichkeiten wegen beruflicher Fehler. Für alle übrigen Verbindlichkeiten bleibt es bei der persönlichen akzessorischen Haftung aller Gesellschafter. Für eine solche partielle Haftungsbeschränkung enthält die InsO, da die PartG mbB die erste solche Gesellschaftsform ist, naturgemäß keine Regelung.

Die ganz h.M. in der Literatur geht aufgrund der verbleibenden persönlichen Haftung der Gesellschafter für die sonstigen Verbindlichkeiten der Gesellschaft davon aus, dass die Gesellschafter der PartG mbB nicht der Insolvenzantragspflicht des § 15a Abs. 1 Satz 2 InsO unterliegen.[850] Auch der Gesetzgeber verweist in der Begründung zum Einführungsgesetz der PartG mbB drauf hin, dass „*wegen der insoweit unbeschränkten persönlichen Haftung der Partner ... keine Insolvenzantragspflicht...*" besteht.[851]

Vereinzelte Stimmen in der Literatur gehen demgegenüber von einer Insolvenzantragspflicht der Partner der PartG mbB gem. § 15a Abs. 1 Satz 2 InsO (analog) aus.[852] Richtigerweise weisen die Vertreter dieser Ansicht darauf hin, dass auch bei der PartG mbB aufgrund der Haftungsbeschränkung auf das Gesellschaftsvermögen hinsichtlich der berufshaftungsrechtlichen Verbindlichkeiten eine zur GmbH oder AG vergleichbare Interessenlage besteht.

Die nicht mehr rechtsformspezifisch geregelte[853] Pflicht zur Stellung des Insolvenzantrags gem. § 15 Abs. 1 Satz 2 InsO soll die rechtzeitige Einleitung eines Insolvenzverfahrens sicherstellen und zielt damit insbesondere auf den Schutz der Gläubiger vor einer Verringerung der Haftungsmasse ab.[854] Durch die Einhaltung eines geordneten

850 *Römermann*, in: Michalski/Römermann, PartGG, § 8 PartGG Rn. 119; *Schäfer*, in: MünchKomm-BGB, § 8 PartGG Rn. 46; *Kilian*, MDR 2013, 1137, 1139; *Leuering*, NZG 2013, 1001, 1004; *Seibert*, DB 2013, 1710, 1711; *Wälzholz*, DStR 2013, 2637, 2638. Die Einführung einer entsprechenden Verpflichtung befürwortend: *Hirte*, Stellungnahme vom 7.11.2012 zum RegE BT-Drs. 17/10478, S. 9; *Römermann/Praß*, NZG 2012, 601, 608.

851 Vgl. RegE zum Gesetz zur Einführung einer PartG mbB, BT-Drs. 17/10487, S. 16.

852 Für eine Analogie: *Klose*, GmbHR 2013, 1191; *Lieder*, NotBZ 2014, 81, 86, 87. Eine Pflicht ohne Analogie bejahend: *Linardatos*, VersR 2013, 1488, 1494.

853 Sie wurde durch das Gesetz zur Modernisierung des GmbH-Rechts und zur Bekämpfung von Missbräuchen eingeführt und ersetzte die bislang für die bestimmten Rechtsformen normierte Antragspflicht, vgl. BT-Drs. 16/6140, S. 55; *Klöhn*, in: MünchKomm-InsO, § 15a InsO Rn. 2, 3.

854 *Hirte*, in: Uhlenbruck, InsO, § 15a InsO Rn. 1; *Klöhn*, in: MünchKomm-InsO, § 15a InsO Rn. 7, 8.

Insolvenzverfahrens soll vermieden werden, dass die Haftungsmasse durch eine Einzelzwangsvollstreckung eines besonders gut informierten Gläubigers geschmälert wird und Neugläubiger vertragliche Beziehungen mit einer notleidenden Gesellschaft eingehen.[855]

Diese Gläubigerschutzgesichtspunkte lassen sich, soweit Gläubiger von berufshaftungsrechtlichen Verbindlichkeiten betroffen sind, auf die PartG mbB übertragen. In den Fällen in denen die Versicherung – etwa wegen Erschöpfung der Versicherungssumme – nicht (vollständig) eingreift, bleibt dem Gläubiger wie bei der GmbH und AG nur das Gesellschaftsvermögen als Haftungsmasse. Daher haben auch die Gläubiger berufshaftungsrechtlicher Verbindlichkeiten einer PartG mbB berechtigtes Interesse am Schutz des Gesellschaftsvermögens als ihrer einzigen Haftungsmasse.[856]

Die verbleibende persönliche Haftung der Gesellschafter für sonstige Verbindlichkeiten beeinflusst nicht das Interesse der berufshaftungsrechtlichen Gläubiger am Erhalt des Gesellschaftsvermögens als Haftungsmasse.

Die Annahme einer Insolvenzantragspflicht analog § 15a Abs. 1 Satz 2 InsO scheitert aber am Vorliegen einer planwidrigen Regelungslücke. Aus den Gesetzgebungsmaterialien ist ersichtlich, dass der Gesetzgeber im Bewusstsein der partiellen Haftungsbeschränkung eine Insolvenzantragspflicht abgelehnt hat.[857] Obwohl der Gesetzgeber davon ausgeht, dass die Haftung für berufshaftungsrechtliche Verbindlichkeiten die zentrale Haftungsgefahr bei einer PartG mbB ist und die Haftungsgefahr für die übrigen Verbindlichkeiten als *„gering“*[858] einstuft, lässt er die partiell bestehende persönliche Haftung ausdrücklich genügen, um eine Insolvenzantragspflicht insgesamt abzulehnen.[859]

Demnach besteht jedenfalls *de lege lata* keine Insolvenzantragspflicht für die Gesellschafter einer PartG mbB. Aufgrund der aufgezeigten vergleichbaren Interessenlage, dass auch die Gläubiger berufshaftungsrechtlicher Verbindlichkeiten ein Interesse am

---

855 BT-Drs. 16/6140, S. 55; *Hirte*, in: Uhlenbruck, InsO, § 15a InsO Rn. 1.

856 *Klose*, GmbHR 2013, 1191, 1192; *Leicht*, NotBZ 2014, 81, 86; *Linardatos* VersR 2013, 1488, 1494;

857 RegE zum Gesetz zur Einführung einer PartG mbB, BT-Drs. 17/10487, S. 16: *„Nicht erfasst von der Haftungsbeschränkung sind also alle anderen Verbindlichkeiten der Gesellschaft, insbesondere aus Miet- oder Arbeitsverträgen. Wegen der insoweit unbeschränkten persönlichen Haftung der Partner besteht für die PartG mbB keine Insolvenzantragspflicht nach § 15a Absatz 1 Satz 2 der Insolvenzordnung.“*

858 RegE zum Gesetz zur Einführung einer PartG mbB, BT-Drs. 17/10487, S. 16.

859 *Klose*, GmbHR 2013, 1191 nimmt an, aus den Äußerungen des Gesetzgebers sei nicht ersichtlich, ob er eine Insolvenzantragspflicht nur bezüglich solcher Verbindlichkeiten ablehne, wegen derer eine persönliche Haftung bestehe oder ob er sie insgesamt ablehne. Dies ist mit dem Wortlaut der Gesetzesbegründung, in der eindeutig nach Bezugnahme auf die nur partielle Haftungsbeschränkung eine Insolvenzantragspflicht insgesamt abgelehnt wird, nicht zu vereinbaren.

Erhalt des Gesellschaftsvermögens als Haftungsmasse haben, wäre eine Antragspflicht bezüglich berufshaftungsrechtlicher Verbindlichkeiten wünschenswert.[860]

I. Die PartG mbB im System des Gesellschaftsrechts

Die PartG mbB ist als Rechtsformvariante der PartG[861] eine Personengesellschaft.

Die Gesellschafter haften jedoch für Verbindlichkeiten wegen fehlerhafter Berufsausübung nicht persönlich. Die ausgeschlossene persönliche Haftung aller Gesellschafter war bislang eine ausschließlich Kapitalgesellschaften zukommende Eigenschaft und damit typisch für eine Kapitalgesellschaft.[862] Dieses Privileg fällt nun auch den Gesellschaftern der PartG mbB – jedenfalls für Verbindlichkeiten aus Berufsfehlern – zu, ohne, dass sie die bei Kapitalgesellschaften erforderlichen Anforderungen an Kapitalaufbringung und -erhaltung und Buchführung erfüllen müssen oder der Körperschaftssteuer unterliegen.

Da die PartG mbB als Personengesellschaft typische Elemente einer Körperschaft aufweist, ohne die an Kapitalgesellschaften gestellten Anforderungen erfüllen zu müssen, wird sie teils als *„Systembruch“*[863] und als *„hybride Abart“*[864] begriffen. Die Schaffung der PartG mbB störe die *„Grundordnung des deutschen Gesellschaftsrechts“*.[865] Durch die fehlende persönliche Haftung werde der *„systemtragende Unterschied zwischen den als Gesamthand verfassten Personengesellschaften ... und den juristischen Personen ... weiter eingeebnet“*.[866]

Die Frage, ob eine Personengesellschaft mit partieller Haftungsbeschränkung auf das Gesellschaftsvermögen einen Systembruch darstellt, hängt von der Definition der Systemgrenzen ab. Versteht man das *„System“* dergestalt, dass Personengesellschaften nur systemkonform sind, wenn ihre Gesellschafter persönlich haften und die für Kapitalgesellschaften typische Haftungsbeschränkung auf das Gesellschaftsvermögen nur systemkonform ist, wenn Kapitalaufbringungs- und Erhaltungspflichten bestehen, dann stellt die PartG mbB zweifelsfrei einen Bruch dieses Systems dar.

Dieser Ansatz greift jedoch zu kurz. Die übliche persönliche Haftung in Personengesellschaften und die Kapitalschutzvorschriften bei Kapitalgesellschaften sind kein Selbstzweck, sondern verfolgen bestimmte Ziele. Wenn diese Ziele bei der PartG mbB auf andere Weise erreicht werden, ist hierin kein Systembruch zu sehen.

---

860 Für die Einführung einer entsprechenden Verpflichtung sprechen sich auch *Hirte*, Stellungnahme vom 7.11.2012 zum RegE BT-Drs. 17/10478, S. 9 und *Römermann/Praß*, NZG 2012, 601, 608 aus.

861 OLG Nürnberg vom 5.02.2014 – 12 W 351/14, BB 2014, 534.

862 Vgl. § 13 Abs. 2 GmbHG, § 1 Abs. 1 Satz 2 AktG.

863 *Grunewald*, Stellungnahme zum RegE BT-Drs. 17/10487, S. 3.

864 *Beuthin*, ZRP 2012, 127; ähnlich auch *Linardatos*, VersR 2013, 1488.

865 *Beuthin*, ZRP 2012, 127.

866 *Beuthin*, ZRP 2012, 127.

I. Systembruch durch Haftungsbeschränkung ohne Stammkapital?

Zum Zwecke des Gläubigerschutzes will das System des Gesellschaftsrechts verhindern, dass die Gesellschafter der Gesellschaft Vermögen entziehen, welches eigentlich dem Zugriff der Gläubiger zur Verfügung stehen soll. Bei den Personengesellschaften wird dies über die unmittelbare persönliche Haftung (jedenfalls einiger) Gesellschafter gegenüber den Gläubigern der Gesellschaft erreicht, bei den Körperschaften durch die Verpflichtung, ein bestimmtes Kapital aufzubringen und zu erhalten.[867] Vor diesem Hintergrund ist es ein Novum, dass die PartG mbB als nicht juristische Person einen kapitalgesellschaftsähnlichen (partiellen) Haftungsausschluss gewährt, ohne Kapitalaufbringungs- oder -erhaltungspflichten unterworfen zu sein.

Die Haftungsbeschränkung auf das Gesellschaftsvermögen ist zwar typisch für juristische Personen, aber keine Wesensvoraussetzung.[868] Der Haftungsausschluss ist also weder Voraussetzung für eine juristische Person noch deren zwingende Folge, sondern Folge einer Entscheidung des Gesetzgebers – obschon im Allgemeinen die Haftungsbeschränkung auf das Gesellschaftsvermögen mit der Existenz einer juristischen Person assoziiert wird.[869] Es stellt folglich keinen Systembruch dar, dass die PartG mbB nicht als juristische Person ausgestaltet ist.

Die Haftungsbeschränkung bei der GmbH ist durch die Kapitalschutzvorschriften zur Aufbringung und Erhaltung des Stammkapitals gerechtfertigt.[870] Kapitalschutzvorschriften existieren bei der PartG mbB mangels Stammkapital nicht. Entscheidend für die Beurteilung eines Systembruchs sollte sein, ob und wie bei der PartG mbB das Fehlen dieser gläubigerschützenden Pflichten kompensiert wird oder ob durch das Fehlen eine „*[erhebliche] Lücke beim Gläubigerschutz*“[871] besteht.

Die Bedeutung der Kapitalaufbringungs- und -erhaltungspflichten hat in der Vergangenheit auch bei den Kapitalgesellschaften an Bedeutung verloren, da sie aufgeweicht wurden. So ist das Stammkapitalerfordernis in Teilen durch Einführung der UG abgeschwächt worden. Auch die Pflichten zur Kapitalaufbringung wurden in der Vergangenheit verringert, etwa dadurch, dass eine Überbewertung bei einem *dept-equity-swap* gem. § 245 Abs. 4 InsO unschädlich ist.[872]

Die Kapitalschutzvorschriften dienen als Ausgleich für die ausgeschlossene persönliche Haftung und damit dem Gläubigerschutz. Dieses Ziel wird bei der PartG

---

867 *Grunewald*, Gesellschaftsrecht, 4. Teil Rn. 2, 3; zum gläubigerschützenden Zweck der Kapitalschutzvorschriften *Merkt*, in: MünchKomm-GmbHG, § 13 GmbHG Rn. 332; *Verse*, in: Henssler/Strohn, Gesellschaftsrecht, § 13 GmbHG Rn. 43, 44.

868 *Fastrich*, in: Baumbach/Hueck, GmbHG, § 13 Rn. 7; *Merkt*, in: MünchKomm-GmbHG, § 13 GmbHG Rn. 332.

869 *Fastrich*, in: Baumbach/Hueck, GmbHG, § 13 Rn. 7; *Koch*, in: Hüffer, AktG, § 1 Rn. 8.

870 *Michalski/Funke*, in: Michalski, GmbHG, § 13 Rn. 306.

871 Stellungnahme des Deutschen Richterbundes vom Oktober 2012 zum RegE, BT-Drs. 17/10487, S. 3.

872 *Römermann/Praß*, NZG 2012, 601, 606, 607.

mbB durch die Berufshaftpflichtversicherung verfolgt. Anders als die Berufshaftpflichtversicherung des Einzelanwalts, die nur einer persönlichen Risikovorsorge dient, ist die Berufshaftpflichtversicherung der PartG mbB ein Haftkapitalersatz.[873] Das Konzept, die persönliche Haftung durch eine Versicherung zu ersetzen, ist darüber hinaus keineswegs neu.[874] Die Gläubigersicherung wird bei der PartG mbB mithin nicht wie bei den Kapitalgesellschaften durch einen *„abstrakt-bilanziellen"* Ansatz bestimmt, sondern situativ betrachtet.[875]

Gegen die Annahme eines Systembruchs durch die partielle Haftungsbeschränkung bei einer Personengesellschaft spricht auch, dass es sich bei der Haftungsbeschränkung des § 8 Abs. 4 PartGG nicht um eine gesellschaftsrechtliche Haftungsbeschränkung wie bei § 13 Abs. 2 GmbHG und § 1 Abs. 1 Satz 2 AktG handelt, sondern um eine *berufsrechtliche* Haftungsbeschränkung, da sie sich allein auf die Haftung für berufliche Fehler erstreckt.[876]

Die partielle Haftungsbeschränkung ist zwar neu, die Unterscheidung von zwei Haftungssträngen – die Haftung für berufliches Fehlverhalten einerseits und für sonstige Verbindlichkeiten andererseits – ist allerdings von Beginn an im PartGG angelegt.[877] Ein gesellschaftsrechtlicher *„Systemwandel"* zur Personengesellschaft mit beschränkter Haftung kommt daher in der Schaffung der PartG mbB nicht zum Ausdruck.[878] Zwar wird bei der PartG mbB – wie bei einer juristischen Person typisch – deutlich zwischen Gesellschaftsvermögen und Vermögen der Gesellschafter getrennt, was bislang mit einem Stammkapitalerfordernis einherging.[879] Dieses Prinzip wird jedoch nicht generell aufgegeben, sondern das Gesellschaftsvermögen wird nur für ganz bestimmte Verbindlichkeiten separiert.[880]

---

873 *Lochmann*, in: Prinz/Hoffmann, Beck'sches Hdb.-Personengesellschaften, § 20 Rn. 101.

874 Vgl. hierzu *Hirte*, Stellungnahme vom 7.11.2012 zum RegE BT-Drs. 17/10487, S. 4, 5; vgl. auch Hinweise auf andere Rechtsgebiete bei *Linardatos*, VersR 2013, 1488, 1490 in Rn. 25.

875 *Römermann/Praß*, NZG 2012, 601, 606, 607 (der diesbezüglich auch einen Vergleich zur situativen Ausschüttungssperre in § 64 Satz 3 GmbHG, § 93 Abs. 2 Satz 3 AktG zieht).

876 So auch *Beck*, DZWIR 2012, 447.

877 *Leuering*, Stellungnahme vom 7.11.2012 zum RegE BT-Drs. 17/10487, S. 3 (Fortentwicklung des *„zweispurigen Haftungssystems"*); vgl. schon § 8 Abs. 2 PartGG a.F. (1994), der einen vertraglichen Haftungsausschluss für Berufsfehler ermöglichte.

878 *Beck*, DZWIR 2012, 447.

879 *Römermann/Praß*, NZG 2012, 601, 606.

880 *Römermann/Praß*, NZG 2012, 601, 606.

II. Kein Systembruch durch Personengesellschaft ohne persönliche Haftung der Gesellschafter bezüglich der zentralen Haftungsgefahr

Die unbeschränkte persönliche Haftung der Gesellschafter wird häufig als eines der Grundprinzipien der Personengesellschaften begriffen.[881] Die persönliche Haftung der Gesellschafter ist jedoch kein Selbstzweck und nur weil sie typischerweise anzutreffen ist, keine zwingende Voraussetzung für jede neue Variante der Personengesellschaft. Dies zeigt sich etwa daran, dass die Finanzverwaltung die steuerliche Einordnung als Personengesellschaft nicht von einem Vorliegen der persönlichen Gesellschafterhaftung abhängig macht.[882]

Etwas anderes ergibt sich auch nicht daraus, dass der Ausschluss der persönlichen Haftung dem Berufsbild der freien Berufe – insbesondere dem des Rechtsanwaltes – widerspricht. Spätestens seit Anerkennung der Rechtsanwalts-GmbH ist es gängige Auffassung, dass *„die unbeschränkte und persönliche Haftung des Rechtsanwaltes ...für das Berufsbild nicht mehr maßgebend“*[883] ist.

Der persönlichen Haftung bei Personengesellschaften kommt zunächst – ähnlich wie dem Stammkapital bei Kapitalgesellschaften – eine gläubigerschützende Funktion zu; ihr wohnt aber – worauf in diesem Zusammenhang in der Literatur nur selten eingegangen wird – auch eine Steuerungsfunktion inne.[884] Durch die drohende persönliche Haftung für Pflichtverletzungen werden die Gesellschafter zu pflichtkonformem Verhalten angehalten.[885]

Sowohl Gläubigerschutz als auch Steuerungsfunktion werden bei der PartG mbB jedoch auf andere Art als durch die persönliche Haftung gewahrt.

1. Gläubigerschutzfunktion

Die gläubigerschützende Funktion der persönlichen Haftung wird durch die Berufshaftpflichtversicherung erfüllt.[886] Diese ersetzt das Mindestkapital, welches wiederum bei Kapitalgesellschaften die fehlende persönliche Haftung ersetzt.[887]

Für den Gläubigerschutz dürfte die Kompensation der fehlenden persönlichen Haftung durch eine Versicherung sogar vorteilhafter sein, da diese einen verlässlicheren

---

881 Vgl. *Westermann*, in: Westermann/Wertenbruch, Hdb.-Personengesellschaften, § 2 X.

882 *Henssler*, NJW 2014, 1761, 1764 mit Hinweis auf die transparente Besteuerung der LLP trotz angenommenem Haftungsausschluss.

883 BayObLG vom 24.11.1994 – 3 ZBR 115/94, NJW 1995, 199.

884 *Tröger/Pfaffinger*, JZ, 2013, 812, 813.

885 So auch BVerfG vom 22.02.2001 – 1 BvR 337/00, NJW 2001, 1561 Rz. 12.

886 RegE zum Gesetz zur Einführung einer PartG mbB, BT-Drs. 17/10487, S. 18; *Ruppert*, DStR 2013, 1623, 1625; *Seibert*, DB 2013, 1710, 1711; *Tröger/Pfaffinger*, JZ 2013, 812, 816, Fn. 79.

887 *Kilian*, MDR 2013, 1137, 1140.

Schuldner darstellt.[888] Die Abwälzung der Schadensersatzhaftung vom möglicherweise nicht solventen Schadensverursacher auf einen Dritten, der sie ohne wesentliche Beeinträchtigung erfüllen kann, wird teils sogar als Ausdruck einer generellen Tendenz im modernen Schadensrecht begriffen.[889]

2. Steuerungsfunktion

Mit der Anordnung der persönlichen Haftung wird neben dem Gläubigerschutz auch eine Steuerungsfunktion für ein opportunistisches Verhalten der Gesellschafter im Sinne einer Selbstdisziplinierung bezweckt.[890]

Fraglich ist, ob auch diese Steuerungsfunktion bei der PartG mbB kompensiert wird. Sofern dieser Aspekt in der Literatur überhaupt Beachtung findet, wird eher angenommen, dass die Haftungsbeschränkung für Berufsfehler dazu führe, dass der PartG mbB das *„zentrale Steuerungsinstrument des Personengesellschaftsrechts“* fehle.[891]

Opportunistischen Verhaltensweisen entgegensteuernde Elemente können bei der PartG mbB zunächst in der Innenhaftung liegen.[892] Diese wird aber, wie zuvor aufgezeigt, in der Regel bis zur Grenze des Vorsatzes gesellschaftsvertraglich abbedungen sein. Für wissentliche Pflichtverletzungen werden sich die Versicherungen in der Regel eine Regressmöglichkeit gegen den fehlerhaft handelnden Gesellschafter vorbehalten, so dass bezüglich dieser Haftungsgefahr eine steuernde Wirkung besteht. Auch außerhalb von Vorsatz und wissentlicher Pflichtverletzung, für die aufgrund der möglichen Inanspruchnahme durch Versicherung oder Gesellschaft ein steuerndes Element besteht, wird sich bei realistischer Betrachtung auch der Gesellschafter einer PartG mbB um ordnungsgemäßes Verhalten bemühen, da er – auch wenn er aufgrund der Versicherung nicht persönlich haftet – bei häufigen Schadensfällen höhere Versicherungsprämien sowie einen Reputationsverlust befürchten muss. Auch lässt nichts darauf schließen, dass Gesellschafter einer Freiberufler-GmbH, deren persönliche Haftung gesellschaftsrechtlich ausgeschlossen ist, in der Regel weniger sorgfältig tätig werden als solche von Personengesellschaften. Auch gegen die Haftpflichtversicherung des einzelnen Rechtsanwaltes wird nicht eingewandt, dass diese Absicherung gegen persönliche Inanspruchnahme zu unsorgfältigerer Berufsausübung führt.

Schon bei Einführung der Anwalts-GmbH wurde befürchtet, dass der Ausschluss der persönlichen Haftung zu einer *„veränderten Risikoabschätzung und verändertem geschäftlichen Verhalten“*[893] verleiten könnte. Nach den Begründungen des BVerfG

888 *Leuering*, NZG 2013, 1001, 1004.
889 *Medicus/Lorenz*, Schuldrecht I AT, Rn. 621 (bezogen auf Personenschäden); *Leuering*, NZG 2013, 1001, 1004.
890 *Tröger/Pfaffinger*, JZ 2013, 812, 817.
891 *Tröger/Pfaffinger*, JZ 2013, 812, die hieraus aber keinen Systembruch ableiten.
892 *Tröger/Pfaffinger*, JZ, 2013, 812, 813.
893 BVerfG vom 22.02.2001 – 1 BvR 337/00, NJW 2001, 1560, 1561; vgl. auch *Römermann*, GmbHR 1997, 530, 533.

wird jedoch auch diese unter Umständen verminderte Sorgfalt durch die erhöhte Versicherungssumme aufgefangen.[894] Insofern ist auch die möglicherweise verminderte Sorgfalt in einer PartG mbB durch die – parallel zur GmbH ausgestaltete – erhöhte Mindestversicherungssumme kompensiert.

III. Einordnung der PartG mbB ins Gesellschaftsrecht

Auch wenn die persönliche Haftung typisch für eine Personengesellschaft ist und diese bei der PartG mbB bezüglich einer zentralen Haftungsgefahr – nämlich für berufliche Fehler – ausgeschlossen ist, stellt die PartG mbB eine Personengesellschaft dar, ohne dass in der partiellen Haftungsbeschränkung ein Systembruch zu sehen ist. Die Ziele, die mit der persönlichen Haftung verfolgt werden (Gläubigerschutz und Steuerungsfunktion), werden durch die erhöhte Versicherungspflicht und auch eine drohende Innenhaftung bei vorsätzlicher Begehung des Berufsfehlers erreicht.

Die Annäherung einer Personengesellschaft an kapitalgesellschaftsrechtliche Elemente kann daher allenfalls als „*Typendehnung*“[895] verstanden werden.[896]

J. Fazit zur PartG mbB

I. PartG mbB - anwaltliche Zusammenschlussmöglichkeit mit neuen Vorteilen

Mit der PartG mbB führte der deutsche Gesetzgeber erstmalig eine Personengesellschaft mit einer partiellen gesetzlichen Haftungsbeschränkung auf das Gesellschaftsvermögen ein. Es ist zudem die erste Rechtsanwälten, Steuerberatern und Wirtschaftsprüfern uneingeschränkt zur Verfügung stehende Gesellschaftsform, die eine gesetzliche (wenn auch nur partielle) Haftungsbeschränkung auf das Gesellschaftsvermögen mit der steuerlich transparenten Behandlung als Personengesellschaft verbindet. Die KG in Form der GmbH & Co. KG kann dies für Rechtsanwälte per se nicht bieten, da diese Gesellschaftsform ihnen generell versperrt ist. Für Steuerberater und Wirtschaftsprüfer ist mittlerweile höchstrichterlich entschieden, dass ihnen die KG auch bei nicht überwiegend treuhänderischer Tätigkeit offensteht.[897]

Der Ausschluss der persönlichen Haftung der Gesellschafter für berufliches Fehlverhalten, wird bei der PartG mbB anders als bei den Kapitalgesellschaften ohne die Aufbringung eines Stammkapitals und die Unterwerfung unter Buchführungs- und Bilanzierungspflichten gewährt und mit dem Abschluss einer erhöhten Berufshaftpflichtversicherung kompensiert.

---

894 Beschluss des BVerfG vom 22.02.2001 – 1 BvR 337/00, NJW 2001, 1560, 1561.
895 *Schiffers*, in: Prinz/Hoffmann, Beck'sches Hdb.-Personengesellschaften, § 1 Rn. 19.
896 Zur internationalen Tendenz zur Schaffung von „*hybriden*“ Gesellschaftsformen, die typische Merkmale von Personen- und Kapitalgesellschaften verbinden vgl. *Schaper*, ECFR 2013, 75.
897 Vgl. BGH vom 14.07.2014 - II ZB 2/13, NJW 2015, 61.

Die PartG mbB bietet damit – anders als die bisherigen Zusammenschlussmöglichkeiten nach deutschem Recht – eine Haftungsbeschränkung auf das Gesellschaftsvermögen bezüglich Berufsfehlern wie eine Kapitalgesellschaft bei gleichzeitigem Vorliegen personengesellschaftlicher Vorteile, wie der steuerlichen transparenten Behandlung und dem Fehlen von Buchführungs- und Bilanzierungspflichten. Damit fügt sich die PartG mbB in die Lücke innerhalb der für deutsche Rechtsanwälte zur Verfügung stehenden Gesellschaftsformen ein, die für den Rückgriff einiger deutschen Zusammenschlüsse auf die LLP verantwortlich gemacht wurde.

II. Nutzung der Vorteile in der Praxis

Bei interprofessionellen Zusammenschlüssen muss aufgrund der nicht nur in der Höhe der Mindestversicherungssumme divergierenden Berufsrechte besonderes Augenmerk auf die Ausgestaltung der Versicherung gelegt werden.

Um sicherzustellen, dass die Haftungsbeschränkung im Außenverhältnis nicht durch eine Haftung im Innenverhältnis unterlaufen wird, sollte im Gesellschaftsvertrag die Nachschusspflicht und die Haftung der Gesellschafter wegen Berufsfehlern gegenüber der Gesellschaft explizit bis zur Grenze des Vorsatzes ausgeschlossen werden.[898]

Zur Gewährleistung der Geltung der Haftungsbeschränkung auf das Gesellschaftsvermögen auch für Altmandate, sollten bei einer aus einer GbR oder normalen PartG entstandenen PartG mbB mit entsprechenden Mandanten Individualvereinbarungen dahingehend getroffen werden, dass auch für diese Altmandate die Haftungsverfassung der PartG mbB einschlägig ist.

III. Annahme in der Praxis

Die PartG mbB wird in der Praxis bislang gut angenommen. Etwa ein Jahr nach der Einführung der PartG mbB gab es bereits über 600, teilweise auch größere, PartG mbB.[899] Es zeichnet sich ab, dass die PartG nicht für eine bestimmte Art von Sozietät besonders reizvoll ist. Vielmehr gibt es PartG mbB sowohl im Bereich der international tätigen Großkanzleien[900] als auch bei Boutiquen sowie mittelständischen und auch kleinen Kanzleien.[901] Ob die PartG mbB – wie teils angenommen zur „*dominierenden Rechtsform für Freiberufler-Gesellschaften avancieren*“[902] wird, bleibt abzuwarten.[903]

---

898 So auch empfehlend: *Lieder*, NotBZ 2014, 128, 133.

899 DAV Mitteilung, BB 2014, 1794; *Wollweber*, DStR 2014, 1926.

900 Etwa HengelerMueller mbB, Taylor Wessing mbB.

901 DAV Mitteilung, BB 2014, 1794; vgl. auch Depesche des Deutschen Anwaltsvereins Nr. 4/14 vom 30.01.2014, abrufbar unter: http://www.anwaltverein.de/downloads/depeschen/2014/Depesche-4.pdf (abgerufen am 30.12.2014)

902 *Wertenbruch*, NZG 2013, 1006.

903 Dies nicht annehmend *Kilian*, NJW 2014, 1499, 1540.

4. Teil: Die PartG mbB als Alternative zur LLP?

Die Gegenüberstellung der bislang zur Verfügung stehenden anwaltlichen Berufsausübungsgesellschaften (Teil 1) zeigte, dass es bislang an einer Gesellschaftsform fehlte, in der Anwälte ihre persönliche Haftung für Gesellschaftsverbindlichkeiten ausschließen können, ohne insbesondere die steuerlichen Nachteile einer Kapitalgesellschaft hinnehmen zu müssen.

Die Darstellung der LLP (Teil 2) ergab, dass die „*deutsche*" anwaltliche LLP aufgrund der umfassenden Haftungsbeschränkung und steuerlichen Behandlung als Personengesellschaft eine Stellung einnimmt, die von den bislang zur Verfügung stehenden deutschen anwaltlichen Berufsausübungsgesellschaften nicht besetzt wurde.

Mit der Schaffung der PartG mbB wollte der Gesetzgeber eine deutsche Zusammenschlussmöglichkeit schaffen, die Freiberuflern und vor allem Rechtsanwälten eine Alternative zur LLP bietet, um den angenommenen „*Trend*"[904] zur LLP zu durchbrechen und das durch den Erfolg der LLP zu Tage getretene „*Regelungsdefizit*"[905] zu schließen.

Nachdem im 3. Teil der Bearbeitung Voraussetzungen und Rechtsfolgen, sowie verbleibende Haftungsrisiken der PartG mbB dargestellt wurden, wird in diesem Teil der Bearbeitung die Frage beantwortet, ob und inwiefern der Gesetzgeber seine Zielsetzung eine Alternative zur LLP zu schaffen durch die PartG mbB erfüllen konnte.

A. Vergleich der PartG mbB zur LLP

Im Folgenden werden zur Prüfung der Alternativtauglichkeit der PartG mbB zur LLP die für die Wahl der Rechtsform relevanten Aspekte der beiden Gesellschafsformen vergleichend gegenübergestellt. Dieser Vergleich wird auf Seiten der LLP durch die in einigen Punkten bestehenden Rechtsunsicherheiten erschwert. Um einen Vergleich zu ermöglichen, erfolgt hinsichtlich der LLP eine Orientierung an der in der Praxis vorherrschenden Auffassung zur LLP.

I. Die Haftungsverfassung

1. *Die Haftungsbeschränkung auf das Gesellschaftsvermögen*

Die PartG mbB bietet den Gesellschaftern eine partielle Haftungsbeschränkung auf das Gesellschaftsvermögen für berufshaftungsrechtliche Verbindlichkeiten der Gesellschaft. Für alle sonstigen Verbindlichkeiten der Gesellschaft haften die Gesellschafter

904 RegE zum Gesetz zur Einführung einer PartG mbB, BT-Drs. 17/10487, S. 16.
905 RegE zum Gesetz zur Einführung einer PartG mbB, BT-Drs. 17/10487, S. 16.

persönlich (vgl. Teil 3 F. I.). Die Aushöhlung der Haftungsbeschränkung auf das Gesellschaftsvermögen durch die Pfändung von Innenregressansprüchen kann in Grenzen durch den Ausschluss solcher Innenregressansprüche im Gesellschaftsvertrag vermieden werden (Teil 3 F. IV.).[906]

Bei der in Deutschland tätigen LLP ist die Frage der persönlichen Haftung für berufshaftungsrechtliche Verbindlichkeiten noch nicht abschließend geklärt (vgl. Teil 2 C. I.). Die Praxis und augenscheinlich auch der Gesetzgeber gehen aber davon aus, dass die Ablehnung einer persönlichen Haftung, als Folge des divergierenden Kollisionsrechts zu akzeptieren und nicht über eine kollisionsrechtliche Angleichung und Anwendung der *tort of negligence* Grundsätze im deutschen Recht zu vermeiden ist. Den Befürwortern einer kollisionsrechtlichen Angleichung ist durch die Einführung der PartG mbB die Argumentationsmöglichkeit entzogen worden, die Haftungsbeschränkung auf das Gesellschaftsvermögen für berufshaftungsrechtliche Verbindlichkeiten widerspreche sowohl der deutschen als auch der britischen Rechtsordnungen[907] (vgl. hierzu ausführlich Teil 2 C. I. 5. d.).

Vor diesem Hintergrund bietet die PartG mbB zwar gegenüber der LLP den Vorteil einer rechtssicheren Haftungsbeschränkung auf das Gesellschaftsvermögen, während die Haftungsbeschränkung der LLP aufgrund der bislang nicht ergangenen gerichtlichen Entscheidungen oder gesetzlichen Reglungen zur Anpassung noch mit einer letzten Rechtsunsicherheit behaftet ist.[908] Andererseits ist die (wenn auch mit gewisser Rechtsunsicherheit behaftete) Haftungsbeschränkung der LLP umfassend und erfasst anders als die nur partielle Haftungsbeschränkung der PartG mbB neben den berufshaftungsrechtlichen auch die sonstigen Verbindlichkeiten der Gesellschaft.

Teilweise wird die nur partielle Haftungsbeschränkung der PartG mbB als entscheidender Nachteil gegenüber der LLP verstanden und das erklärte Ziel des Gesetzgebers - die Schaffung einer deutschen Alternative zur LLP – als verfehlt angesehen.[909] Der Gesetzgeber hingegen geht davon aus, dass die partielle Haftungsbeschränkung die Attraktivität der PartG mbB im Vergleich zur LLP nicht schmälert, da das neben der Haftung für Berufsfehler verbleibende Restrisiko der persönlichen Haftung wegen anderer Verbindlichkeiten der Gesellschaft *„gering“* sei.[910]

Wie groß dieser Vorteil der umfassenden Haftungsbeschränkung der LLP einzuschätzen ist, ist letztlich eine individuelle Entscheidung und hängt auch von den spezifischen Gegebenheiten des betroffenen Zusammenschlusses, insbesondere von der Höhe der außerberuflichen Verbindlichkeiten, ab. Die Einschätzung des Gesetzgebers,

---

906 Eine weitere sinnvolle Regelung im Gesellschaftsvertrag kann es sein, dass die Haftung für einen Rückgriff der Versicherung im Falle der Leistungsfreiheit im Innenverhältnis auf denjenigen Gesellschafter beschränkt wird, der den Haftungsfall verursacht hat, vgl. Teil 3 D. I. 3.

907 Hierauf hinweisend auch *Pleister*, AnwBlatt 2012, 801.

908 Auf eine größere Rechtssicherheit der PartG mbB auch hinweisend *Lieder*, BNotZ 2014, 128, 133.

909 *Kreße*, NJ 2013, 45, 49; *Schüppen*, BB 2012, 783, 784.

910 RegE zum Gesetz zur Einführung einer PartG mbB, BT-Drs. 17/10487, S. 16.

die Gefahr der persönlichen Haftung für sonstige Verbindlichkeiten sei generell gering, lässt sich so pauschal nicht stützen. Es ist durchaus auch bei einer PartG mbB möglich, dass sich bis zur Eröffnung eines Insolvenzverfahrens erhebliche Schulden aus sonstigen Verbindlichkeiten aufbauen,[911] insbesondere wenn man annimmt, dass die Gesellschafter der PartG mbB *de lege lata* keiner Insolvenzantragspflicht unterliegen (vgl. hierzu Teil 3 H.).[912]

Für diejenigen Sozietäten mit hohen laufenden Kosten und damit einhergehenden hohen Haftungsrisiken im außerberuflichen Bereich dürfte die Begrenzung der Haftungsbeschränkung sehr viel schwerer ins Gewicht fallen, als bei Sozietäten, die – entsprechend den Vorstellungen des Gesetzgebers – außerhalb der beruflichen Tätigkeiten keinen nennenswerten Haftungsrisiken ausgesetzt sind.

Ferner ist nicht zu verkennen, dass allein die Existenz der nur begrenzten Haftungsbeschränkung auf das Gesellschaftsvermögen unabhängig von einer real existierenden Haftungsgefahr einen Einfluss auf die Attraktivität der PartG mbB haben kann. Die verbleibende persönliche Haftung für die sonstigen Verbindlichkeiten der Gesellschaft kann – unabhängig von der Höhe der tatsächlich existierenden Haftungsgefahr – auch einen psychologischen Effekt haben.[913] Auch hier ist es eine individuelle Frage, wie groß dieser psychologische Effekt einer durch eine umfassende Haftungsbeschränkung vermittelten Sicherheit ist.

2. Haftung im Zusammenhang mit der Insolvenz der Gesellschaft

Den Gesellschaftern der LLP ist aufgrund der bestehenden Rechtsunsicherheiten hinsichtlich einer Insolvenzantragspflicht gem. § 15a InsO und der aus einer Verletzung dieser Pflicht folgenden persönlichen Haftung anzuraten, beim Vorliegen von Insolvenzgründen die Eröffnung des Insolvenzverfahrens zu beantragen. Bei der LLP besteht eine zusätzliche Haftungsgefahr nach britischem Insolvenzrecht etwa wegen *wrongful trading*. Diese Haftung kann aufgrund der mangelnden Fristgebundenheit sogar früher einsetzen als die deutsche Insolvenzverschleppungshaftung (vgl. Teil 2 I. C. 6.).

Die Gesellschafter der PartG mbB trifft jedenfalls *de lege lata* keine Verpflichtung einen Insolvenzantrag zu stellen.

Vor diesem Hintergrund sind die Haftungsgefahren bei der PartG mbB geringer als bei der LLP.

---

911 Hierauf verweisend auch *Kreße*, NJ 2013, 45, 49.

912 *Henssler*, AnwBlatt 2014, 96, 104 (der auch auf die Haftungsgefahr durch Veruntreuung von Mandantengeldern hinweist, die nicht als Fall einer Haftung für Berufsfehler verstanden werden könnte).

913 *Schüppen*, BB 2012, 783, 784.

3. Nachhaftung für Altmandate

Sofern die PartG mbB oder die LLP aus einer PartG oder GbR entstanden sind, gilt das frühere Haftungsregime gem. § 160 HGB analog und § 224 UmwG für die bis zur „*Umwandlung*" begründeten Verbindlichkeiten weiterhin fort (vgl. Teil 2 D.; Teil 3 F. II. 2.). Es ist durch die Rechtsprechung noch nicht eindeutig geklärt, ob die aufgrund einer späteren Pflichtverletzung bestehenden Verbindlichkeiten bereits mit Abschluss des Mandatsvertrages „*begründet*" i.S.d. § 160 HGB sind (vgl. Teil 3 F. 2.). Da dies aber jedenfalls von Teilen der Rechtsprechung angenommen wird und gute Gründe für die Annahme einer solchen Nachhaftung sprechen, ist diese Haftungsgefahr in der Praxis zu berücksichtigen.

Wollen die Gesellschafter der durch einen Wechsel in die LLP oder die PartG mbB angestrebten Haftungsbeschränkung auf das Gesellschafsvermögen auch bezüglich solcher Altmandate Geltung verschaffen, müssen sie sowohl bei der LLP als auch bei der PartG mbB eine individuelle Vereinbarung mit den jeweiligen Gläubigern treffen.

II. Steuerliche Behandlung

Die in Deutschland tätige LLP wird im Regelfall der personengesellschaftlichen Ausgestaltung im Gesellschaftsvertrag wie eine Personengesellschaft transparent besteuert (vgl. hierzu Teil 2 C. II.). Die LLP unterliegt im Regelfall damit ebenso wenig wie die PartG mbB der Körperschaftssteuer.

Solange LLP und PartG mbB ausschließlich freiberuflich tätig sind, sind sie ferner nicht gewerbesteuerpflichtig.

In steuerlicher Hinsicht bieten die PartG mbB und die LLP – jedenfalls, wenn sie durch den Gesellschaftsvertrag personengesellschaftlich ausgestaltet ist – dieselben Vorteile.

III. Registerpflichten

Die LLP muss nach britischem Recht registriert werden, damit sie entsteht. Geht man mit der ganz h.M. von einer Registerpflicht auch nach deutschem Recht aus, so unterliegt die LLP anders als die PartG mbB einer doppelten Registerpflicht. Der Verwaltungsaufwand, der betrieben werden muss, hängt entscheidend von der ebenfalls ungeklärten Frage ab, ob nur die in Deutschland tätigen Gesellschafter oder alle Gesellschafter eingetragen werden müssen.

Die objektiv aufwändigere und damit nachteilige doppelte Eintragungspflicht wirkt sich aber in der Praxis kaum als Nachteil der LLP aus, da die Mehrzahl der LLPs der Eintragungspflicht in Deutschland schlicht nicht nachkommen. Die registerrechtliche Konsequenz eines Zwangsgeldes wegen fehlender Eintragung wird für möglich gehalten, ist aber in der Praxis soweit ersichtlich noch nicht vorgekommen. Die möglicherweise bei fehlender Eintragung in Deutschland fehlende Postulationsfähigkeit wird in der Praxis offensichtlich ebenfalls nicht als Beweggrund für eine Eintragung der LLP angesehen.

Teilweise wurde die Pflicht zur Vorlage der Versicherungsbescheinigung bei der Eintragung der PartG mbB gem. § 4 Abs. 3 PartGG als Schwächung der PartG mbB gegenüber der LLP angesehen (vgl. Teil 3 D. V.).[914] Angesichts des mit der LLP verbundenen Aufwandes der Registrierung in Großbritannien erscheint aber die Registerpflicht der PartG mbB auch hinsichtlich der zusätzlichen Verpflichtung zur Vorlage der Versicherungsbescheinigung nicht als das Konzept der PartG mbB nachhaltig schwächender Umstand.

IV. Buchführungs- und Bilanzierungspflichten, Offenlegungspflichten

Die in Deutschland tätige LLP unterliegt den Buchführungs- und Offenlegungspflichten des britischen Rechts (vgl. Teil 2 C. VII.) und ist insofern gegenüber der PartG mbB mit einem erhöhten Aufwand verbunden. Anders als die PartG mbB muss die LLP daher einen Jahresabschluss aufstellen, der uneingeschränkt der Öffentlichkeit zugänglich ist (vgl. Teil 2 A. V.).

Insofern bietet die PartG mbB einen Vorteil gegenüber der LLP. Dies wird jedoch in erster Linie bei solchen Gesellschaften ins Gewicht fallen, die nicht ohnehin aufgrund ihrer Größe oder Struktur wie eine Kapitalgesellschaft Bücher führen und bilanzieren.

Wie groß das Interesse an einer Vermeidung einer Veröffentlichung von Interna durch den veröffentlichen Jahresabschluss der LLP ist, ist eine individuelle Frage.

V. Versicherungspflicht

1. Kein Ausschluss der Konkurrenzfähigkeit durch überhöhte Versicherungskosten

Der im Gesetzgebungsverfahren geäußerten Befürchtung, die PartG mbB stelle allein aufgrund der hohen Versicherungssumme keine Alternative zur LLP dar, da die erforderliche Versicherung insbesondere aufgrund der fehlenden Deckelung der Maximierung der Versicherungssumme gerade für größere Sozietäten nicht finanzierbar sei (vgl. Teil 3 D. II. 1. a. aa.), kann nicht gefolgt werden. Die Vergangenheit hat bereits gezeigt, dass auch größere GmbHs die parallel ausgestaltete Versicherungspflicht gem. § 59j BRAO finanzieren können und die Gegenwart zeigt, dass auch größere PartG mbB gegründet werden, so dass die Versicherung nicht unfinanzierbar ausgestaltet ist vgl. Teil 3 D. II. 1. a. bb.).

Auch die Befürchtung, dass die Versicherung der PartG mbB aufgrund des Verbotes der Pflichtwidrigkeitsklausel die Marktkapazitäten der Versicherungen erheblich

914 *Hirte*, Stellungnahme vom 7.11.2012 zum RegE BT-Drs. 17/10487, S. 10, 11.

einschränken würden[915] und der PartG mbB daher aufgrund mangelnder Finanzierbarkeit die Konkurrenzfähigkeit genommen würde (vgl. Teil 3 D. II. 1. b. cc.), hat sich angesichts des Erfolges der PartG mbB nicht bewahrheitet.

2. *Kein Vorteil der LLP durch Rechtsunsicherheit über Versicherungspflicht*

Ob die in Deutschland tätige LLP *de lege lata* einer Versicherungspflicht unterliegt, ist bislang nicht eindeutig geklärt. Gegen das Vorliegen einer Versicherungspflicht sprechen sich neben einigen Stimmen in der Literatur[916] insbesondere auch die BRAK[917] sowie das BMJ[918] aus.

Im Gegensatz dazu sind die Voraussetzungen der für die PartG mbB erforderlichen Versicherung für die Rechtsanwälte in § 51a BRAO und für die anderen Berufsgruppen in den einschlägigen Berufsrechten explizit geregelt.

Die meisten LLPs unterhalten – unabhängig vom Bestehen einer entsprechenden Verpflichtung – eine risikoangemessene Versicherung.[919] Abgesehen von der Erfüllung einer gesetzlich angeordneten Versicherungspflicht haben die Gesellschafter ein Interesse daran, die Gesellschaft durch eine Versicherung vor dem Zugriff auf das Gesellschaftsvermögen wegen berufshaftungsrechtlicher Verbindlichkeiten zu schützen.

Einen Vorteil kann die LLP allenfalls in den Fällen bieten, in denen sich die Versicherungssumme der PartG mbB bei Beteiligung eines Anwaltes i.H.v. 2,5 Mio. EUR angesichts des konkreten Risikos der Gesellschaft als überobligationsmäßig erweist und eine niedrigere (individuell angemessene) Versicherungssumme deutlich günstiger wäre.

Sollte der Gesetzgeber die Planungen des BMJ zur Schaffung einer der Versicherungspflicht der PartG mbB entsprechenden Versicherungspflicht der LLP durchsetzen, werden ohnehin alle in dieser Hinsicht bestehenden Unterschiede beseitigt.

Die Anordnung einer den §§ 51a, 59j BRAO entsprechenden Versicherungspflicht der LLP durch den Gesetzgeber wäre zu begrüßen. Das Erfordernis einer Versicherung der Gesellschaft aus Gründen des Gläubigerschutzes trifft bei der LLP – sofern man den Ausschluss der persönlichen Haftung akzeptiert, wofür jedenfalls nach Einführung der PartG mbB die besseren Argumente sprechen – ebenso zu wie bei

---

915 Vgl. Stellungnahme des GDV vom 18.06.2013 zu BR-Drs. 497/13, und zur Beschlussempfehlung und Bericht des Rechtsausschusses BT-Drs. 17/13944, S. 6.

916 *Henssler*, in: Henssler/Prütting, BRAO, Anh. § 59c ff. BRAO Rn. 27 f.; *ders.*, NJW 2014, 1761, 1765.

917 Empfehlung BRAK-Ausschuss Internationale Sozietäten, BRAK-Mitt 2009, 22, 23 auch abgedruckt in: *Eichele*, in: Gaier/Wolf/Göcken, Anwaltliches Berufsrecht, § 8 EuRAG ab Rn. 19, 26.

918 *Seibert* (Referatsleiter des Referats Gesellschaftsrecht des BMJ), DB 2013, 1710, 1714.

919 Hierauf verweisend auch BRAK-Mitt. 2009, 22.

der GmbH und der PartG mbB. Durch eine solche Regelung würde die Alternativtauglichkeit der PartG mbB gestärkt, da ein unter Umständen empfundener Vorteil der LLP beseitigt würde.[920]

VI. Postulationsfähigkeit

Jedenfalls bei einer Eintragung ins Partnerschaftsregister ist die LLP postulationsfähig. Zwischen der eingetragenen LLP und der PartG mbB bestehen insofern keine Unterschiede.

VII. Eignung für interdisziplinäre Zusammenschlüsse

Sowohl die PartG mbB als auch die LLP stehen interprofessionellen Zusammenschlüssen in den Grenzen des § 59a BRAO offen, soweit diese Vorschrift verfassungsgemäß ist.[921]

Anders als bei kapitalgesellschaftlichen anwaltlichen Zusammenschlüssen ist eine interprofessionelle Zusammenarbeit weder bei der PartG mbB noch bei der LLP durch Mehrheitserfordernisse bei den Geschäftsführern oder Gesellschaftern beschränkt.

VIII. Anerkennung im Rechtsverkehr

Die PartG mbB ist als Sonderform der PartG nur innerhalb der Landesgrenzen eine allgemein bekannte Rechtsform. Da schon die PartG über die deutschen Grenzen hinaus kaum bekannt ist, ist nicht zu erwarten, dass sich dies bei der PartG mbB ändert.

Die aus dem angloamerikanischen Raum stammende LLP hingegen ist weltweit bekannt und daher geht mit dieser Rechtsform ein gewisser *„internationaler Touch“* einher.[922] Die LLP bietet im Gegensatz zur PartG mbB die Möglichkeit, bereits im Außenauftritt schon über die Gesellschaftsform die internationale Ausrichtung zu betonen.[923] Zusammenschlüsse mit vielen ausländischen Mandanten werden zudem

---

920 Dies könnte durch berufsrechtliche Regelungen im EuRAG oder in der BRAO geschehen; so auch *Henssler*, NJW 2014, 1761, 1766. Auf entsprechende Pläne des BMJ hinweisend: *Seibert*, DB 2013, 1710, 1714 (Prof. Dr. Seibert ist Leiter des Referats Gesellschaftsrecht des BMJ). Durch eine gesetzlich angeordnete Versicherungspflicht der LLP würde zudem den Vertretern der Anpassung ein weitere Argument entzogen, da einige die Anpassung nur unter der Bedingung ablehnen, dass eine Versicherungspflicht besteht, vgl. z.B. *Kreße* NJ 2013, 45, 48.

921 Vgl. beim BVerfG anhängiges Verfahren zur Verfassungsmäßigkeit des § 59a BRAO unter 1 BvL 6/13 (zuvor BGH II ZR 7/11).

922 *Linardatos*, VersR 2013, 1488, 1497.

923 *Pleister*, AnwBlatt 2012, 801, 802 der die Umwandlung der Noerr PartG in die Noerr LLP insbesondere mit der Internationalität erklärt.

die Bekanntheit der zu wählenden Gesellschaftsform im Ausland in ihre Entscheidung mit einbeziehen.

B. Fazit

Im Gegensatz zu den in Teil 2 der Bearbeitung dargestellten rechtlichen Unklarheiten, die es insbesondere im Bereich der Haftung für berufliches Fehlverhalten bei der LLP gibt, bietet die PartG mbB ein höheres Maß an Rechtssicherheit.[924]

Gerade aufgrund der Rechtsunsicherheiten, die mit der LLP immer noch verbunden sind (etwa bzgl. Postulationsfähigkeit, Versicherungspflicht, Registerpflicht und nicht zuletzt der persönlichen Haftung der Gesellschafter) wird die PartG mbB teilweise als der LLP überlegende Berufsausübungsgesellschaft angesehen.[925] Die Überlegenheit der einen oder der anderen Gesellschaftsform lässt sich jedoch pauschal nicht feststellen.

Zum einen sind die mit der LLP verbundenen Rechtsunsicherheiten durch die Einführung der PartG mbB teilweise vermindert worden[926] (etwa bezüglich der Ablehnung der kollisionsrechtlichen Anpassung oder bezüglich der Versicherungspflicht). Zum anderen bietet die LLP nach wie vor den unbestreitbaren Vorteil internationaler Bekanntheit. Für Zusammenschlüsse, denen eine Betonung ihrer internationalen Ausrichtung von wesentlicher Bedeutung ist, wird die im Ausland kaum bekannte PartG mbB keine Alternative zur LLP darstellen.[927] Die PartG mbB hat damit die Daseinsberechtigung der *„deutschen"* LLP nicht beseitigt.[928]

Dass die *„deutsche"* LLP mit Einführung der PartG mbB nicht obsolet geworden ist, zeigt sich in der Praxis auch an dem Umstand, dass bislang keine Fälle bekannt sind, in denen eine LLP den Weg in die PartG mbB suchte. Ferner gab es auch nach der Einführung der PartG mbB weiterhin Sozietäten, die die Rechtsform der LLP gewählt haben, obwohl ihnen auch die PartG mbB zu Verfügung gestanden hätte.[929]

Die PartG mbB bietet aber Rechtsanwälten – denen die Möglichkeit der GmbH & Co. KG generell verschlossen ist – sowie Wirtschaftsprüfern und Steuerberatern die Möglichkeit die Haftung für berufliches Fehlverhalten auszuschließen, ohne

924 *Lieder*, BNotZ, 2014, 81, 82; *ders.*, BNotZ 2014, 128, 133.
925 *Grunewald*, GWR 2013, 393, 395.
926 Zu dieser „Aufwertung" der LLP durch die Einführung der PartG mbB auch *Henssler*, NJW 2014, 1761, 1765, 1766.
927 Für eine Berechtigung der LLP auch neben der PartG mbB auch: *Borgmann/Jungk/Schwaiger*, Anwaltshaftung, § 38 Rn. 52.
928 So auch *Borgmann/Jungk/Schwaiger*, Anwaltshaftung, § 38 Rn. 52.
929 Z.B. Clifford Chance. Vgl. Artikel vom 2.07.2014 in Legal Tribune Online: *„Die Rechtsform der LLP ist weltweit etabliert und passt besser zum internationalen Zuschnitt unserer Sozietät", meint Dr. Andreas Dietzel, Geschäftsführender Partner der deutschen Sozietät."* abzurufen unter: http://www.lto.de/recht/kanzleien-unternehmen/k/clifford-chance-deutschland-neue-rechtsform/ (abgerufen am 30.12.2014).

die nachteilige Besteuerung als Kapitalgesellschaft hinnehmen zu müssen. Dies ist unabhängig von der Alternativtauglichkeit zur LLP zu begrüßen.

Vom Gesetzgeber als Alternative zur LLP geschaffen, stellt die PartG mbB insbesondere aber eine attraktive Alternative zur anwaltlichen GmbH dar.[930] Obwohl nicht vom Gesetzgeber intendiert, macht die PartG mbB teilweise die anwaltliche GmbH obsolet. Insbesondere für Berufsausübungsgesellschaften mit geringen sonstigen Verbindlichkeiten ist die PartG mbB attraktiver als die anwaltliche GmbH. Wenn – wie der Gesetzgeber annimmt – außerhalb der beruflichen Tätigkeit die Gefahr der persönlichen Haftung generell gering ist, bietet die anwaltliche GmbH keine Vorteile gegenüber der PartG mbB. Die nur partielle Haftungsbeschränkung der PartG mbB erscheint bei geringen sonstigen Verbindlichkeiten der Gesellschaft gegenüber der umfassenden Haftungsbeschränkung der GmbH nicht als nachteilig.

In allen anderen Aspekten erscheint die PartG mbB der GmbH gleichwertig oder überlegen. Die Aufwendungen für die Berufshaftpflichtversicherung sind identisch. Die Besteuerung der PartG mbB als Personengesellschaft, die nicht der Körperschaftssteuer unterliegt, ist vorteilhafter. Die PartG mbB ist zudem mit weniger Gründungs- und Verwaltungsaufwand verbunden als die GmbH. Im Gegensatz zur GmbH erfordert die Gründung einer PartG mbB weder die Aufbringung eines bestimmten Stammkapitals noch einen notariell beurkundeten Gesellschaftsvertrag. Auch den handelsrechtlichen Buchführungspflichten sind die Gesellschafter der PartG mbB nicht unterworfen. Durch die Schaffung der PartG mbB ist die anwaltliche GmbH – jedenfalls wenn die Gesellschaft keine bedeutenden sonstigen Verbindlichkeiten belasten – obsolet geworden.

930 *Lerch/Lerch/Junkov*, GmbHR 2012, R329.

5. Teil: Thesenartige Zusammenfassung

1. Die PartG mbB ist die erste deutsche Organisationsform, die für Rechtsanwälte die Vorteile einer Besteuerung als Personengesellschaft und die Haftungsbeschränkung auf das Gesellschaftsvermögen für Berufsfehler vereint.
2. Trotz der partiellen Haftungsbeschränkung auf das Gesellschaftsvermögen ohne Vorliegen von Kapitalschutz- oder Erhaltungsvorschriften stellt die PartG mbB keinen Systembruch im deutschen Gesellschaftsrecht dar.
3. Der Umfang der Haftungsbeschränkung der PartG mbB bleibt hinter demjenigen der LLP zurück, bietet aber andererseits den Vorteil größerer Rechtssicherheit. Für Zusammenschlüsse mit hohen außerberufsrechtlichen Verbindlichkeiten kann der größere Umfang der (jedoch nicht rechtssicheren) Haftungsbeschränkung der LLP einen Vorteil gegenüber der PartG mbB bieten.
4. Durch die Einführung der PartG mbB wurde die von der h.M. angenommene Ablehnung einer kollisionsrechtlichen Angleichung gestärkt, da mit der partiellen Haftungsbeschränkung einer Personengesellschaft auf das Gesellschaftsvermögen ein Ausschluss der persönlichen Haftung der Gesellschafter einer Personengesellschaft nicht länger unvereinbar mit dem deutschen personengesellschaftlichen Haftungssystem erscheint.
5. Bei einer durch „*Umwandlung*" einer anderen Zusammenschlussmöglichkeit entstandenen PartG mbB oder LLP sollten die Gesellschafter, zur Gewährleistung der Haftungsbeschränkung bei Altmandaten, eine Zustimmung zum veränderten Haftungsregime der neuen Gesellschaftsform einholen, um eine Nachhaftung zu vermeiden.
6. Die steuerliche Behandlung ist bei der LLP und der PartG mbB in der Regel identisch. Bei der PartG mbB erfolgt die Besteuerung als Personengesellschaft *ipso iure*, bei der LLP bei entsprechender gesellschaftsvertraglicher Ausgestaltung.
7. Bei der PartG mbB ist der Abschluss der erhöhten Versicherungssumme Voraussetzung für die Haftungsbegrenzung auf das Gesellschaftsvermögen. Bei der LLP besteht hinsichtlich des Erfordernisses der Berufshaftpflichtversicherung noch Rechtsunsicherheit. Ein Vorteil für die LLP ist in der möglicherweise nicht vorliegenden Versicherungspflicht nicht zu sehen, da zum einen eine angemessene Versicherung der Gesellschaft ohnehin im Interesse der Gesellschafter liegt und zum anderen bei Verletzung einer unter Umständen bestehenden Pflicht eine persönliche Haftung droht. Eine diesbezügliche gesetzliche Regelung für ausländische Berufsausübungsgemeinschaften durch den Gesetzgeber wäre zu begrüßen.
8. Anders als die PartG mbB bietet die LLP den Vorteil einer über die deutschen Grenzen hinaus bekannten Organisationsform, so dass bereits durch die Wahl dieser Gesellschaftsform in der Außendarstellung die internationale Ausrichtung des Zusammenschlusses zum Ausdruck gebracht werden kann.

9. Die PartG mbB wurde als Alternative zur LLP geschaffen. Sie bietet aber vor allem für Zusammenschlüsse mit geringem außerberuflichem Haftungsrisiko eine Alternative zur GmbH.